GOLDMANN
Lesen erleben

Buch

Wenn Beziehungen in Turbulenzen geraten, geht das einher mit Schuldzuweisungen, heimlichen Spitzen und offenen Angriffen. Die Liebe macht der Verletztheit Platz. Und wenn sich derartige Phasen in die Länge ziehen, wollen die Beteiligten meist nur noch eines: das Handtuch werfen, sich zurückziehen und ihre Wunden lecken.

Chuck Spezzano zeigt, wie Sie dieser Versuchung widerstehen, denn es gibt bessere Wege aus dem Beziehungsmorast. Der Autor präsentiert Lösungsmöglichkeiten, die meist nicht nur die Beziehung heilen, sondern oft auch Karriere und Selbstwertgefühl fördern. Man lernt, um ein Wunder zu bitten (der einfachste und oft auch schnellste Weg); Vergebung zu schenken (nicht ganz einfach, aber überaus wirkungsvoll); auf den Partner zuzugehen, statt sich von ihm zu entfernen; die Verantwortung für die eigenen Gefühle zu übernehmen; sich von Herzen zu entschuldigen und zu geben, auch wenn einem nicht danach ist. Mit dem Hintergrund seiner dreißigjährigen Erfahrung in Paartherapie zeigt Spezzano: »Es gibt nur eine Richtung, die funktioniert – auf den Partner zu!«

Autor

Chuck Spezzano ist Doktor der Klinischen Psychologie. Von 1973 bis 1979 war er als Psychologe am »United States Naval Drug Rehabilitation Center« tätig und erzielte beachtliche Erfolge bei der Behandlung der Kriegstraumata von Vietnam-Veteranen. Anschließend arbeitete er in der Paar- und Familienberatung. In über dreißig Jahren intensiver Arbeit und Forschung entwickelte er zusammen mit seiner Frau Lency die bahnbrechende therapeutische Heilmethode der »Psychologie der Vision«, die Verbindung der klassischen Psychologie mit spirituellen Prinzipien. Als Seminarleiter wie auch als Buchautor ist er international renommiert.

Von Chuck Spezzano ist bei Goldmann außerdem erschienen:

Wenn es verletzt, ist es keine Liebe (21722)

Chuck Spezzano

Beziehungs-Notfall-Set

Die Gesetzesmäßigkeiten
unserer Beziehungen verstehen

Aus dem Englischen von Andrea Panster

GOLDMANN

Titel des amerikanischen Originalmanuskripts:
»Relationship Emergency Kit«.
Die deutsche Erstausgabe erschien 2007 bei Arkana, München.

Verlagsgruppe Random House FSC-DEU-0100
Das FSC®-zertifizierte Papier *München Super* für dieses Buch
liefert Arctic Paper Mochenwangen GmbH.

3. Auflage

Vollständige Taschenbuchausgabe April 2009
© 2007 der deutschsprachigen Ausgabe
Arkana, München
in der Verlagsgruppe Random House GmbH
© 2006 by Chuck Spezzano
Lektorat: Ralf Lay
Umschlaggestaltung: Design Team München
SB • Herstellung: CZ
Druck: GGP Media GmbH, Pößneck
Printed in Germany
ISBN: 978-3-442-21854-7

www.goldmann-verlag.de

Inhalt

Ein Wort zuvor

Beziehungen bilden den Kern unseres Daseins und sind untrennbar mit dem Ziel verbunden, unsere Lebensaufgabe zu erfüllen. Jede Partnerschaft hat eine Aufgabe; und das Glück und die Heilung, die wir darin erfahren, sind die Marksteine für unseren Weg. Fast jedes Paar hatte schon einmal Probleme. Und doch sind gute Beziehungen der beste und schnellste Weg zu einem glücklichen Leben.

Das meine begann in einer recht ausgeglichenen Familie, die sich aber schließlich auflöste, worunter wir alle sehr litten. Von da an war es nur noch ein kleiner Schritt in unglückliche Beziehungen. Als ich diesen Punkt überschritten hatte, spaltete ich mich von meinen Gefühlen ab, spielte den Unabhängigen und sorgte so dafür, dass sich die anderen um mich bemühten. Schließlich ließ ich diese Dissoziation hinter mir, um mich für ein Leben in Partnerschaft und Ehe weiterzuentwickeln. Vor allem dank der wertvollen Erfahrungen, die ich in jenen Lebensphasen gemacht habe, bin ich nun in der Lage, anderen bei der Lösung ihrer Beziehungsprobleme behilflich zu sein.

Eine Partnerschaft ist ein Kontinuum. Sie kann der Himmel oder die Hölle sein. Lebensgemeinschaften sind meist nicht gerade paradiesisch – sie sollten aber als Treppe beziehungsweise als Abkürzung dienen, um in himmlische Gefilde zu gelangen. Liebe und Heilung schenken uns Freude. Das macht unsere Zweisamkeit zwangsläufig zu einem spirituellen Weg, aber auch zu einem Hauptangriffsziel für das Ego, eben weil sie eine schnelle Entwicklung begünstigen kann.

Die Frage ist: Wünschst du dir *wirklich* eine glückliche und erfolgreiche Beziehung, oder ist das nur ein Lippenbekenntnis? Bist du bereit, zu tun, was nötig ist, um deine Beziehung glücklich zu gestalten? Wenn du das *wirklich* willst, kann dich nichts davon abhalten. Deine Lernkurve wird so steil ansteigen, wie du das möchtest.

Ich betone dies, weil ich oft höre, dass jemand behauptet, er wünsche sich eine glückliche Zweisamkeit – aber sehe, dass er nicht dazu bereit ist, zu lernen oder sich zum Positiven hin zu verändern, damit er dieses wichtige Ziel erreicht. Beziehungen spielen in unserem Leben eine zentrale Rolle. Wenn *du* die entscheidenden Lektionen lernst, um dich erfolgreich zu entwickeln, werden sich sehr wahrscheinlich auch dein Partner und dein Verhältnis zu ihm nachhaltig verbessern.

Da du dich für das *Beziehungs-Notfall-Set* entschieden hast, willst du entweder das gesunde Wachstum deiner Lebensgemeinschaft beschleunigen, oder aber deine Beziehung steckt in der Krise. Dieser Kurs besteht aus Prinzipien, Lektionen und Übungen; er offenbart dir die Gesetzmäßigkeiten des Geistes, des Herzens und der Seele. Wenn du diese Zusammenhänge erfasst, dich mutig deinen Gefühlen stellst und dich der Gnade öffnest, hast du die Wegzehrung für eine konsequente Entwicklung deiner Partnerschaft in der Hand. In diesem Buch findest du deshalb nicht »nur« emotionale und Partnerschafts-, sondern auch geistige Prinzipien, weil die Liebe auf ihrer höchsten Ebene spirituell ist. Wenn wir unsere Liebesfähigkeit entwickeln, erfahren wir immer größere Freude und eine natürliche Spiritualität. Die Prinzipien des Geistes und des Herzens können im Notfall dramatische Wirkung zeigen. Meiner Ansicht nach sind jedoch die spirituellen die besten und wirkungsvollsten Werkzeuge in den meisten Angelegenheiten. Alle arbeiten aber Hand in Hand, um unsere Liebe und unser Glück zu mehren.

Wenn du *nicht* wirklich willst, dass deine Beziehung besser wird, kann nichts sie auf die nächsthöhere Stufe heben. Befindet sich deine Ehe in einem desolaten Zustand, aber du wünschst dir von ganzem Herzen, dass eine Wendung zum Besseren stattfindet, dann wird dies mithilfe der hier vorgeschlagenen Methoden auch geschehen! Ich wünsche dir viel Erfolg, Wunder und die Erfüllung, die eine Beziehung schenken kann.

1

Partner sein in den Stadien der Beziehung

In diesem ersten Kapitel möchte ich dir die Vorstellung nahebringen, dass Beziehungen bestimmte Stadien durchlaufen. Sobald du weißt, dass es in der Entwicklung deiner Beziehung ein paar Mal auf und ab gehen, dass ihr enger zusammenrücken und euch wieder voneinander entfernen werdet, wirst du daraus Bewusstheit und Kraft schöpfen. Du wirst erkennen, dass es *in deiner Macht steht, schwierige Perioden zu bewältigen,* und dass dich im Anschluss daran noch viele schöne Zeiten erwarten. In diesem Kapitel werden auch jene Prinzipien beschrieben, die deinen »Beziehungserfolg« ermöglichen.

Die Stadien der Beziehung verstehen

Die Liebe wird dich retten. Die Liebe, die du gibst, und die Liebe, die du empfängst, wird dich nähren und deinem Leben Sinn geben. Du gehst eine Beziehung ein, weil der andere Mensch dich anzieht. Er scheint all das zu sein, was dir fehlt – die Erfüllung deines Herzenswunsches, dein Seelenverwandter. Je größer die Unterschiede und Gegensätze zwischen euch sind, desto größer ist auch die Leidenschaft. Du brauchst den anderen und alles, was er verkörpert. Du hast dich in ihn verliebt und bist in das Stadium der *Verliebtheit* eingetreten. Dies ist eine herrlich glückliche Zeit! Du kannst das Potenzial der Beziehung erkennen. Du erlebst einen Hauch von Himmel auf Erden. Das gibt dir Kraft für die Stadien, die noch kommen.

Im zweiten Beziehungsstadium – dem *Machtkampf* – werden die Unterschiede, welche die anfängliche Anziehung zwischen euch geschürt haben, zum Zankapfel. Als Kind hast du viele Teile deiner selbst verleugnet. Dann bist du deinem Partner begegnet, und er schien all das zu verkörpern, was du verloren hattest. Er schien dich irgendwie zu vervollständigen. Doch während euer Zusammenleben fortdauert, kommt es dir vor, als erfülle er deine Bedürfnisse nicht mehr ganz so zuvorkommend und aufmerksam. Allmählich fängst du an, dir das Gewünschte von ihm zu holen. Das kann im emotionalen, sexuellen, finanziellen oder einem der vielen anderen Bereiche eurer Zweisamkeit geschehen; und oft bist du dir dessen noch nicht einmal bewusst. Verständlicherweise weigert sich dein Partner nun, dir das zu geben, was er zuvor so großzügig verschenkt hat. Das führt zu Bedürftigkeit – zu Forderungen beim abhängigen und dem Wunsch nach Kontrolle beim unabhängigen Partner, der in der Beziehung das Sagen hat.

Manche Paare beginnen schon bald nach dem ersten »Honeymoon« noch im Stadium des Verliebtseins damit, ihre Schattenseiten auf den jeweils anderen zu projizieren. Der

Traummann oder die Traumfrau wird zum Albtraum. Das heißt, wie sich dein Partner verhält und wie er dir erscheint, hat nicht nur mit ihm, sondern auch mit dir selbst zu tun. Diese Einsicht hilft dir, dein Denken zu modifizieren und deinen Partner zu unterstützen. Der Weg der Heilung wird euch immer wieder neue Flitterwochen bescheren.

Dieses Buch soll dir zeigen, auf welche Weise deine Beziehungen dir Heilung und Glück bringen können. Je weiter du in deinen Partnerschaften kommst, desto mehr musst du lernen. Im Stadium des Machtkampfs lernst du unter anderem, eine Brücke zu deinem Partner zu schlagen, persönliche Unterschiede zu integrieren und die inneren Konflikte bei dir und deinem Partner zu bewältigen, indem du dein gespaltenes Bewusstsein heilst. Ein gespaltenes Bewusstsein löst sowohl bei dir als auch zwischen dir und deinem Pendant Konflikte aus. Seine Heilung zeigt dir einen neuen Weg, der das Beste aus euer beider Vorstellungen in sich vereint. Diese Lösung ermöglicht es dir, den nächsten Beziehungsschritt zu gehen, vor dem du dich gefürchtet hast. In jenem Stadium lernst du den reifen Umgang mit deinen Bedürfnissen, du wirst die Unterschiede schätzen und gleichzeitig die Ganzheit und Verbundenheit mehr genießen. Jeder weitere Schritt macht dich zu einem besseren Partner, und das wird der Mensch an deiner Seite früher oder später unwiderstehlich finden.

In dieser Phase lernst du zwei der wichtigsten Beziehungslektionen: wie du Abhängigkeit und Unabhängigkeit überwinden kannst und dass du deine Bedürfnisse befriedigst, *indem du gibst*. Wenn du streitest, gibst du nicht. Du gehst in die Defensive, willst recht haben und weißt deshalb nicht zu schätzen, was du hast. Wenn du nicht gibst, spaltest du dich ab, greifst an oder stellst Forderungen – und all das hält dich davon ab, Erfüllung und Erfolg in deiner Beziehung zu finden.

Wenn das Stadium des Machtkampfs eher kurz ausfällt, weil ihr gut zusammenpasst, wird die *tote Zone* umso länger dauern. In dieser Phase heilst du alle Abwehrmechanismen, Rollen, Beziehungs- und Familienproblematiken, die verhindern, dass du dich authentisch mit deinem Partner verbindest. Meist haben sich diese Problematiken in deinem Unterbewusstsein eingenistet, aber es gibt immer bewusste Heilmethoden, mit deren Hilfe du einen großen Schritt nach vorn machen kannst.

Wenn die tote Zone überwunden ist, beginnt das Stadium der *Partnerschaft*. Dies ist eine wunderbare Zeit. Allerdings beschäftigt ihr euch in jeder Phase auf einer noch tieferen Ebene mit allen vorangegangenen Episoden, und jeder neue Erfolg beschert euch wieder Flitterwochen. Du empfindest eine frische Leichtigkeit, Sorglosigkeit und Nähe. Du hast in deiner Beziehung und außerhalb davon Erfolg.

Nach dieser »goldenen Zeit« gehst du erneut auf unterbewusste Thematiken ein. Nun tauchen jene Kernaspekte deines Egos in der Beziehung auf, die dich von der Liebe fernhalten und noch größere Erfolge verhindern, damit du sie verwandelst. Du heilst die Befangenheit, die Scham und die Selbstquälereien, die dich von deinem Partner und von anderen Menschen trennen.

Wenn dieses Stadium abgeschlossen ist, werden du, dein

Partner und eure Beziehung in das Stadium der *Führerschaft* oder *Vision* eintreten, und ihr werdet andere Menschen mit eurer Beziehung inspirieren. In der visionären Phase heilst du zunächst deine seelischen Ängste und schließlich auch die großen Bewusstseinsspaltungen. Du führst ein kreatives Leben und erfährst die Partnerschaft der Vision. Jetzt erkennst du deine Lebensaufgabe (das, was du auf Erden tun sollst) und den tieferen Sinn deiner Beziehung. Dies öffnet ein Tor der Transzendenz, du bekommst Zugang zu höheren Bewusstseinsebenen, und dein Denken wird integrierter und origineller. Auf diese Weise fördert deine Partnerschaft dein Genie und ein hohes Maß an Kreativität und Talent. Eure Bindung wird zu einer Pforte, durch die andere Menschen in eine goldene Zukunft schreiten können.

Wenn ihr das Stadium der *Meisterschaft* erreicht, weil ihr beide starke Gefühle unbewussten Versagens, der Wertlosigkeit und des Selbsthasses geheilt habt, habt ihr jede Aggressivität verloren und übt einen noch friedlicheren Einfluss auf eure Umwelt aus. Du und deine Beziehung bringen Gnade und Wunder. Du, dein Partner und deine Partnerschaft sind ein lebendiger Schatz auf Erden. Ihr habt euer Seelenschicksal angenommen. Ihr werdet immer harmloser und wisst, dass ihr und alle anderen Menschen alles Gute verdienen, weil ihr Kinder Gottes seid. Manche Menschen erreichen das Stadium der Meisterschaft allein. Noch sehr viel seltener ist es, wenn ein Paar bis hierhin vordringt.

Beziehungsschritte

Es wird gern unterschätzt, wie viele Schritte nötig sind, um vom Stadium der Verliebtheit zu jenem der Partnerschaft zu gelangen. *Doch auf jeden gemeinsamen Durchbruch folgen neue Flitterwochen,* die dich daran erinnern, wie sehr du einmal in deinen Partner verliebt warst. Während sich dein Bewusstsein immer mehr erweitert, veränderst du dich zunehmend schneller, und die Zeit zwischen den Flitterwochen wird stets kürzer. Sei nicht überrascht, wenn sich nach einem wunderbaren Erlebnis der Verbundenheit oder einer romantischen Nacht gleich am nächsten Morgen ein neues Problem bemerkbar macht. In der toten Zone dauern die Flitterwochen manchmal nur wenige Minuten, ehe das nächste dunkle Gefühl auftaucht oder sich erneut Leblosigkeit breitmacht und nach Heilung verlangt. Wenn euch ein Durchbruch also romantische Gefühle beschert, dann solltet ihr die Gunst der Stunde nutzen! Schon bald wird das nächste Problem auftauchen.

In einer leidenschaftlichen Beziehung kann das Stadium des Machtkampfs aus vielen tausend Schritten bestehen. Dafür sind es dann nur noch einmal tausend durch die tote Zone, um zur Partnerschaft zu gelangen. Sind sich die Partner eher ähnlich, fällt das Stadium des Machtkampfs unter Umständen relativ kurz aus. Dafür muss in der toten Zone ein sehr viel längerer Weg zurückgelegt werden.

Die Probleme, die in deiner Beziehung auftauchen, nehmen zwar eine aktuelle Gestalt an. Aber eigentlich trägst du sie schon mit dir herum, lange bevor du deinen Partner kennengelernt hast. Ohne deinen »Widerpart« hättest du niemals den Mut gehabt, dich vielen dieser Schwierigkeiten zu stellen. Eure Liebe kann dir helfen, all diese Hindernisse zu überwinden, und jedes einzelne davon ist eine Gelegenheit, die Verbundenheit zwischen euch zu stärken.

Der »Beziehungsorbit«

Du befindest dich mit deinem Partner auf einer *elliptischen Umlaufbahn* um jenen Punkt in eurer Beziehung, an dem ihr euch miteinander verbindet. Am äußeren Ende der Ellipse könnt ihr leicht das Interesse aneinander verlieren, und es kommt möglicherweise zur Trennung. Doch wenn du nur ein paar Dinge richtig machst, wirst du dich deinem Partner auf deiner Umlaufbahn irgendwann wieder annähern, und ihr werdet erneut in eine längere romantische Phase eintreten, bis euch die Ellipse wieder voneinander entfernt.

Jedes Mal, wenn du zu deinem Partner zurückkehrst, erlebt ihr neue Flitterwochen. Sobald du mögliche Fallen vermeidest, werden die Umläufe mit der Zeit immer enger und kürzer. Hältst du an einem Streit fest, löst das eine Abwärtsspirale noch stärkerer Machtkämpfe aus, die das Ende des Ganzen bedeuten können. Eine solche Situation wird zwar von einem von euch dominiert, aber Gewinner gibt es nicht. Jeder von euch beiden könnte so vernünftig sein, ehrlich, mutig und großzügig zu handeln, das Bewusstseinsniveau anzuheben, den Streit zu beenden und euch neue Flitterwochen zu bescheren.

Beziehungsprinzipien

Hier zähle ich zunächst einige Prinzipien auf, die dir zu einer partnerschaftlichen Beziehung verhelfen können. Meine Frau und ich haben sie im Laufe unserer langjährigen Arbeit als Eheberater und Trainer entdeckt:

- Du kannst dich, ganz gleich, was geschieht, *immer nur in eine Richtung bewegen – auf deinen Partner zu.* Geh ihm einfach stets weiter entgegen, besonders wenn es Schwierigkeiten gibt. Probleme können einer neuen Stufe der Nähe nicht standhalten.

- *Räume deiner Beziehung oberste Priorität ein.* Wenn du deine Partnerschaft an die erste Stelle setzt, ist jeder Schritt, den du auf den anderen zu machst, ein weiterer Schritt zum Erfolg. Sobald du das Konkurrenzdenken überwunden hast, wird deine Liebe auch deine Karriere fördern.

- *Tu nichts, was deinen Partner verletzen könnte.* Und sag niemals etwas, was du nicht auch in seinem Beisein sagen würdest. So kannst du dir deine Partnerschaft und deine Integrität bewahren.

- Es gibt viele Gelegenheiten, deine Bindung zu festigen. Da die Wurzel *aller* Probleme stets ein Beziehungsproblem ist, *förderst du jedes Mal, wenn du deine Lebensgemeinschaft stärkst, auch deine Karriere und dein übriges Privatleben.* Sobald du dich einem mehr oder weniger kleinen »Laster« ergibst – ganz gleich, ob übermäßiges Essen, Trinken, Drogenmissbrauch, Affären, Arbeitssucht, Vorwürfe oder Angriffe –, verpasst du eine Gelegenheit, an deiner Beziehung zu bauen. Je größer das Vergnügen, dem du frönst, desto gewaltiger ist auch der Entwicklungsschritt auf eine neue Stufe der Verbundenheit, an dem du dich hättest erfreuen können. Dein Ego will dich ablenken und aufhalten, denn auf jeder neuen Stufe der Nähe wird die Liebe größer und das Ego kleiner.

- *Hilf deinem Partner, wenn er sich in Schwierigkeiten befindet.* Es ist wunderbar, falls du etwas Bestimmtes tun kannst, um ihm zu helfen. Am wichtigsten aber bleibt, dass du ihn liebst und ihm zur Seite stehst. Dein Partner muss sich selbst heilen, doch deine Liebe kann den entscheidenden Unterschied machen, da jedes Problem ein Mangel an Selbstliebe ist. Du kannst ihm geben, was ihm fehlt, und seine Selbstliebe neu entflammen.

- *Übernimm die Verantwortung für deine Gefühle und Erfahrungen.* Wenn du das nicht tust, wirst du anderen die Schuld geben, sie angreifen, jammern und das Opfer spielen. All diese Verhaltensweisen bringen deine Seite im Machtkampf zum Ausdruck und entspringen stets einer Position der Schwäche. Du könntest dich stattdessen für die Macht und Verantwortung entscheiden. – Schwäche hat drei Hauptursachen:

  - Die erste ist, dass du dich für schwach hältst. Du könntest dem Glauben an die eigene Schwäche einfach die Nahrung entziehen und dich stattdessen mit dem beschäftigen, was du gern über dich glauben würdest.

  - Die zweite Ursache ist, dass du schwach sein *willst*. Schwäche ist eine Ego-Strategie, die dir hilft, deine Bedürfnisse erfüllt zu bekommen, dich zu verstecken, deinen Willen durchzusetzen oder Rache zu üben.

- Die dritte Ursache ist, dass du die Schwäche zu einem falschen Gott erhoben hast. Ein Götzenbild ist etwas, von dem du fälschlicherweise annimmst, es könne dich retten oder glücklich machen. Deshalb schwörst du ihm die Treue. Du könntest all deine Götzenbilder der Schwäche und all deine falschen Egostrategien aufgeben, um zu bekommen, was dich wirklich glücklich macht. Ein Götzenbild ist ein tief sitzendes unbewusstes Muster und Teil unseres Kampfs mit Gott. Aber ein Götzenbild der Schwäche kann uns niemals glücklich machen.

Je mehr du dich um die Verantwortung für deine Erfahrungen drückst, desto unreifer ist dein Verhalten. Wenn es dir an Reife fehlt, bürdest du deiner Beziehung eine schwere Last auf und sorgst dafür, dass sich alles nur um dich dreht. Je mehr du in deinen Gefühlen schwelgst, desto stärker ist dein Partner normalerweise von seinen Empfindungen abgespalten. Ich habe festgestellt, dass eine der größten Versuchungen für die Frau darin besteht, in ihren Gefühlen zu schwelgen, während die Dissoziation eine der größten Versuchungen für den Mann ist. Wenn eine Frau aufhört, in ihren Gefühlen zu schwelgen, und ihre Schwäche aufgibt, nimmt sie ihre natürliche Führungsposition in der Beziehung ein. Dann werden sowohl die Beziehung als auch die beiden Partner wachsen und gedeihen.

Es ist ein gewaltiger Schritt, die Verantwortung für deine

Gefühle zu übernehmen. Jedes Mal, wenn du dich schlecht fühlst, verspürst du den Wunsch, deine Mitmenschen anzugreifen und ihnen die Schuld für das zu geben, was dir widerfährt. Erst wenn du die Verantwortung für dich übernimmst, kannst du dich lieben und glücklich machen. Bis dahin erwartest du von deinem Partner, dass er dich liebt, und deine Ansprüche werden zur Belastung.

Hast du die Verantwortung für dich und deine Gefühle übernommen, besteht der nächste Schritt der Reife und der Ermächtigung darin, die Verantwortung für die Gefühle des Partners zu übernehmen. Dein Partner bringt jene Emotionen zum Ausdruck, die in deinem Unterbewusstsein verborgen sind. Wenn du ihm nicht hilfst, seinen Schmerz zu bewältigen, wirst du früher oder später mit denselben Regungen konfrontiert. Du kannst deine Gefühle wahrnehmen, ohne sie als Waffe zu gebrauchen oder andere damit emotional zu erpressen. Wenn du den Partner mit deinen Gefühlen kontrollierst – ganz gleich, ob du ihn damit verletzt, ob du Schuldgefühle oder Wut provozierst –, gelingt es dir vielleicht, ihn zu manipulieren und einzelne »Schlachten« zu gewinnen. Den »Krieg« wirst du ganz sicher verlieren.

Du glaubst, der Dinge, die du dir mithilfe von Manipulation oder Kontrolle verschaffst, nicht würdig zu sein. Deshalb musst du dich immer wieder neu darum bemühen, noch mehr zu bekommen, und deinen Partner dazu bringen, dir zu beweisen, dass du liebenswert bist. Das kann sich recht zerstörerisch auf deine Beziehung auswirken, da du mit deinen selbstsüchtigen Versuchen, dir immer noch mehr zu holen, den anderen von dir entfernst. Du musst dich nun für dich entscheiden und dich um emotionale Reife bemühen. Deine Bereitschaft, die Verantwortung zu übernehmen, kann den Unterschied in deiner Partnerschaft machen und wie eine natürliche Einladung an dein Visavis wirken, es dir gleichzutun.

Wenn du emotionalen Schmerz verspürst, dann nimm ihn einfach wahr. Du kannst auch ein wenig übertreiben, um ihn schneller hinter dir zu lassen, während du zugleich Reife beweist. Wenn du den Mut aufbringst, deine Gefühle zu fühlen, wirst du in gleichem Maße auch Mut zur Freude finden. Du wirst dein Herz öffnen, deine weibliche Seite stärker zu schätzen wissen, mehr Gutes annehmen können, deine maskulinen und femininen Energien ins Gleichgewicht bringen, deinem Partner gleichberechtigt sein und die Beziehung ins Stadium der Partnerschaft führen.

- *Entscheide dich für die Gleichberechtigung mit deinem Partner.* Das sorgt für Harmonie in eurer Beziehung und lässt die Liebe zwischen euch wachsen. Streit und Leblosigkeit sind oft die Folge fehlender Emanzipation beider Partner. Indem du dich aber für die Gleichberechtigung entscheidest, wird dies nicht nur für Ausgeglichenheit in eurer Zweisamkeit sorgen, sondern dich auch weiterbringen.

- *Nimm das, was dein Partner durchmacht, nicht persönlich.* Es geht dabei nicht um dich. Es mag zwar den Anschein haben, als greife er dich an, doch das Muster gab es, schon lange bevor er dich kennengelernt hat. Es muss nicht unbedingt stimmen, dass er dich verlässt, dich zurückweist, dir das Herz bricht oder *dich* unterjochen will. Das ist deine Interpretation seiner Beweggründe und verrät oft mehr über *dein* Denken als über das seine. Wenn du sein Verhalten persönlich nimmst, leidest du nur umso mehr und überhörst den Hilferuf, der sich dahinter verbirgt. Lauschst du ihm, kannst du dich darauf konzentrieren, ihm zur Seite zu stehen. Das wird das Problem verwandeln und gleichzeitig den alten Schmerz beseitigen, der in dir wachgerufen wurde.

Dies sind nur einige erste, dennoch wichtige Prinzipien, die aufzeigen, wie man eine »erfolgreiche« Beziehung führen kann. In den kommenden Kapiteln werde ich an den passenden Stellen noch viele weitere darstellen.

Schlüsselerkenntnisse

- Beziehungen durchlaufen sechs Hauptstadien:
  - Verliebtheit,
  - Machtkampf,
  - tote Zone,
  - Partnerschaft,
  - Vision und
  - Meisterschaft.
- Jedes Stadium besteht aus vielen hundert Einzelschritten.
- Auf jeden Durchbruch folgen neue »Flitterwochen«.

- Deine Partnerschaft befindet sich auf einer Umlaufbahn. Hab Geduld und warte, bis ihr einander wieder näherkommt.

- Wenn du die in diesem Kapitel vorgestellten acht Schlüsselprinzipien anwendest, kannst du dazu beitragen, dass sich deine Beziehung schneller und müheloser weiterentwickelt.

2
Bitte um ein Wunder

In diesem kurzen Kapitel wird eine einfache, aber sehr wirkungsvolle Methode beschrieben, mit der man leicht Veränderungen in einer Beziehung erzielen und den Weg für ein Wunder freimachen kann.

Wünsch dir von ganzem Herzen ein Wunder

Dieses Prinzip ist ziemlich simpel: *Du bittest einfach um ein Wunder.* Es spielt keine Rolle, ob du irgendwelche spirituellen Überzeugungen hast oder nicht. Du bittest einfach um ein Wunder. Tu dies, wenn du dich sorgst. Mach es, statt dich ängstlich, schuldig oder verletzt zu fühlen. Bitte darum, wenn du zu Bett gehst, aufwachst und an deinen Partner oder an deine Beziehung erinnert wirst. Bitte um ein Wunder, wenn du an dein Problem denkst. Wünsch es dir von ganzem Herzen.

Manchmal musst du zuerst *deinen Groll aufgeben* und deinen Geist reinigen, ehe ein Wunder geschehen kann. Wenn du deinen Zorn hinter dir ließest, könntest du dich nicht mehr verletzt, wütend oder als Opfer fühlen. Willst du an ihm festhalten, oder wünschst du dir ein Wunder? Wenn du dich immer wieder für Letzteres entscheidest, fällt dein Hader allmählich von dir ab. Du kannst den Himmel oder dein höheres Bewusstsein bitten, dass es dir dabei helfe, den Groll loszulassen. Je stärker dieser nämlich in Urteile und heimliche Schuldgefühle eingebettet ist, desto länger wird es dauern.

Wünschst du dir ein Wunder, oder willst du an deinem Groll festhalten? Deine Beziehung hängt von deiner Antwort auf diese Frage ab. *Was willst du wirklich?*

Wenn du dich immer wieder für deinen Groll entscheidest, willst du einfach nur recht behalten und lieber weiter jammern, als eine Lösung zu finden. Auch diese Selbstgerechtigkeit verbirgt und kompensiert Schuldgefühle. Sie versteckt das Ausmaß deiner Angst vor Veränderungen. Groll und Schuldgefühle fesseln dich an die Stelle, an der du festsitzt. Wäre dir ein Wunder da nicht lieber?

Wenn du recht behältst, bleibst du in deinem Problem stecken. Sei willens, einmal nicht recht zu behalten und etwas Neues zu lernen. Du glaubst vielleicht, alles zu wissen, aber der Schmerz weist auf eine falsche Wahrnehmung hin.

Entscheide dich für Wunder

Du hast die Wahl. Wünschst du dir ein Wunder, oder willst du an deinem Groll festhalten? Der eine Weg führt zur Liebe, der andere zu Problemen und Schmerz.

Bitte um ein Wunder – um deinetwillen und für alle anderen Menschen in eurer Beziehung. Bitte ohne Unterlass darum. So, als hinge deine Beziehung davon ab.

Schlüsselerkenntnisse

- Damit Wunder in deinem Leben geschehen können, musst du
  - deinen Groll aufgeben,
  - dich für die Wunder entscheiden und
  - darum bitten – in dem Wissen, dass du sie verdienst.

3
Die am häufigsten gestellte Frage

Hier geht es jetzt um die uralte, wohl auf der ganzen Welt am häufigsten gestellte Frage: »Wann gibt man eine Beziehung auf, und wann entscheidet man sich dafür, sie fortzusetzen?«, also darum, wann eine Beziehung vorüber ist.

Es liegt in deinen Händen

Die Antwort lautet: *Die Beziehung ist vorbei, wenn du es sagst.* Das sieht jeder Mensch anders. Denn dein »Ex« gehört auch nach Beendigung der Partnerschaft noch zu deinem Energienetz. Er bleibt Teil deiner »Mannschaft«, auch falls du ihn nie wiedersehen solltest. Ihr habt eine karmische Verbindung.

Wenn du also mitten in einem »Beziehungsnotfall« steckst und überlegst, ob du die »Zweierkiste« beenden sollst, dann schlage ich vor, du beschäftigst dich erst einmal eingehend mit diesem Buch, bevor du die endgültige Entscheidung fällst. Mit jedem Kapitel wird die Wahrheit ein wenig klarer werden, und am Ende kannst du einen bewussten Entschluss fassen. Vermutlich hast du bereits viel Zeit und Energie in deine Beziehung gesteckt. Vielleicht habt ihr Kinder. Wenn du das, was du in deine Partnerschaft investiert hast, auf eine gesunde Art und Weise retten kannst, solltest du es tun. Doch ganz gleich, wofür du dich entscheidest – es ist an der Zeit, die nötigen Veränderungen vorzunehmen.

Keine Beziehung muss im Streit enden

Meiner Erfahrung nach sind manche Gemeinschaften dazu bestimmt, ein Leben lang zu halten, und andere nicht. Für gewöhnlich bleibt man so lange in einer Beziehung, bis man es nicht mehr aushält. Angesichts des inneren und äußeren Drucks macht jeder das Beste aus dem, was er weiß. Doch wie ich häufig beobachten konnte, hätten die meisten Paare länger zusammenbleiben können, wenn einer der beiden einige wenige wichtige Heilprinzipien für Beziehungen gekannt hätte. *Denn selbst wenn eine Partnerschaft nicht für die »Ewigkeit« bestimmt ist, kann sie ein mehr oder weniger gutes Ende mit freundschaftlichen Gefühlen nehmen.* Unerledigtes wird nämlich in die nächste Gemeinschaft mitgenommen. Alles, was du jetzt lernst und heilst, bleibt dir in der folgenden Beziehung erspart.

Missbrauch an einem Partner muss allerdings sofort geheilt werden. Anderenfalls ist es weder klug noch hilfreich, an der Bindung festzuhalten.

Gehen oder bleiben?

Wenn du die Antwort auf diese Frage finden möchtest, musst du *dich für die Wahrheit entscheiden*. Bitte den Himmel um ein eindeutiges Zeichen, ob es besser ist, die Partnerschaft aufrechtzuerhalten oder sie zu beenden. Erbete den Mut, so lange weitermachen zu können, bis du wirklich eine Antwort gefunden hast. Wünsch dir von ganzem Herzen die Klärung und den Frieden, den dies mit sich bringt.

Wenn du dich in einer verzweifelten Lage befindest, kannst du beispielsweise fünf beliebige Zahlen zwischen vier und fünfzig auswählen und dann zunächst die jeweiligen Kapitel dieses Buchs in der Reihenfolge lesen, in welcher dir die Ziffern in den Sinn gekommen sind. Anschließend empfiehlt es sich, wieder bei Kapitel 4 zu beginnen und das Buch konsequent durchzulesen. Manchmal mag es den Anschein haben, als träfe ein Themenbereich nicht auf dich zu. Du wirst trotzdem Prinzipien und Übungen darin finden, die dir nützlich sein können; sie haben schon vielen Menschen auf der ganzen Welt geholfen. Auch du kannst diese Hilfe annehmen.

Es gibt immer einen besseren Weg, als unglücklich zu sein, *wenn du das wirklich willst*. Der Himmel möchte, dass du glücklich bist. In deinem Bewusstsein und deinem tiefsten Inneren willst auch du das. Lass dir den Weg zeigen. Hör von ganzem Herzen auf deine innere Führung. Aus irgendeinem Grund sollst du die in dieser Situation verborgene Lektion lernen. Sei ein bereitwilliger Schüler, und eine Wendung zum Besseren wird die Folge sein. Nimm Abstand von Schuldzuweisungen. Sie halten dich nur davon ab, deine Aufgabe zu bewältigen und die nötige innere Veränderung zu veranlassen.

Schlüsselerkenntnisse

- Falls du überlegst, ob du in einer Beziehung bleiben sollst oder nicht, vergegenwärtige dir Folgendes:
  - Es liegt bei dir. Vertrau darauf, dass die Antworten sowie die Weisheit, die Wahrheit zu erkennen, in dir sind.
  - Keine Beziehung muss im Streit enden. Wenn du bereit bist, die Gegensätze zu heilen, könnt ihr in Frieden auseinandergehen und Freunde bleiben.
  - Entscheide dich in jeder Phase für die Wahrheit.
  - Bedenke, dass es immer einen besseren Weg gibt, als unglücklich zu sein, sofern du ihn wirklich finden möchtest.

4

Heile die Angst

In diesem Kapitel wird die Angst an der Wurzel all deiner Probleme untersucht; und es werden verschiedene Möglichkeiten vorgestellt, sie zu heilen.

Wovor hast du Angst?

Hinter jedem Problem verbirgt sich Angst. Sie ist eine der Hauptursachen aller Schwierigkeiten. Natürlich hast du einen großen Teil von ihr abgespalten, weil du sie nicht auf einmal bewältigen konntest. Was du auch fürchtest, du beziehst dich dabei stets auf ein Objekt. Wovor hast du also Angst?

Du kannst die Antwort erraten oder intuitiv finden. Das ist stets die beste und einfachste Möglichkeit. Du magst aber auch so lange über die Frage nachdenken, bis du sowohl die Antwort als auch die abgespaltene Angst kennst. Loslassen wirst du diese erst dann können. Realisiere, dass deine Furcht auf einer falschen Wahrnehmung beruht, und lass sie los. Ich habe festgestellt, dass alle dunklen Gefühle die Folge irriger Interpretationen sind. Deshalb ist Heilung möglich; denn das, was nicht korrekt wahrgenommen wurde, kann man nun so sehen, wie es wirklich ist. Eine beliebte Zusammenfassung des Phänomens Angst lautet: *Falsche Beweise erscheinen wirklich.*

Es gibt viele Möglichkeiten, die Angst zu heilen, die wie alle anderen negativen Gefühle auf unrichtigen Eindrücken beruht. Wenn sich deine falsche zu einer höheren Wahrnehmung weiterentwickelt, wirst du von der Angst, der Wurzel aller negativen Gefühle, befreit. Du wirst wissen, wann das der Fall ist, denn dann verschwindet das Problem.

Übung: So überwindest du die Angst

Hier werden nun einige Möglichkeiten genannt, die dir dabei helfen sollen, deine Befürchtungen aufzulösen:

- *Vergib* allen Beteiligten und auch dir selbst. Verzeih ebenso der Situation.
- *Liebe* ist das Gegenteil von Angst. Löse sie mit Liebe auf.
- *Segne,* statt zu verurteilen. Segne alle Beteiligten und die Situation.
- *Sei bereit,* zu lernen und dich zu verändern. Bereitwilligkeit heilt die Angst.
- Die Wurzel deiner Angst ist die Furcht vor dem Verlust. Das zeigt, dass du an etwas festhältst, und dies ist stets eine der Hauptursachen von Schmerz. *Lass los.*
- *Fühl die Angst,* bis sie sich auflöst. Dabei wirst du möglicherweise viele negative Gefühle durchleben. Wenn du

ein wenig übertreibst, während du diese erfährst, wirst du sie schneller hinter dir lassen. Positive Regungen und der Frieden werden folgen.

- *Leg deine Zukunft in die Hände des Himmels.*
- *Erinnere dich an all die Liebe*, die andere je für dich empfunden haben, und fühle sie. Konfrontiere deine Angst damit.
- *Erinnere dich daran, wer dir bei deiner Entwicklung zur Seite steht.* Unsichtbare Hilfe ist stets gegenwärtig.
- *Du kannst nur Angst haben, wenn du versuchst, in der Zukunft zu leben.* Die Furcht vor schmerzlichen kommenden Zeiten speist sich aus dem Kummer vergangener Tage. Sobald du im Hier und Jetzt lebst, kannst du sie nicht empfinden. Angst entsteht nur, wenn du glaubst, dass die Zukunft nichts Gutes bringen wird. Lass die Vergangenheit und deine negativen Vorstellungen von der Zukunft los. Kehr in die Gegenwart zurück. Leb nur im Hier und Jetzt.
- *Zentriere dich.* Bitte dein höheres Bewusstsein, dich zu deiner friedlichen Mitte zu führen. Erbete anschließend, zu einem noch höheren und noch tieferen Zentrum gebracht zu werden. Wiederhol diesen Schritt zwölf Mal. Entspann dich in jeder neuen Mitte und prüfe, wie du die Situation empfindest, während du immer tieferen Frieden erlangst.
- *Mach den nächsten Schritt.* Wenn du ihn annimmst und dich dafür öffnest, wird er sich dir offenbaren. Mit dem nächsten Schritt wird immer alles besser. Du musst nur bereit sein, dich weiterzuentwickeln.
- *Übergib deine Angst Schicht für Schicht dem Himmel*, bis du Frieden findest.

Die Angst hat auch noch andere Aspekte, die sich in schwierigen Situationen bemerkbar machen – etwa die Furcht vor dem nächsten Schritt, vor Nähe und vor dem Erfolg. Möglicherweise fürchtest du dich vor bestimmten Gefühlen, und höchstwahrscheinlich hast du Angst vor Veränderung, vor dir selbst, deinem Partner und deiner Lebensaufgabe. Vielleicht scheust du auch zurück vor Sex, vor der Hingabe oder davor, etwas anzunehmen. Es gibt darüber hinaus die Angst vor der Freiheit, vor dem Zusammenbruch und davor, alles zu haben. Und dann wäre da noch die Angst vor Gott.

Bemüh dich darum, all deine Ängste mithilfe der genannten Methoden zu heilen. Wenn du ein Gefühl der Freiheit und des Friedens empfindest, weißt du, dass deine Arbeit zu einem Teil getan ist. Indem du Vertrauen entwickelst, wird sich das aktuelle Problem lösen und sich der nächste Schritt offenbaren.

Schlüsselerkenntnisse

- Angst ist die Wurzel all deiner Probleme.
- Es gibt Wege durch die Angst. Kehr immer dann zu den dreizehn Heilmöglichkeiten in diesem Kapitel zurück, wenn du dich ängstigst.

5

Der Himmel möchte, dass du vollkommen glücklich bist

Hier wird eine der einfachsten Möglichkeiten untersucht, wie du überwinden kannst, was dich zurückhält. Du wirst lediglich gebeten, den Willen des Himmels anzunehmen.

Vollkommenes Glück

Vollkommene Liebe kann nur Liebe hervorbringen. Der Himmel will dich weder prüfen, noch verlangt er Opfer von dir. Etwaige derartige Gedanken entspringen deinen eigenen falschen Vorstellungen und weisen auf eine Entscheidung hin, die ein karmisches Muster erzeugt hat. Die gute Nachricht lautet, dass der Himmel nicht an das Karma glaubt. Die schlechte, dass du dies sehr wohl tust.

»Karma« ist ein Wort aus dem Sanskrit und bedeutet »Handlung« oder »Tat«. Die gegenwärtige Situation ist zum Teil karmisch bedingt. Das heißt, du bist in einem alten Muster gefangen. Das Gute daran ist, dass du dein Karma heilen, verändern oder überwinden kannst, ganz gleich, wie alt oder wie tief verwurzelt es ist. Du wirst die Lektion sofort lernen. Du kannst auf der Stelle Buße tun, indem du die Illusion oder das schmerzliche Muster überwindest, das zu einem früheren Zeitpunkt in deinem Leben, demjenigen eines deiner Vorfahren oder von deiner Seele aktiviert wurde. Du kannst Buße tun, indem du dich auf einer völlig neuen Ebene mit deinem Partner verbindest und die Trennung aufhebst, in der das Muster seinen Ursprung hat.

Der Himmel möchte, dass du vollkommen glücklich bist, aber dein Ego hat andere Vorstellungen. Immer wenn es Beziehungsprobleme gibt, macht dein Ego mit demjenigen deines Partners gemeinsame Sache, um eine schwierige Situation zu erschaffen. *Darin spiegelt sich stets die Angst vor dem nächsten Schritt, vor Nähe und Erfolg.* Ihr entscheidet in einer Art geheimer Absprache, wer sich am besten für die Rollen des Täters und des Opfers eignet. Natürlich verbirgst du all das in deinem Unterbewusstsein.

Welchen Pfad willst du einschlagen?

Möchtest du angesichts all dessen, was du bereits durchgemacht hast, den Weg des Egos weitergehen oder dem Plan des Himmels folgen?

Pst! Folge dem Weg des Himmels. Es ist derjenige deines höheren Bewusstseins, und er bringt dir Glück und Erfolg. Entscheide dich von ganzem Herzen für den Willen des Himmels. Aber sei wachsam. Dein Ego ist durchtrieben, und es kämpft um sein Leben. Es wird seine eigenen, heimlichen Pläne verfolgen. Abgespaltene Persönlichkeitsanteile werden in andere Richtungen streben. Doch wenn du den Willen des Himmels und deinen eigenen wahren Willen immer wieder annimmst, werden sich diese Anteile auflösen, weil sie nicht echt sind. Sie gehören zu jenen schmerzlichen Illusionen, die dafür sorgen, dass sich nichts an der Situation ändert. Nun ist es an der Zeit, mit himmlischer Hilfe Bewegung in die Angelegenheit zu bringen und sie zu klären.

Der Himmel wünscht dir *vollkommene Liebe*. Nimm seinen Willen von ganzem Herzen an. Alles, was du in voller Überzeugung tust, ist schöpferisch. Nimm den Willen des Himmels und deinen eigenen wahren Willen an, damit sich das Problem löst, deine Beziehung sich weiterentwickelt und eine neue Stufe der Freude erreicht.

Du verdienst Leichtigkeit und alles Gute. Dazu gehören auch Liebe und eine glückliche Beziehung. Ebendiese ist ein wichtiger Schritt auf dem Weg zum Himmel.

Schlüsselerkenntnisse

- Der Himmel möchte, dass du vollkommen glücklich bist.
- *Du selbst* verursachst Probleme und Unzufriedenheit in deiner Beziehung, weil du den nächsten Schritt fürchtest.
- Du hast die Wahl, welche Richtung du einschlagen möchtest: Du kannst den Weg des Himmels wählen. Du verdienst Glück, Erfüllung und Liebe.

6

Befrei dich von Schuldgefühlen

Wir beschäftigen uns jetzt mit der Schuld, einer der Ursachen all unserer Probleme. Wir untersuchen das Wesen der Schuld, die eine Illusion ist, die unser Ego stärkt und hinter der sich unsere Angst vor Liebe, Nähe und dem nächsten Schritt verbergen. Wir stellen einige Möglichkeiten vor, die Schuld zu heilen, lernen zum Beispiel die Macht der Entscheidung kennen und decken die Ursachen des Problems auf, die zu dem Missverständnis geführt haben, das wiederum die Schuldgefühle auslöste. Das können Vorfälle aus unserer Kindheit, dem Leben der Ahnen oder »früherer Leben« sein (die mythischen, metaphorischen Geschichten des Egos).

Schuld ist eine der Wurzeln aller Probleme

Alle Schwierigkeiten beruhen auf Selbstvorwürfen. *Mit allen, auch unseren Beziehungsproblemen, wollen wir uns für unsere Schuld bestrafen.* Man könnte sagen, eine derartige Gewissensnot ist eine der zerstörerischsten Vorstellungen über-

haupt. Ohne die Illusion der Schuld gäbe es keine Selbstbestrafung und damit auch keine Probleme. Das Ego baut auf
sie. Es möchte, dass wir voneinander getrennt bleiben, und
nichts errichtet so schnell Mauern zwischen uns und anderen
wie eine kräftige Dosis Schuld.

Schuldgefühle sind die Ursache von Selbstvorwürfen,
Selbstzerstörung, Gefühlen der Wertlosigkeit, dem Fehlen
von Werten, Versagen und aufopferndem Verhalten. Wer
Opfer bringt, will damit seine Schuld wiedergutmachen, aber
kein Tribut ist je groß genug. Schuldgefühle zerstören deine
Beziehung und verursachen deine Probleme.

Schuldgefühle hemmen die Liebe

Wenn du Schuldgefühle hast, überträgst du sie zwangsläufig
auf die Menschen, die du liebst – vor allem auf deine Kinder.
Ist dir das klar? *Deine Selbstvorwürfe verhindern, dass du ihnen
die Liebe schenkst, die sie verdienen.* Wenn Schuldgefühle den
zwischenmenschlichen Kontakt blockieren, werden Beziehungen entweder öde, langweilig und flau, oder sie bieten die
Bühne für ein ganz großes Drama. Das ist eine der Brutstät-
ten für Probleme, und du zahlst soeben den Preis dafür.

Als Kind hatte ich viele Schuldgefühle. Als ich mich
schließlich aus dieser Falle befreit und den von meinem
schlechten Gewissen verursachten Mangel an Selbstwert-
empfinden überwunden hatte, wurde mir klar, dass diese Gefühle unbegründet sind. Damit begann ein völlig neues Dasein für mich, insbesondere im Hinblick auf meine Beziehun-

gen. Endlich konnte ich die Liebe in mein Leben lassen, konnte es mir erlauben, mich geliebt zu fühlen. Ich besaß die Autorität, über die zerstörerische Illusion von Schuld zu sprechen. Ich helfe Menschen sogar dabei, die schreckliche Schuld ihrer abscheulichen Verbrechen gegen andere zu überwinden. Denn ihre Schuldgefühle treiben sie entweder in die Selbstzerstörung oder, noch schlimmer, dazu, anderen ein weiteres Mal etwas ebenso Schlimmes oder sogar noch Fürchterlicheres anzutun – in dem fehlgeleiteten Versuch, die Schuld darunter zu begraben.

Und wie bestrafst du dich?

Schuldgefühle funktionieren nicht. Sie hemmen die Liebe, verbergen die Angst, die sie schützen sollen, und sorgen so dafür, dass diese noch schwerer zu finden und zu heilen ist. Die Schuld ist ein grausamer Meister, sobald du ihr auch nur ein klein wenig Macht über dein Leben einräumst. *Es gibt keine Selbstanklage ohne Selbstbestrafung.* Schuld ist ein Teufelskreis, der dich in eine Abwärtsspirale hineinzieht, die alles zerstört, was dir lieb und teuer ist. Wenn du dich selbst peinigst, verstummen deine Schuldgefühle für kurze Zeit, und du fühlst dich frei – doch da du dich gleichzeitig auch »schlechter« fühlst, tritt bald eine tiefere Schicht der Schuld zutage, die manchmal unter Zorn verborgen ist. Der Kreislauf ist unendlich.

Seit meinen ersten Tagen als Berater helfe ich meinen Klienten bei der Bewältigung ihrer Schuldgefühle, indem ich sie darin unterstütze, das Missverständnis zu klären, welches die Schuldgefühle herbeigeführt hat. In mehr als dreißig Jahren habe ich viele weitere Möglichkeiten kennengelernt, Menschen von der Illusion ihrer Schuld zu befreien. Wenn du das Folgende liest, könntest natürlich auch du einfach einsehen, wie unsinnig Schuldgefühle sind, und sie loslassen.

Übung: Vergib dir und lass deine Schuldgefühle los

- Überleg dir, wofür du dich schuldig fühlst, und erstell eine Liste mit den möglichen Gründen für deine Selbstanklage.

- Kannst du dir deinen Fehler um deiner selbst oder der von dir geliebten Menschen willen verzeihen? Fehler lassen sich korrigieren, aber Schuld gebiert noch mehr Schuld, Selbstbestrafung und Trennung. Willst du andere Menschen dazu bringen, sich schuldig zu fühlen? Du wirst erst frei von Problemen, Selbstverurteilung oder den Urteilen anderer sein, wenn du dich von deinen Selbstvorwürfen befreit hast. Bedenke also einmal Folgendes:

  - Wenn du wüsstest, ob die Schuldgefühle vor, während oder nach deiner Geburt entstanden sind, dann war das sehr wahrscheinlich …

  - Wenn du wüsstest, wer an der Entstehung deiner Selbstvorwürfe beteiligt war, dann warst das du und …

  - Wenn du wüsstest, was damals geschehen ist, dann war das vermutlich …

- Falls du glaubst, die Schuldgefühle seien schon vor deiner Geburt entstanden, dann frag dich, ob sie aus der Zeit im Mutterleib oder noch davor stammen könnten. Sofern du Letzteres annimmst, dann überlege, ob sie von deinen Ahnen an dich weitergegeben wurden oder aus einem »früheren Leben« stammen könnten (glaubst du nicht an frühere Leben, dann betrachte dies als Metapher).

- Wenn deine Schuldgefühle im Mutterleib oder nach der Empfängnis entstanden sind, solltest du Folgendes wissen: Die negativen Gefühle, die du empfunden hast, weil du Teil dieser Situation warst, haben alle Beteiligten empfunden. Genau genommen wurden sie auf dich übertragen. Es gibt eine Möglichkeit, alle Beteiligten zu befreien: Mach dir klar, dass du eine Seelengabe mitgebracht hast, um alle Involvierten von Schuld und Schmerz zu befreien. Überleg auch hier wieder: Wenn du wüsstest, worum es sich dabei handelt, dann ist das vermutlich ...

- Wenn du jetzt bereit bist, dann öffne dich, um diese Gabe zu empfangen. Lass dich davon erfüllen. Gib sie auf energetischem Weg an alle Menschen weiter, die an der Situation beteiligt waren. Wenn sich die Szene vollkommen aufgelöst hat, bist du frei. In dem seltenen Fall, dass sie andauert, musst du noch eine weitere Gabe annehmen und weiterreichen.

- Auch wenn die Schuld von deinen Vorfahren an dich übertragen wurde, hast du eine Seelengabe mitgebracht, um deine Familie und deine Ahnen zu erlösen. Öffne dich und nimm die Gabe an. Gib sie nun sowohl an deine Vorfahren mütterlicherseits als auch väterlicherseits weiter, bis in deiner Familie nur noch Friede von einer Generation an die nächste kommuniziert wird.

- Ist die Schuld Teil deiner Seelengeschichte, dann lass dir folgende Gedanken durch den Kopf gehen:

  - Wenn du wüsstest, in welchem Land sich deine Geschichte abgespielt hat, dann war das vermutlich …

  - Wenn du wüsstest, ob du in deiner Geschichte ein Mann oder eine Frau warst, dann warst du vermutlich …

  - Was ist damals geschehen, dass du bis jetzt so starke Schuldgefühle mit dir herumträgst …?

  - Welche Lektion, denkst du, wollte deine Seele aus dieser Erfahrung lernen …?

  - Frag dich schließlich, welche Seelengabe du in diese Geschichte bringen solltest, um allen Beteiligten zu helfen …

  Stell dir vor, wie du in dieser Geschichte als kleines Kind deine Gabe annimmst und sie von jenem Zeitpunkt an mit allen Menschen und allen Dingen teilst. Nimm das Gefühl der geheilten Geschichte mit in die Gegenwart und mach es dir bewusst.

Schuldgefühle zerstören Beziehungen, weil sie Verbundenheit verhindern. Sie führen dazu, dass wir andere angreifen, uns Vorwürfe machen, Groll hegen, urteilen, uns wertlos fühlen, zurückziehen und aufopfern; und sie begünstigen die Entstehung anderer Rollen und Schattengestalten. All das verursacht Selbsthass, negative Erfahrungen und andere schmerzliche Gefühle.

Wenn wir unsere Schuldgefühle loslassen, können Liebe und Unschuld an ihre Stelle treten.

Schlüsselerkenntnisse

- Alle Probleme beruhen auf Schuldgefühlen – du erzeugst Probleme, um dich selbst zu bestrafen.

- Schuldgefühle hemmen die Liebe, da du sowohl dich selbst als auch den Partner angreifst, statt ihn zu lieben.

- Der Schlüssel zur Überwindung deiner Schuldgefühle liegt darin, dir bewusst zu machen, auf welche Weise du dich selbst bestrafst.

- Vergib dir jeden Tag deine vermeintlichen Missetaten.

- Nutze die Bewusstheit, die dir die Übung in diesem Kapitel geschenkt hat, um deine Schuldgefühle zu überwinden und die Wahrheit anzunehmen – dass du vollkommen und unschuldig bist und große Liebe und großes Glück verdienst.

7

Löse dein Problem
mithilfe der Gnade

In diesem Kapitel werde ich dir eine weitere einfache, aber effiziente spirituelle Lösung für deine Beziehungsprobleme vorstellen.

Mach den Weg für die Gnade frei

Himmlische Liebe offenbart sich uns in Form von Gnade, dem Stoff, aus dem alle guten Dinge gemacht sind. *Am schnellsten kannst du eine Krise in eine Chance verwandeln, wenn du den Weg freimachst und die Gnade die Angelegenheit regeln lässt.* Selbst wenn man ein Beziehungsexperte ist, weiß die Gnade stets einen besseren Weg. Sie sucht nach Einlass, um dir zu Hilfe zu kommen. Öffne ihr noch heute die Tür. Lass dich, deinen Partner und alle anderen Menschen, die an dem Problem beteiligt sind, von der Gnade durchströmen.

Übung: Öffne dich, um die Gnade zu empfangen

Es kann hilfreich sein, wenn du dich hinsetzt und spürst, wie die Gnade dich erfüllt und dann von dir zu deinem Partner, zu allen anderen Menschen und in die Situation selbst fließt. Gestatte der Energie der Gnade intuitiv, genau dort anzusetzen, wo es hakt. Sieh zu, wie die Gnade das Problem auflöst.

Lass dich heute von der Gnade erfüllen und durchströmen, damit alle Menschen von ihr erfüllt werden. Sorg dafür, dass du diese Übung heute nicht zum letzten Mal machst. Führe sie täglich aus, bis die Angelegenheit ein glückliches Ende genommen hat. Lass dich jedes Mal, wenn du an deinen Partner und an das Problem denkst, von der Gnade durchströmen und gib sie weiter. Segne dich und alle Menschen in deiner Umgebung heute mit deiner Bereitschaft, Gnade zu empfangen.

Schlüsselerkenntnisse

- Gnade ist der einfache Weg zur Bewältigung all deiner Beziehungsprobleme.
- Tritt zur Seite und lass die Gnade die harte Arbeit tun ...

8

Liebe dich selbst

Was in diesem Kapitel gesagt wird, beruht auf dem Prinzip, dass *jede Beziehung unsere Beziehung zu uns selbst widerspiegelt*. Es zeigt, wie du deine Partnerschaft nachhaltig dadurch heilen kannst, dass du dich selbst liebst. Wenn hier von Selbstliebe gesprochen wird, ist natürlich nicht das gemeint, was man gemeinhin unter Narzissmus versteht.

Übung: Prüf deine Liebe zu dir selbst

Denk über dein aktuelles Partnerschaftsproblem nach. Gib eine ehrliche Antwort auf folgende Frage: Was sagt diese Unstimmigkeit über dein Verhältnis zu dir selbst aus? Liebst du dich wirklich?

Wenn du dich liebst, kannst du nicht zugleich krank sein. Wenn du dich liebst, kannst du dich nicht parallel in einem ernsthaften Konflikt befinden.

Stell dir zum Beispiel folgende Fragen und wart dann einfach ab, was dir dazu einfällt:

- Was wäre nötig, damit du die eigene Person lieben könntest?

- Wie sehr liebst du dich selbst – »gemessen« auf einer Skala von ein bis hundert Prozent? Ja, die Zahl kann helfen, dein Problem zu klären. Wenn du große Schwierigkeiten hast und bei über fünfundsiebzig vom Hundert liegst, verdrängst du die Angelegenheit. Wer dies tut, dem droht ein böses Erwachen. Deine aktuelle Malaise könnte ein solcher Weckruf sein. Ganz sicher aber ist sie auch eine Gelegenheit, das destruktive Muster zu heilen, damit es sich nicht noch weiter ausdehnt.

- Frag dich nun:

  - Wie alt warst du, als du aufgehört hast, dich zu lieben? In welcher Zeit ist das geschehen?

  - Für wie viel Lieblosigkeit dir selbst gegenüber ist dieser Vorfall verantwortlich (wieder in Prozent angegeben)?

  - Wenn du wüsstest, wer in den Vorfall verwickelt war, als du aufgehört hast, dich zu lieben, dann war das vermutlich …

  - Sofern du wüsstest, was an ebenjenem Tag geschehen ist, dann war das sehr wahrscheinlich …

- Mach dir weiterhin Folgendes klar: Wenn du aufgrund dieses Vorfalls deine Liebe zu dir selbst so stark eingeschränkt hast, dann verspürten damals alle Beteiligten denselben Mangel an Selbstliebe. Aus einer Lernmöglichkeit wurde somit ein negatives Muster, das dich bis heute beeinflusst.

- Versetz dich noch einmal in die Situation. Frag dich, was du damit hattest bezwecken wollen, als du die Selbstliebe aufgegeben hast. Kein Mensch hört ohne eine Ursache auf, sich zu mögen. Du bist ein zielgerichtetes Wesen; und alles, was du tust oder getan hast, hat einen Grund. Je dunkler das Ereignis war, desto größer ist die Wahrscheinlichkeit, dass all dies einen bestimmten Zweck erfüllen sollte, was du damals aber vermutlich vor dir selbst verheimlicht hast. Frag dich nun, welchen Sinn es gemacht haben könnte, dass du dich nicht mehr lieben wolltest.

- Sobald du die Antwort auf diese Frage erahnst oder gar weißt, überleg dir, ob das ein guter Grund war, dich seinerzeit so entschieden zu haben. Wenn du damals schon gewusst hättest, was dir heute klar ist, was wäre dann anders gelaufen?

- Während du dir deine verlorene Selbstliebe zurückerarbeitest, könntest du sie an alle Menschen in der damaligen Situation weitergeben. Statt die »Autoaggression« der anderen zu übernehmen, könntest du sie mit der Gabe der Selbstliebe erlösen.

Du wirst diese Übung vermutlich einige Male machen und dich auf unterschiedliche Phasen deines Lebens konzentrieren müssen, um dir all die verlorene Liebe zurückzuholen.

Nach der Übung solltest du die Augen schließen und dich in der Vorstellung mit allen Menschen umgeben, die dich je geliebt und die an dich geglaubt haben – und es noch tun: mit Verwandten, Freunden, Liebhabern, Lehrern, Trainern, Arbeitskollegen und so weiter. Stell dir vor, dass auch deine

Freunde aus der Geistwelt dich umgeben. Sieh und fühl, wie sie dich mit ihrer Liebe erfüllen. Nimm diese an. Lass zu, dass sie deine Selbstliebe mehrt. Teil deine wachsende Liebe zu dir selbst mit deinem Partner.

Schlüsselerkenntnisse

- Deine Beziehungen zu anderen spiegeln dein Verhältnis zu dir selbst wider.

- Nutz die bisher gewonnene Bewusstheit, um deine Beziehung und deine Liebe zu dir selbst zu stärken.

- Vergiss nicht, diese neue Ebene der Liebe mit deinem Partner zu teilen.

9

Eifersucht

Jetzt wird das Wesen der Eifersucht untersucht. Ich zeige dir Möglichkeiten, wie du dieses schmerzliche Gefühl heilen kannst.

Übernimm die Verantwortung für deine Eifersucht

Eifersucht ist ein quälendes Gefühl. Eifersüchtig macht dich in der Regel nicht das, was dein Partner tut, sondern *deine Interpretation* seines Handelns. Wenn du glaubst, dass er dich betrügt oder verlassen will, reagierst du wahrscheinlich, als entspräche das den Tatsachen. *Dein Misstrauen entspringt dann deiner eigenen Unsicherheit und ist wie ein Filter, durch den du alle Ereignisse betrachtest.* Unsere Ungewissheit beschwört den Verrat auch herauf. Die Verdächtigungen entspringen alten, unbefriedigt gebliebenen Bedürfnissen, zum Beispiel Verlusten, Verletzungen, Rachegelüsten, Gefühlen der Wertlosigkeit und dem am besten verborgenen Aspekt überhaupt – dem Wankelmut. Es mag dir schwerfallen, das zu glauben, aber das Ausmaß deiner Eifersucht entspricht deiner eigenen Unentschlossenheit. Dieser Umstand ist unter dem Schmerz der Eifersucht verborgen. An jenem Punkt folgen die meisten Menschen der Strategie ihres Egos, und oft ist ein gebrochenes Herz die Folge. Oder sie bemühen sich um Unabhängigkeit, spalten sich von ihren Gefühlen ab und tun so, als machten sie sich nichts aus dem Verhalten ihres Partners. Wenn du dich von deiner Eifersucht abgespalten hast, wird dein Partner sie für dich ausleben und die Rolle des Eifersüchtigen übernehmen. Wie eifersüchtig du tatsächlich bist, erfährst du, wenn du deine eigene Eifersucht und diejenige deines Partners als eine betrachtest.

Deine Eifersucht verrät dir, welche Situationen du falsch gedeutet oder welchen Situationen du die Macht gegeben hast, dein Herz zu brechen. Dein höheres Bewusstsein möchte alles heilen, was dich daran hindert, ein guter Partner zu sein. *Deine Eifersucht verrät dir, wie viel alte Bedürftigkeit du in dir trägst und wie sehr dein Herz gebrochen ist.* Das blockiert die Liebe, die Fähigkeit, zu empfangen, die Sexualität und die Freude. Es erzeugt ein Gefühl von Dringlichkeit sowie Situationen, die dir das Herz brechen können. Eifersucht ist eine Form von Selbstangriff und Rache. Du drohst damit, dir entweder das Herz zu brechen oder die Verbindung zwischen deinem Herzen und deinen Geschlechtsorganen zu kappen. Das kann dich dem Leben und deinem Partner entfremden, du verlierst an Selbstwertgefühl und Attraktivität. Es kann auch die Sexualität abwerten und dazu führen, dass Sex zu einer beiläufigen Angelegenheit wird, statt ein Ausdruck von Liebe zu sein.

Eifersucht ist Partnerkontrolle

Eifersucht ist eine Form von Selbstquälerei, und oft schlägt der Schmerz in Wut um. *Wenn du eifersüchtig bist, willst du deinen Partner kontrollieren, um dich sicher zu fühlen.* Wenn du ihn vollkommen unter Kontrolle hast, langweilt er dich, und falls es dir nicht gelingt, ihn zu beherrschen, wird dein alter Schmerz in der Gegenwart um ein Vielfaches verstärkt aufflammen. Deine einzige Chance besteht darin, Selbstvertrauen zu gewinnen. Dann machst du nicht mehr heimlich gemeinsame Sache mit deinem Partner, um derartige Situationen zu erschaffen.

Das Ego nutzt diese Situationen, um deinen alten Schmerz zu vergrößern und sich selbst zu stärken. Dein höheres Bewusstsein bietet sie dir als Möglichkeit der Heilung an.

Ganz gleich, ob du bei deinem Partner bleibst oder ihn verlässt, irgendwann musst du deine Eifersucht heilen. Anderenfalls stärkst du nur dein Ego und wirst entweder noch mehr zum Opfer oder noch unabhängiger. Du reißt die Kontrolle an dich und zwingst der Beziehung deine Bedingungen auf. Das gibt dir zwar Sicherheit, dafür kannst du dich nicht mehr an einer lebendigen, erfolgreichen Zweisamkeit erfreuen. Ein solches Verhältnis kann nur entstehen, wenn beide Partner einander ebenbürtig sind.

Übungen: Heile deine Eifersucht

Wenn du deinen Partner nicht vertreiben willst, wirst du deine ganze Heilfähigkeit aufbringen müssen. Bist du eifersüchtig, ist dein Bewusstsein gespalten, auch wenn du ein reifes Verhalten an den Tag legst, dich aber innerlich quälst. Falls dein Bewusstsein gespalten ist, kannst du keine Fortschritte machen. Dein Eifersuchtsschmerz wurzelt in einem gebrochenen Herzen und in den Verlusten, die du als Kind erlitten hast. Entscheide dich zuallererst für deine eigene Heilung, ganz gleich, was dein Partner tut. Wenn er tatsächlich untreu ist, hat er vergleichbare Verluste erlebt und ein ähnlich gebrochenes Herz und sucht nach Möglichkeiten, sich zu beweisen, dass er liebenswert ist. Auch er will Liebe von außen bekommen. Das entschuldigt sein Verhalten nicht, erklärt es aber.

Wenn du dich von der Eifersucht befreien willst, versuchst du im Grunde, den Großteil deiner alten Unsicherheiten zu beseitigen. Dazu gehören die ganzen Verluste, der ganze Schmerz und Groll aus früheren Beziehungen und aus deiner Kindheit. Wenn du aus deinem Schmerz heraus mit deinem Partner streitest, machst du das Problem nur noch schlimmer.

Im Folgenden biete ich dir Lösungsvorschläge an, wie du die Eifersucht heilen kannst:

- *Übernimm die Verantwortung für deine Gefühle.* Spür den Schmerz, übertreib sogar noch ein wenig damit. So gewinnst du die Kontrolle über deine Gefühle zurück, damit sie dich nicht überwältigen. Lerne zu unterscheiden, welches Gefühl du gerade empfindest. Indem du es wahrnimmst, »verbrennst« du es. Du kannst deine Regungen spüren und auflösen, bis positive Empfindungen an ihre Stelle treten. Sie sind nicht »unendlich«. Wenn deine Eifersucht an ein unbewusstes Gefühl gekoppelt ist, kann das sehr schmerzhaft sein. Doch wenn du es zulässt – eine der Grundmethoden der Heilung –, eroberst du dein Herz Stück für Stück zurück. Hüte dich vor der Versuchung, dich abzuspalten oder nach Unabhängigkeit zu streben, *selbst wenn sich dein Partner völlig danebenbenimmt.* Es kann durchaus sein, dass du beschließt, den anderen gehen zu lassen. Wenn er gedankenlos handelt und keine große Rücksicht auf dich nimmt, weiß er die Beziehung nicht zu schätzen. Manchmal bist du es deiner Selbstachtung schuldig, zu gehen. Doch wenn du das tust, solltest du die Situation zuvor so weit wie möglich heilen und Frieden finden. Du kannst eine Beziehung auch beenden, ohne dich abzuspalten, denn wenn du dich von deinen Gefühlen löst, spaltest du dich von deinem Herzen ab.

- *Das heilige Feuer des Schmerzes* ist ein Schmerz von einer solchen Größe, dass er dich in die Knie zwingt. Er offenbart, dass du über visionäre Gaben verfügst, die deine Eifersucht abwehren möchten, zum Beispiel das heilige Feuer der Liebe, Kreativität, übersinnliche Fähigkeiten, großartiger Sex und Transzendenz, um nur ein paar zu nennen. Eifersucht und ein gebrochenes Herz zeigen, dass ein Keil zwei wichtige Teile deines Bewusstseins voneinander trennt. Das hält dich in Streitigkeiten und Interessenkonflikten gefangen. Das heilige Feuer des Schmerzes lässt sich ganz leicht therapieren. Du kannst mit dieser Methode auch alle anderen Gefühle oder Probleme heilen. Sie beseitigt das Problem entweder auf einmal oder Schicht für Schicht. Wenn nur eine Schicht beseitigt wurde, wiederholst du die folgende Übung einfach so lange, bis das Problem vollständig gelöst ist. Dabei entsteht eine neue Ebene der Vision.

Und hier die Übung: Frag dich einfach, wer deine Hilfe braucht, und hör auf deine Intuition. Geh zu diesem Menschen und hilf ihm auf die Weise, die deine Inspiration dir offenbart. Meist genügt es, wenn du deine Liebe durch die Mauer aus Schmerz an ihn schickst. Das kann die Pein in Sekunden verändern, aber manchmal musst du noch eine weitere Schicht beseitigen.

Diese Methode ist sehr einfach, doch sie zeigt sowohl in äußerst schmerzhaften Situationen als auch bei winzigen Problemchen große Wirkung.

Schmerz ist darüber hinaus ein Versuch deines Egos, zu verhindern, dass du die Hilferufe der Menschen in deinem Umfeld wahrnimmst. Indem du hilfst, wird auch dir geholfen. Wenn du andere mit deiner Liebe und deiner Unterstützung befreist, wirst auch du befreit.

- *Transformierende Kommunikation* ist eine sehr gute Möglichkeit, wie du dich mit deinem Partner verständigen kannst. Sie beendet den Streit und unterstützt die Heilung:

- Leg fest, wann ein Gespräch gelungen ist. Ihr könnt beide Erfolg haben.

- Bitte den Himmel und deinen kreativen Geist um Hilfe.

- Mach dir klar, dass keiner »der Böse« ist. Versuch nicht, deinen Partner ins Unrecht zu setzen.

- Bitte ihn um Unterstützung.

- Teil ihm mit, was dich stört, ohne ihn ändern zu wollen. Wenn du versuchst, ihn zu kontrollieren oder emotional zu erpressen, werdet ihr bald streiten, statt miteinander zu sprechen. Erzähl ihm einfach deine Erfahrung und *übernimm gleichzeitig die Verantwortung für deine Gefühle und dein Erleben.* Wenn er sich angegriffen oder schuldig fühlt, dann lass locker und versichere ihm, dass du ihn nicht angreifen, sondern dich heilen willst.

- Überleg dir während des Gesprächs, ob du dich schon einmal so gefühlt hast. Sprich auch über diese Situation und darüber, was du damals empfunden hast. Anschließend fällt dir vielleicht ein Erlebnis ein, das noch weiter zurückliegt. Sprich auch über diese Erfahrung und bleib so nah am Gefühl wie möglich, damit du dich nicht in der Geschichte verlierst. Wenn du über das alte Gefühl sprichst und es gleichzeitig wahrnimmst, heilst du dich selbst. Bleib von Anfang an so dicht am Kern der Regung wie möglich. Wenn du merkst, dass du »zur Hysterie neigst« oder dich von dem Gefühl abspaltest, bist du einer Machtprobe erlegen; und das arbeitet gegen dich. Beim Sprechen wirst du erkennen, ob die aktuelle Situation Teil eines Musters ist. Wenn dir nicht sofort etwas dazu einfällt, dann versuch nicht, dich krampfhaft an etwas zu erinnern. Befrage einfach deine Intuition. Wenn du dann immer noch keine Antwort erhältst, kann es auch hilfreich sein, über das Gefühl zu sprechen – wie du die Dinge, dich selbst, deinen Partner und eure Beziehung empfindest. Aber der Schlüssel zu deiner Verwandlung liegt darin, die aktuelle Regung zu empfinden und darüber zu sprechen.

Manchmal fühlst du dich nach dieser Übung frei und geheilt, und auch dein Partner hat das Gefühl, dir geholfen und dich unterstützt zu haben. Wenn das Beziehungsproblem nicht chronisch ist, wird es anschließend gelöst sein. Falls es sich um eine chronische Situation handelt, wirst du zwar eine Schicht geheilt haben, dich ihm aber vermutlich in wenigen Monaten erneut stellen müssen. Dann machst du diese Übung einfach noch einmal.

- *Entscheide dich für Gleichberechtigung.* Eifersucht entsteht, weil eine Beziehung in die Falle von Abhängigkeit und Unabhängigkeit gerät. Die wichtigste Aufgabe besteht darin, dieses Ungleichgewicht zu erkennen und zu beseitigen. Wenn du diese Lektion nicht lernst, wird deine Beziehung nicht funktionieren, und du wirst großes Leid erfahren. Es gibt ein paar einfache Möglichkeiten, wie du diese Stufe des Machtkampfs hinter dir lassen kannst. Dazu musst du dich *für die Gleichberechtigung beider Partner entscheiden.* Es kann zwar noch eine Weile dauern, bis ihr das Stadium der Partnerschaft erreicht, doch ihr werdet auf eurem Weg immer wieder auf höhere Plateaus kommen. Es werden auch nach dem Eintritt ins Stadium der Partnerschaft noch Probleme auftauchen. Dann müsst ihr euch erneut mit dem Thema »Abhängigkeit und Unabhängigkeit« auseinandersetzen und eure Beziehung wieder ausbalancieren.

Wenn du eifersüchtig bist, bist du der abhängige Partner – zumindest im Augenblick. Das kann sich recht schnell ändern, und dann gibst du Anlass zur Eifersucht. Wenn nicht in dieser, dann in einer künftigen Beziehung. Wenn es Eifersucht oder Grund zur Eifersucht gibt, ist das weder für dich noch für deinen Partner angenehm – auch wenn es den Anschein hat, als befände sich dein Partner in der besseren Position, weil er oder sie den Unabhängigen spielt. Jedes Mal, wenn du dich für die Gleichberechtigung entscheidest, bringst du deine Beziehung wieder ins Lot und gewinnst deine Attraktivität zurück. Je abhängiger du wirst, desto unattraktiver wirst du. Und je mehr du deinen Klammergriff löst, deine Bedürftigkeit und deinen Schmerz loslässt, umso stärker wird sich dein Partner auf dich zubewegen. Denn wenn du dich aus der Abhängigkeit löst, gewinnst du deine Attraktivität zurück. Falls sich dein Partner nicht auf dich zubewegt, hast du nicht wirklich losgelassen. Wenn du deine Heilarbeit nicht tust, frönst du vermutlich irgendeinem Vergnügen – vermutlich schwelgst du in deinen Gefühlen.

- *Lös dich aus deiner Abhängigkeit von der Partnerschaft*, aber achte darauf, dass du nicht über das Ziel hinausschießt. Wenn du deine Beziehung »wegwirfst«, setzt du nur auf

Unabhängigkeit und Dissoziation. Falls du versuchst, die Kontrolle wiederzuerlangen, machst du im Stadium des Machtkampfs einen Schritt zur Seite, statt dich in Richtung Partnerschaft vorwärtszubewegen. Indem du kämpfst, verlierst du, auch wenn du gewinnst; denn dann ist es nur eine Frage der Zeit, bis du erneut angegriffen wirst. Gib den Kampf auf, damit du zur nächsten Stufe aufrücken kannst. Diese Heilmethode wird dir dein Leben lang in allen deinen Beziehungen gute Dienste tun.

• *Wenn du leidest, bedeutet dies, dass du die Wahrheit noch nicht gefunden hast.* Wo vollkommene Wahrheit ist, sind auch vollkommene Heilung, Verständnis, Verbundenheit und Freiheit. Willst du Schmerz oder Wahrheit? Wenn du dich für den Schmerz entscheidest, schlägst du dich auf die Seite des Egos. Das Ego verursacht Schmerz, Dissoziation und Streit. Es will weder Liebe noch Kontakt. Das Ego ist Trennung. Liebe und Verbundenheit lösen es auf.
Um die Wahrheit zu finden, musst du dich nur dafür entscheiden. Bitte darum, dass dir die Wahrheit offenbart wird. Das wird sofort Schicht für Schicht Licht in die Angelegenheit bringen. Der Prozess ist erst abgeschlossen, wenn du Frieden gefunden hast. Wünsch dir die Wahrheit, und deine Wahrnehmung wird sich so lange verändern, bis du Frieden und Erfolg gefunden hast.

Die Summe der Eifersucht in deinem Umfeld spiegelt deine heimliche Eifersucht wider. Du trägst die Gesamtverantwortung für sie. Es reicht nicht, deinen Partner loszuwerden, auch wenn du dich unter Umständen zu diesem Schritt gezwungen siehst, weil ihm nicht allzu viel an dir liegt und du nicht weiter leiden willst. Aber denk daran: Das Leid und der Argwohn waren bereits Teil deiner selbst, ehe diese Situation entstand; und es gehört zu deiner Lebensaufgabe, dein Leid zu heilen und es durch Liebe zu ersetzen. So bekommst du das nötige Selbstvertrauen für eine gelingende Beziehung.

Schlüsselerkenntnisse

- Du kannst deine Eifersucht nur überwinden, wenn du die Verantwortung dafür übernimmst. Sie entspringt deiner Unsicherheit, deinem gebrochenen Herzen und deiner Bedürftigkeit.

- Hör auf, deinen Partner mit Argwohn und Zweifeln kontrollieren zu wollen. Deine Sicherheit und Geborgenheit hängen nicht von deiner »Macht« über ihn ab.

10

Herzensbruch

Wenn »ein Herz bricht«, kann das aus vielen Gründen eine verheerende Wirkung haben. Vielleicht nimmst du vom Leben, den Beziehungen und sogar von dir selbst so sehr Abstand, dass du dich nie mehr davon erholst und immer abseits, gespalten, unabhängig und einsam bleibst. Vielleicht kappst du auch die Verbindung zwischen deinem Herzen und deinem Sexualzentrum und in besonders schlimmen Fällen sogar zwischen deinem Kopf und deinem Herzen. Vielleicht gerätst du in die Situation, dass du dich ständig aufopferst, da du zwar geben, aber nicht mehr empfangen kannst, weil du nicht mehr verbunden bist, sondern dich zurückgezogen hast.

Herzensbruch als Ausdruck von Rache

Das gebrochene Herz kann eine Waffe sein in einem Machtkampf, in dem wir mit emotionaler Erpressung arbeiten. Mit deinem »Darben« sagst du: »Sieh nur, was du mir antust. Ich leide deinetwegen. Du kannst kein guter Mensch sein, wenn du so etwas tust. Du machst mich zu einem armen, unschuldigen Opfer.«

Im Grunde genommen rächst du dich am Partner. Gleichzeitig rächst du dich auch an anderen Menschen, etwa deinen Eltern – und manchmal auch an »Verflossenen«. Du sagst zu ihnen: »Wenn du mich mehr geliebt, mir das nicht angetan und dich überhaupt besser angestellt hättest, wäre mir so etwas nie passiert.«

Herzeleid enthält Elemente von Verdrängung und Naivität, aber die Hauptrolle spielt die Kontrolle. Dein gebrochenes Herz wird dich auch dazu veranlassen, dich emotional an deinem Partner schadlos halten zu wollen; doch das wird dir nur noch mehr Probleme und Schmerz bescheren.

Nur wenn du der abhängige Partner bist oder versuchst, dir etwas zu holen, kannst du verletzt oder kann dein Herz gebrochen werden. Manchmal tarnst du einen solchen Versuch mit Großzügigkeit. Du »gibst, um zu nehmen«. Wenn du ehrlich gibst, kann dich dein Partner nicht zurückweisen. Und wenn er es doch tut, bist du trotzdem glücklich. Wenn du aber »gibst, um zu nehmen«, empfindest du seine Ablehnung auch als Ablehnung. Niemand will gern vom anderen besessen oder verschlungen werden. Ein Partner nimmt Abstand, wenn man ihn ausnutzen will. Falls du ein solches Verhalten an den Tag legst, magst du das meist nicht merken, aber es führt zu aufrüttelnden Weckrufen und einem gebrochenen Herzen.

Akzeptanz

*Du kannst dich nur verletzt fühlen, falls du selbst etwas oder je-
manden ablehnst.* Ganz gleich, was ein anderer tut, wenn du
es akzeptierst – nicht weil es wahr oder richtig wäre, sondern
weil es eben passiert ist –, dann kannst du mit der Sache abschließen. Der Vorfall nimmt seinen Platz im Gefüge deines
Lebens ein, und du lässt ihn mühelos und voller Gnade los.
Dinge, denen du dich widersetzt, bleiben bestehen. Und das
tut weh. Wenn du also lernst, das Geschehen anzunehmen,
kannst du schnell zum nächsten und besseren Schritt übergehen. Nicht die scheinbare Zurückweisung der anderen, sondern *deine eigene* Ablehnung verursacht den Schmerz. Wenn
du einen Vorfall annimmst, kannst du deine Meinung darüber ändern. Dann hält er dich nicht mehr gefangen, und du
bleibst auch nicht in der Hölle dieses Ereignisses gefangen.

Übungen: So heilst du Herzeleid

Wenn es dir nicht gelingt, ein gebrochenes Herz zu heilen,
nimmst du an deinem Leben Rache. Du ziehst dich entweder
zurück oder spaltest dich ab und spielst die Rolle des Unabhängigen. In diesem Fall fügst du anderen unabsichtlich
ebenso große Schmerzen zu, wie du sie selbst erlitten hast.
*Falls dein Herz gebrochen ist und du es nicht heilst, wirst du den
Schmerz an deinen Partner und die Kinder weitergeben.*

Dein Herzensbruch verrät, dass die an der Situation Beteiligten denselben Schmerz erlitten oder bereits in sich getra-

gen haben. Indem du ihn heilst oder zum Stadium der Partnerschaft vorrückst, werden mit dir auch alle anderen geheilt.

Im Folgenden empfehle ich dir einige Möglichkeiten, um eine solche Situation zu heilen:

- *Akzeptanz:* Übe dich Augenblick für Augenblick in Akzeptanz, bis du Frieden findest. Nimm dich an. Nimm deinen Partner an. Nimm auch das an, was dir das Herz gebrochen hat, selbst wenn es dir nicht gefällt.

- *Vergebung:* Sie heilt das Muster, welches dir das Herz gebrochen hat. Sieh in deinen Partner hinein. Wie viele verletzte Kinder und Persönlichkeitsanteile trägt er in sich? Kannst du die verletzten Kinder und Persönlichkeitsanteile, die du selbst in dir trägst, zu ihnen gehen lassen? Kannst du sie allesamt lieben und herzen, bis sie geheilt und herangewachsen sind, euer gegenwärtiges Alter erreicht haben und wieder mit euch verschmolzen sind? Das würde die Verbindungen wiederherstellen, die in deinem Kopf, in deinem Herzen und in deinen Geschlechtsorganen getrennt worden sind.

- *Vertrauen:* Vertrau dir, deinem Partner, der Situation und allen Beteiligten. Dann kann sich alles zu deinem Besten entwickeln. Vertrauen, die auf ein positives Ziel gerichtete Kraft deines Geistes, kann alle Probleme heilen. Es gibt dir dein Selbstvertrauen und deine Attraktivität zurück. Es sorgt für eine schnelle und gnadenvolle Lösung.

- *Verbindliche Entscheidung:* Entscheide dich für die Wahrheit und den nächsten Schritt. Wenn du das tust, wird dir ein besserer Weg offenbart werden. Widme dich dem von ganzem Herzen.

- *Gnade:* Der Himmel möchte, dass du vollkommen glücklich bist. Sofern du nicht allzu lange auf dein Lebensglück warten willst – etwa weil du dem Ego seinen Plan abgekauft hast, der nur seiner eigenen Stärkung dient –, schlage ich vor, du bittest um Gnade und Wunder, um den himmlischen Plan in Bewegung zu setzen. Warte keine Minute länger. Lass all deinen Groll los, damit das Wunder geschehen kann. Alle an dieser Situation beteiligten Menschen sind Gottes geliebte Kinder – auch du. Es gibt eine Lösung, die alle glücklich macht, doch dazu musst du dem himmlischen Plan für das Glück folgen. Gib das Vorhaben deines Egos zugunsten einer Lösung auf, die alle glücklich macht. Dein Herz ist gebrochen, weil du es als empfindliche Beleidigung empfunden hast, dass dein Partner die ihm zugedachte Rolle nicht spielen wollte. Doch wenn du etwas tiefer in dein Bewusstsein und dein Unterbewusstsein eintauchst, wirst du erkennen: Das, was gerade geschieht, deckt sich ganz genau mit dem Plan deines Egos. Lass dein Leben Revue passieren. Der Schmerz verrät dir, wo der Wille deines Egos am Werk ist und wo du ihm gefolgt bist. Gib all das zugunsten des himmlischen Plans auf. Der Himmel weiß, was du brauchst und dir wünschst; und er wird dir alles Gute schenken, wenn du ihn nur lässt.

Schlüsselerkenntnisse

- Ein gebrochenes Herz ist eine Möglichkeit, dich an den Menschen zu rächen, von denen du dich schlecht behandelt und nicht genügend geliebt fühlst.

- Solange du an deinem Herzeleid festhältst, befindest du dich im Kampf mit den Menschen in deinem Umfeld und mit deinem Partner.

- Nur wenn du abhängig bist oder versuchst, dir etwas zu holen, kannst du verletzt oder dein Herz kann gebrochen werden.

- Akzeptiere das, was dir zugestoßen ist – gib Widerstand und Kampf auf.

- Folgender Sachverhalt kann dich dazu motivieren, dein Leid zu überwinden: Wenn du dein gebrochenes Herz nicht heilst, wirst du es an die Menschen weitergeben, die du liebst.

11

Missbrauch

In diesem Kapitel erforschen wir die Wurzeln des Missbrauchs und seine Entstehung infolge von Schuldgefühlen. Wir zeigen, wie Angst und Schuldgefühle geheilt werden können und der Kreislauf des Missbrauchs durchbrochen werden kann.

Missbrauch und Schuld

Es gibt einige wichtige Prinzipien, die in Fällen von Missbrauch hilfreich sind. Das erste lautet: Du darfst dich von *niemandem* misshandeln lassen! Ebenso entscheidend ist natürlich, dass auch *du* niemanden mit solch einer Tortur überziehst. Wenn du dich von einem anderen quälen lässt, hilft das weder dir noch ihm. Es verstärkt sowohl deine als auch seine Schuldgefühle, die bei der Entstehung dieses Verhaltens eine entscheidende Rolle spielen. *Schuldgefühle können einen Menschen nämlich auch dazu treiben, andere zu malträtieren.* Er will damit dann die starken Schuldgefühle verdrängen, die er in sich trägt.

Wenn du dich auf irgendeine Weise misshandeln lässt, ist das eine Form von Selbstbestrafung. Du willst eine alte Schuld begleichen. Bei dieser Schuld – ob sie nun dazu führt, dass du mit anderen schlecht umgehst oder selbst missbraucht wirst – handelt es sich um einen grundsätzlichen Irrtum deinerseits. Du fühlst dich zu Unrecht schuldig, doch das macht diese Schuldgefühle nicht weniger zersetzend oder selbstzerstörerisch.

Kindesmissbrauch

Wenn du als Kind missbraucht worden bist, hast du gewöhnlich die Märtyrerrolle in der Familie übernommen. *Es ist unwesentlich, ob es sich um sexuellen, körperlichen oder geistig-emotionalen Missbrauch handelt. Er entspringt fast immer dem Versuch, die Familie zu retten.* Diese ist dir wichtiger als deine sexuelle Integrität, deine Gesundheit oder dein Leben. Deshalb opferst du dich für die Menschen, die du liebst.

Ein Märtyrer-Opfer-Muster kann ein Leben lang bestehen bleiben. Du wirst versuchen, andere zu retten, indem du krank wirst, dich misshandeln lässt oder ein Dasein fristest, das dich herabsetzt. Und der »Täter« übernimmt die Rolle des Sündenbocks, um die Negativität der Familie auszuleben und so den Rest der Sippe davor zu bewahren. Derartige Opfer sind nur selten von Nutzen. Alles, was damit erreicht wird, ist auch ohne sie möglich.

Missbrauch in Beziehungen

Manche Menschen sind süchtig danach, andere zu misshandeln, ganz gleich, um welche Form der Peinigung es sich handelt. Andere können gleichermaßen süchtig danach sein, gequält zu werden. *Der Kreislauf aus Sucht und Missbrauch lässt sich nur durchbrechen, wenn einer der Beteiligten aus dem Täter-Opfer-Geflecht das möchte.* Wenn du diesen Irrkreis durchbrechen willst, kann es sein, dass du ihn ganz zerstörst. Aber denk dran: Bring zuerst dich und deine Kinder in Sicherheit, sofern du welche hast. Der gängige Rat lautet, sich so schnell wie möglich aus solchen Situationen zu befreien. Du begibst dich einfach an einen sicheren Ort.

Aber versuchen wir es zunächst mit einem eher ungewöhnlichen Vorschlag. Vielleicht kann er dir, deinem Partner und der Beziehung helfen. Wenn sich die Situation nicht sofort verändert, kannst du immer noch ausziehen und deine Heilung in einer geschützten Umgebung fortsetzen.

Stell dir folgende wichtige Frage: *»Benutze ich diese Beziehung, um mich zurückzuhalten, oder habe ich das Seelenversprechen abgelegt, meinen Partner zu retten?«*

Wenn du deinen Partner benutzt, um zu verhindern, dass du deine Lebensaufgabe erfüllst und glücklich wirst, solltest du die Beziehung so schnell wie möglich beenden und vielleicht sogar die Stadt verlassen. Bitte beachte: Ich spreche davon, dass *du* deinen Partner benutzt, nicht umgekehrt.

Wenn du jedoch versprochen hast, deinen Partner vor sich selbst zu retten, musst du dich für deine und für seine Heilung entscheiden. Um dein Versprechen zu halten, darfst du natürlich nicht in der Beziehung bleiben, wenn der Missbrauch nicht aufhört. Manchmal endet die Beziehung, wenn das Versprechen eingelöst ist. Dann wird es Zeit, sie hinter sich zu lassen. Ein anderes Mal blüht die Beziehung auf und wird zu dem, was sie eigentlich sein soll – ein Weg, um zu lernen und zu wachsen, auf dem ihr beide glücklich werdet.

Übungen: Tu etwas

Beziehungen sind eine Art Geheimabkommen. Wenn du deinen Teil der Zusammenarbeit aufkündigen und keine Angst mehr haben willst, dich weiterzuentwickeln und eine liebevolle Beziehung zu führen, kannst du den Kreislauf durchbrechen. Damit wirst du euch beide befreien. Die folgenden Übungen sind äußerst wirkungsvoll, um Beziehungen in nur einer Sitzung völlig umzukrempeln. Du kannst sie auch wunderbar miteinander kombinieren, wenn du wirklich willst, dass sie funktionieren:

- Stell zunächst einmal folgende Überlegungen an, ohne jetzt schon Beurteilungen oder Bewertungen vorzunehmen:

  - Wenn du wüsstest, wie alt du warst, als die Angst und die Schuldgefühle begannen, die dem Missbrauchskreislauf zugrunde liegen, dann warst du wahrscheinlich …

  - Wenn du wüsstest, wer damals anwesend war, dann handelt es sich vermutlich um …

  - Wenn du wüsstest, was seinerzeit geschehen ist, dann war das sicherlich …

- Mach dir klar, dass alle Beteiligten dasselbe Gefühl empfunden oder übernommen haben, das damals auch auf dich übertragen wurde.

- Wenn du wüsstest, dass das damals entstandene Muster für den gegenwärtigen Missbrauch verantwortlich ist, wärst du bereit, es zu ändern?

- Welche Seelengabe hast du mitgebracht, um die Situation zu verändern und allen Beteiligten zu helfen? Vermutlich war auch die Gabe der Erlösung darunter. Öffne dich diesen Gaben, nimm sie an und gib sie an alle Menschen weiter, die an der damaligen Situation beteiligt waren. Leite diese Gaben nun durch sie an all die Menschen weiter, die von ihnen zum Opfer gemacht wurden oder die sie selbst misshandelt haben. Auf diese Weise werden die heilenden Gaben im gesamten Täter-Opfer-Netz verteilt und befreien und erlösen alle Beteiligten.

Wiederhole diesen Vorgang mit dir selbst. Gib deine Gaben an alle Menschen weiter, denen du etwas zuleide getan hast oder von denen dir und anderen etwas zuleide getan wurde – und so weiter. Gib deine Gaben durch diese Menschen auch an diejenigen weiter, die ihnen oder anderen etwas zuleide getan haben oder denen etwas zuleide getan wurde. Gib deine Gaben bis zum ersten Täter und zum letzten Opfer weiter, die Teil deines Musters und des Musters deines Partners sind, und erlöse so das gesamte Netz. Nimm deine Gaben und die heilende Energie anschließend mit in die Gegenwart. Gib sie an alle Beteiligten weiter.

- *Löse dich von allen Selbstkonzepten, in denen du Märtyrer, Opfer oder Täter bist.* Frag dich, wie viele Selbstkonzepte du von jeder Sorte hast, und lass sie einfach los, um dich von dieser autoaggressiven Programmierung zu lösen. Lass sie jedes Mal, wenn du einen Hinweis auf diese Rollen und Selbstkonzepte entdeckst, von neuem los.

- *Übergib das Bild, das du von dir selbst, deinem Partner und deiner Beziehung hast, dem Himmel* und deinem höheren Bewusstsein: Bitte von ganzem Herzen um Heilung. Tu dies immer wieder. Erbitte ein Wunder für deine Beziehung. Wünsch dir dieses Wunder im tiefsten Inneren!

- Dieser Missbrauch spiegelt die *Angst vor Nähe* wider sowie davor, von einem anderen vereinnahmt zu werden oder jemanden besitzen zu wollen. Kehr zu Kapitel 4 zurück und mach die Übungen gegen die Angst, um dich aus der Missbrauchsfalle zu befreien.

Schlüsselerkenntnisse

- Missbrauch ist eine Form von Selbstbestrafung. Ein Mensch misshandelt andere für gewöhnlich deshalb, weil er sich schuldig fühlt.

- Beim Kindesmissbrauch versuchen wir, unsere Familien zu retten, indem wir uns opfern.

12

Hör in dich hinein!

Dieses Kapitel eröffnet dir eine weitere Möglichkeit, allgemeine Schwierigkeiten sowie die alltäglichen, aktuellen und praktischen Probleme zu beseitigen, die in einer Beziehung auf dich zukommen können. Sie beruht auf der Methode, in sich hineinzuhören, um die bereits vorhandenen Antworten zu finden.

Die Antworten sind in dir

Du musst nur bereit sein, sie zu hören. Der Himmel hat dich mit allem Nötigen ausgestattet, aber du hast Angst davor, die Antworten zu vernehmen. Du hast Angst, sie könnten dich zu etwas veranlassen, was du nicht willst. Deshalb sträubst du dich so sehr dagegen, in dich hineinzuhören. Es kann durchaus sein, dass du die Anweisung bekommst, etwas zu tun, was dein Ego nicht haben möchte. Aber dir wird niemals etwas gesagt werden, was dein wahres Selbst nicht hören oder tun will. Dir wird nie etwas mitgeteilt werden, was dich nicht zum Glück führt.

Bist du bereit, die Lösung zu hören? Ich habe einmal mit der Frau eines Alkoholikers gearbeitet, der stets nach Vorwänden suchte, um sich echauffieren und dann in die Bar verschwinden zu können. Die Frau bat und betete um Führung, und ihr wurde ganz genau erklärt, was sie sagen musste, damit ihr Mann auf dem schmalen Pfad der Nüchternheit blieb. Es wäre so einfach gewesen, ihn aufzubringen und ihm den gewünschten Vorwand zu liefern, damit er auf Sauftour gehen konnte. Doch die Antworten, die sie erhielt, waren perfekt. Sie hatte lediglich bereit sein müssen, die Lösung zu hören.

Wenn du bittest, wird dir gegeben. So einfach ist das. Sobald dein Wunsch, zu wissen, welcher Weg dich weiterbringt, größer wird als deine Angst vor dem Zuhören, wirst du die Antwort finden. Wenn du suchst, wirst du fündig – es sei denn, du hörst auf den Rat deines Egos. Dieses möchte nämlich, dass du forschst, aber niemals weiterkommst. Das ist sowohl frustrierend als auch deprimierend. Aber du musst dich ja nicht drum kümmern. Du kannst stattdessen auf die höhere Quelle hören, die sich dir in deinem kreativen Denken offenbart.

Übung: Lerne, in dich hineinzuhören

- Um in dich hineinzuhören, musst du lediglich die Augen schließen, dich entspannen und darum bitten, zu erfahren, welcher Weg dich weiterbringt. Falls du nicht sofort eine Antwort erhältst, kannst du die Frage noch einmal stellen und ruhig und offen abwarten.

- *Wenn dein Geist zu beschäftigt ist, um zuzuhören, spiegelt sich darin das Ausmaß deiner Angst.* Du kannst mit einer einfachen Meditationsübung beginnen, um deinen Geist zur Ruhe zu bringen. Achte auf die Gedanken, die dir durch den Kopf gehen, und wiederhole jedes Mal den Satz: »Dieser Gedanke steht für ein Ziel, das mich davon abhält, die Antwort zu hören.« Das bringt den Gedanken zum Verschwinden. Üb dies fünfzehn oder zwanzig Minuten lang, bis dein Geist vollkommen ruhig ist. Erkläre dann: »Möge dieser ruhige Geist die Antwort erhalten.«

- Wenn du wissen willst, wie dein nächster Schritt aussehen soll, dann hör still in dich hinein. Du kannst auch darum bitten, dass die Antwort von einer bestimmten körperlichen Empfindung begleitet wird, die dich wissen lässt, wann die richtige Antwort auftaucht oder vielmehr wann du bereit bist, sie zu hören. Wenn deine Bereitschaft und dein Talent, die Antwort zu hören, immer weiter wachsen, wirst du dieses Signal bald auch empfangen können, wenn es einmal turbulenter zugeht.

Schlüsselerkenntnisse

- Wenn du bereit bist, in dich hineinzuhören, wirst du Zugang zu deiner eigenen Weisheit erhalten und alle Antworten in dir finden.

- Du musst nur offen sein, um die Wahrheit zu erfahren, und lernen, den Geist zur Ruhe zu bringen und zu lauschen.

13

Die Sucht heilen

Nun erforschen wir die Rolle der Sucht in Beziehungen und zeigen, wie du dieses Verhalten ändern kannst – ungeachtet dessen, ob du der süchtige oder der co-abhängige* Partner bist. Wir verzichten dabei auf oberflächliche Lösungen und setzen bei den tieferen, grundlegenderen Dynamiken an.

Sucht und aufopferndes Verhalten

Bei einer Sucht handelt es sich wieder um eine »geheime Absprache« zwischen den Partnern. Hierbei sind viele Dynamiken gleichzeitig am Werk. Die Abhängigkeit bringt die Angst vor dem nächsten Schritt zum Ausdruck, die sowohl der Süchtige als auch sein Partner teilen. Letzterer hält das Problem mit seiner eigenen Angst vor Veränderung und

---

* Unter dem Begriff »Co-Abhängigkeit« beziehungsweise »Koabhängigkeit« versteht man in der Regel zweierlei: einerseits die Situation des engen Umfelds von Suchtkranken (also die Lage ihrer Partner, Kinder oder Eltern), andererseits eine Liebes- oder Beziehungssucht, die im Extremfall so weit gehen kann, dass man an einer Partnerschaft festhält, obwohl man an ihr zu zerbrechen droht.

Weiterentwicklung aufrecht. Oft liegt auch bei ihm eine heimliche Sucht vor, die emotionaler Natur sein oder das Verhalten betreffen kann und zum Beispiel in Aufopferung zum Ausdruck kommt. Beide sind jeder für sich und gemeinsam in einem Teufelskreis aus Sucht und aufopferndem Verhalten gefangen. Beide Partner sind darin involviert, auch wenn der Aspekt der Aufopferung beim Süchtigen meist weniger deutlich, aber nicht weniger zerstörerisch ist. *Falls du dich aufopferst, suchst du irrtümlicherweise Erleichterung, indem du bestimmten Verhaltensweisen frönst.* Sofern bei dir ein schwerer Fall von aufopferndem Verhalten vorliegt, kannst du leicht ausbrennen oder selbst süchtig werden und in eine diabolische Abwärtsspirale geraten.

Bist du süchtig, kann dich nur ein schriller Weckruf dazu motivieren, dich von der Abhängigkeit zu befreien – ganz gleich, ob du nach Alkohol, Drogen, Sex, Arbeit, Geldausgeben oder Essen gierst. *Die Sucht ist der erfolglose Versuch, eine innere spirituelle und emotionale Leere zu füllen.* Je mehr die Sucht wächst, desto heftiger werden auch die Schuldgefühle und die Selbstvorwürfe des Abhängigen, was das Problem weiter verschärft. Der Versuch der Selbstmedikation durch die Süchtigkeit kann Verluste und Einsamkeit nicht beseitigen, sondern wird sie nur noch verschärfen. Das Verlangen, das du zu befriedigen suchst, wird umso heftiger, und du wirst dadurch noch getriebener und verzweifelter, bis du dich schließlich immer weiter entfremdet hast und unglücklicher bist. Im Leben eines Abhängigen gibt es scheinbar unüberwindbare oder überwältigende Konflikte. Du hast nicht nur das Gefühl, diese nicht überwinden zu können und nicht zu wissen, wie du das anstellen sollst. Dein Schmerz und dein Verlangen werden auch so groß, dass du immer schlechter damit fertig wirst.

Sucht als Blockade

Ein weiterer, sehr viel besser verborgener Aspekt der Sucht ist, dass sie manchmal einen Hilferuf übertönen soll. Sie soll verhindern, dass du diesen Hilferuf erhörst, der dir ganz persönlich gilt. Es gibt ein Projekt, dessen Führung du übernehmen und mit dem du vielen Menschen helfen sollst. Doch dein Ego hält dich in aufopferndem Verhalten, Ausgebranntsein und Sucht gefangen. Deshalb bist du nicht bereit, den Hilferuf zu erhören; und daher kann auch dir selbst nicht geholfen werden. Würdest du mithelfen, andere Menschen zu befreien, fändest du die Erfüllung, die du vermisst.

Übungen: Überwinde die Sucht

Bei einer Sucht muss zuerst die körperliche Abhängigkeit beseitigt werden. Ist das geschafft, kannst du dich mit der psychischen Abhängigkeit auseinandersetzen. Außerdem musst du lernen, den Unterschied zwischen echter Veränderung und einer »Flucht in die Gesundheit« zu erkennen. Letztere sieht zwar gut aus, ist aber ein wenig zu perfekt. Damit wird die Sucht nur kompensiert. Für gewöhnlich taucht sie dann irgendwann wieder aus der Versenkung auf, und es kommt zu einem Rückfall. Es ist hilfreich, wenn du mithilfe deines höheren Bewusstseins alle Ebenen der Kompensation integrierst, hinter denen sich die einzelnen Stufen der Sucht verbergen, damit eine neue Ganzheit möglich wird. Die Kontrolle der Sucht mithilfe von Willenskraft ist ebenfalls ein Kompensationsverhalten, dessen Integration neuen Frieden und neues Selbstvertrauen bringt.

Sowohl beim Süchtigen als auch beim Co-Abhängigen ist der Genesungswunsch einer der entscheidenden Aspekte für die Heilung. Ein Süchtiger versucht vielleicht, seinen Partner ebenfalls in seine Abhängigkeit hineinzuziehen, um so die eigenen Schuldgefühle zu lindern. Das kann sehr zerstörerische Auswirkungen haben und seine Schuldgefühle noch verstärken.

Wenn du einen solchen Kreislauf durchbrechen willst, wirst du all deinen Mut brauchen – ob du nun eine Entziehungskur machst, dich für den Totalentzug oder eine allmähliche Verringerung der Dosis entscheidest. Du brauchst sehr viel Entschlossenheit und den ehrlichen spirituellen Willen, dein selbstzerstörerisches Verhalten aufzugeben.

Im Folgenden nenne ich einige Schritte, die dir bei der Überwindung deiner Sucht helfen können.

- *Bitte um ein Wunder.* Hör in dich hinein und lass dir bei jedem Schritt von der Gnade helfen.

- *Begib dich in eine Entziehungskur*, falls das bei deiner Form von Sucht angezeigt ist.
  Darüber hinaus kann heilende Energie helfen, sogar eine starke Drogenabhängigkeit zu lösen. Wenn sich ein Mensch

tiefer entspannt, als die Sucht reicht, löst diese sich auf. Ich hatte einmal den Fall eines Dealers, der sehr reines Heroin bekommen konnte. Wir mussten ihn viereinhalb Stunden mit Heilenergie versorgen, bis der Durchbruch geschafft war: eine ziemlich dramatische Angelegenheit, da er einige Male ein paar Meter weit aus dem Sessel sprang, in dem er sich entspannte, während sein Therapeut, sein bester Freund und ich ihm heilende Energie schickten. Mit dieser Energie konnte ich auch schon einen Totalentzug auf fünf Minuten verkürzen. Um sich für jenen Weg statt für konventionellere Methoden entscheiden zu können, braucht es einen Heiler, der glaubt, dass es machbar ist, und einen Süchtigen, der selbst eine gewisse Bereitschaft mitbringt.

Außerdem habe ich festgestellt, dass das so genannte Compulsion Blowout, die Auflösung von Zwängen, wie sie im NLP (neolinguistischem Programmieren) praktiziert wird, sehr gute Dienste leisten kann, um einen Menschen von dem Verlangen nach einer Droge – oder auch vom Rauchen – zu befreien. Wenn die Heilung daraufhin nicht fortgesetzt wird, mag es vorkommen, dass der Betreffende erneut zur Droge greift: Nicht weil er sie bräuchte, sondern weil er es will. Die Auflösung des Zwangs ist nur der erste Schritt.

- *Kehr zu dem Zeitpunkt zurück*, als du die Entscheidung getroffen hast, dieses Problem als (Co-)Abhängiger zu haben:

  - Wie alt warst du, als es anfing?

  - Wenn du dich erinnern könntest, wer bei dir war, als

dieses Problem seinen Anfang nahm, dann war das vermutlich …

- Falls du wüsstest, was damals geschehen ist, als du dich für dieses Problem entschieden hast, dann war das wahrscheinlich …

- Siehst du dir an, was du damals erleiden musstest, dann zeigt dir dein Leid, worunter auch alle anderen litten – zumindest innerlich. Der Schmerz wurde auf dich übertragen.

- Wenn du wüsstest, welche Gabe du mitgebracht hast, um diesen Schmerz zu heilen, statt ihn auf dich zu nehmen, dann war das vermutlich …

- Stell dir nun vor, wie du diese Gabe an alle Menschen weitergibst, die an der damaligen Szene beteiligt waren. Wenn die Situation danach nicht vollständig geheilt ist, wurde dir noch eine weitere Gabe geschenkt, um alle Beteiligten zu befreien. Nimm auch die anderen Gaben an, um diese Situation zu heilen, und gib sie weiter.

Wiederhol diese Übung noch viermal, kehr in die Vergangenheit zurück und heile dort die Ursachen für die gegenwärtige Situation. Bitte deinen Partner, die Übung ebenfalls fünfmal zu machen. Wenn er nichts dafür übrig hat, kannst du das für ihn übernehmen. Die Macht der Liebe und eure enge Beziehung zueinander erlauben es dir, Heilung für deinen Partner zu erlangen. Auf einer unbewussten Ebene ist er ein Teil deines eigenen Geistes. Du kannst diese Übung einen Monat lang täglich machen. Das wird bemerkenswerte Auswirkungen auf dein Selbstvertrauen und dasjenige deines Partners haben und den Prozess in Gang setzen, der deinen Alltag in eine Welt verwandelt, in der ihr beide glücklicher seid.

- *Entscheide dich für die nächste Beziehungsstufe*, um die Angst zu heilen. Wünsch dir das von ganzem Herzen.

- *Verbinde dich mit deinem Partner.* Stell dir vor, eins mit ihm zu sein. »Brenn« dich durch alle negativen Gefühle dieser Einheit hindurch, zu der auch dein Partner gehört, bis nur noch Frieden und Freude übrig sind. Sorg mit deiner Liebe dafür, dass ihr ein Herz und ein Geist werdet. »Brenn« dich durch alle Abwehrmechanismen und alles Negative hindurch, bis ihr euch beide frei fühlt. Du kannst dir auch vornehmen, diese Aufgabe im Schlaf oder während des Tages sozusagen »im Hinterkopf« zu erledigen. Mach die Übung mit deinem Partner, wenn er offen dafür ist. Haltet während der gesamten Übung Blickkontakt.
Du kannst auf diese Weise tiefe Erfahrungen des Einsseins machen, tiefe Erlösung erlangen oder einfach die Abwehrmechanismen zerstören, hinter denen sich der Schmerz und die Gaben verbergen. Dies ist eine wunderbare Übung, um die Verbundenheit zwischen euch zu verbessern und die Beziehung zu heilen und zu stärken.

- *Kehr an den Scheideweg zurück.* Als du den Pfad des Egos, also den der (Co-)Abhängigkeit, eingeschlagen hast, standest du in deinem Leben an einem Scheideweg:

  - Welche Belohnung hat dir dein Ego versprochen für den Fall, dass du den Weg nähmest, der deinen augenblicklichen Zustand herbeigeführt hat?

- Wurde das Versprechen eingelöst?
- Hat es dich glücklich gemacht?
- Als dein Ego dich verführte, wurde dir vom Himmel und von deinem kreativen Geist gleichzeitig noch ein anderer Weg gezeigt. Was wurde dir versprochen, falls du diesem folgtest?
- Stell dir vor, den Weg des Egos und deines Suchtproblems weiterzugehen. Welches Ende wird deine Beziehung nehmen? Welches Ende wirst du nehmen?
- Stell dir nun vor, dem Weg deines höheren Bewusstseins zu folgen. Welche Gaben werden dir dargeboten? Was geschieht mit deiner Beziehung, wenn du diesem Weg folgst? Was geschieht mit dir? Wie entwickelt sich dein Leben?
- Kehr nun zu dem Zeitpunkt zurück, als du am Scheideweg standest. Triff deine Wahl noch einmal. Was wünschst du dir für dein Leben und deine Beziehung?

- Um die Abhängigkeit zu durchbrechen, musst du das Bedürfnis nach der Sucht und dem aufopfernden Verhalten aufgeben, das dich ausbrennen lässt. *Lass uns an den Wurzeln des Problems arbeiten.* Überlege:
  - Wenn ich wüsste, wie alt ich war, als eine der Hauptursachen dieser Angelegenheit entstand, dann war ich …
  - Wenn ich wüsste, wer in die Sache verwickelt war, dann war das sehr wahrscheinlich …
  - Wenn ich wüsste, was damals geschah, dann war das vermutlich …

- Folgende Entscheidung hat zu dem Bedürfnis geführt, welches diese Sucht antreibt: ...

- Ich werde nun diesen neuen Entschluss fassen: ...

- Seinerzeit habe ich folgende Gabe mitgebracht, um das Bedürfnis zu heilen, das die Menschen in der damaligen Situation auf mich übertragen haben: ...
Wenn du dich für diese Gabe öffnest, sie annimmst und sie an alle Beteiligten weitergibst, wirst du die Situation heilen. Du hast das Bedürfnis und den Schmerz auf dich genommen, den sie in ihrem Leben verspürt hatten und der zu der damaligen Situation führte.

- Es spielt keine Rolle, ob du, dein Partner oder ihr beide abhängig seid – *das Problem spiegelt die Angst vor Erfolg, Nähe und dem nächsten Schritt wider*. Nutz die Macht deines Geistes, deines Herzens und deiner Seele, um dich in Richtung Nähe und Erfolg zu entscheiden. Tu dies oft. Tu's vorm Einschlafen und nach dem Aufwachen. Wünsch dir diesen nächsten Schritt von ganzem Herzen.

Schlüsselerkenntnisse

- Sucht ist der erfolglose Versuch, eine innere spirituelle und emotionale Leere zu füllen.

- Die Abhängigkeit lenkt dich davon ab, die Initiative zu ergreifen und deine Lebensaufgabe zu erfüllen.

- Kehr immer dann zu den Übungen in diesem Kapitel zurück, wenn du das Gefühl hast, aus einer Gewohnheit oder einem Zwang heraus handeln zu müssen.

14

Der Wunsch, etwas Besonderes zu sein

Jetzt wird die nur wenigen bewusste Beziehungsdynamik untersucht, dass man »etwas Besonderes« sein will, und gezeigt, wie sie Verbundenheit verdrängt und zerstört. Dabei handelt es sich um eine jener Fallen, die allen Partnerschaftsproblemen zugrunde liegen! *Der Wunsch, etwas Besonderes zu sein, untergräbt dein Verhältnis mit anderen.*

Als Kleinkind dachten wir, die ganze Welt drehe sich nur um uns. Der Wunsch, etwas Besonderes zu sein, ist jener Teil von Erwachsenen, der noch immer an ebendieser Vorstellung festhält. Er ist aber eine falsche Auffassung im Zusammenhang mit »Liebe«, die deine Beziehungen unterminiert. Er kann sogar zum Fluch der Partnerschaft werden, weil er sämtlichen Problemen zugrunde liegt und von unseren Bedürfnissen genährt wird: *Aufgrund seiner Bedürfnisse versucht man, sich etwas zu holen, kann es aber nicht annehmen.* Man fordert oder phantasiert, findet jedoch keine Befriedigung. Man streitet oder zieht sich zurück, um seinen Willen zu bekommen, aber es ist nie genug. Man kann nur dann Schmerz empfinden oder sich aufregen, wenn die Vorstellung, etwas Besonderes zu sein, enttäuscht und man »beleidigt« wurde.

Schmollen und Wutanfälle sind die Folge des Wunschs, etwas Besseres zu sein. Und alle Probleme entpuppen sich als ein indignierter Versuch, die eigene Exklusivität herauszukehren. Wenn man die Aufmerksamkeit, welche die eigene »Spezialität« nährt, nicht auf positivem Wege bekommen kann, holt man sie sich auf negative Art und Weise. Man glaubt, sich zu wünschen, dass die Menschen einen lieben. Doch manchmal bringt man andere wegen ebenjenes Wunschs, etwas Besonderes zu sein, nur dazu, klein beizugeben.

Der Wunsch, etwas Besonderes zu sein, nährt das größte Beziehungsmissverständnis – das Nehmen. Wenn du meinst, etwas Besseres zu sein, glaubst du auch, dein Partner sei dazu da, all deine Bedürfnisse zu befriedigen. Der »falsche Teil der Verliebtheit« wird davon genährt. Du lässt dich mitreißen, weil dein Partner ideal scheint, um dir das zu geben, was dir fehlt.

Zum Streit kann es kommen, wenn er sich nicht an die ihm zugedachte Rolle hält. Dies ist dann der Versuch, die eigenen Wünsche erfüllt zu bekommen und so behandelt zu werden, wie man es gewohnt ist. Wenn du wütend wirst, geht es dabei immer nur um deine Vorstellung davon, etwas Besonderes zu sein, und dabei wiederum nur darum, in der Beziehung den eigenen Willen durchzusetzen. Das gebiert Frustration und Enttäuschung. Nur selten wird dein Partner den Phantasievorstellungen gerecht werden, die du dir im Stadium der Verliebtheit von ihm gemacht hast. Und selbst wenn, wäre das nicht genug. Du würdest dir danach einfach eine neue Vorstellung machen, die er zu erfüllen hätte, da das zugrunde liegende Bedürfnis noch immer unbefriedigt ist; und du würdest von deinem Partner immer größere Liebesbeweise fordern.

Eine ganz besondere Schuld

Wenn es einer Beziehung an Leben fehlt, liegt das an gewohnheitsmäßigem aufopferndem Verhalten, ambivalenten Gefühlen über das Nehmen, Zwangslagen, Dreiecksbeziehungen, Konkurrenzdenken und mangelndem Fortschritt aus Angst, man könne dabei etwas verlieren. Die Leblosigkeit wird von dem Wunsch, etwas Besonderes zu sein, oder vom Zauber der Schuld genährt – etwa von dem Gefühl, in deiner Kindheit und Jugend der Anlass für die Probleme deiner Eltern und deiner Familie gewesen zu sein. *Diese besonderen Schuldgefühle können dazu führen, dass du dich ein Leben lang bestrafst.*

Das ist ein sehr starkes Urmuster. Wenn du ungeprüft daran festhältst, wird es dir wichtiger sein als dein Partner. Dann kann dein Wunsch, etwas Besonderes zu sein, auf negative Art und Weise in Form von Depression und Versagen zum Ausdruck kommen. Das wird oft unter aufopferndem Verhalten und Arbeitswut versteckt. Es ist eine besondere Form des Märtyrertums.

Übung: Den Wunsch loslassen, etwas Besonderes zu sein

Es wird Zeit, dass du den Wunsch aufgibst, etwas Besonderes zu sein. Du kannst dich stattdessen für Liebe und Anerkennung entscheiden. Der erste Schritt besteht darin, dass du dir der Heimtücke deines Wunschs bewusst wirst:

- Welche Sonderbehandlung forderst du von deinem Partner?

- Auf welche Weise schmollst du oder bestrafst du ihn, wenn er deinen Wünschen nicht nachkommt?

- Prüfe, in welchen Bereichen du negative Empfindungen hast. Welche Gefühle sind das? Was willst du damit bekommen? Um welche Art von Besonderheit geht es?

Negative Empfindung	Was willst du damit bekommen?	Art der Besonderheit
1.	1.	1.
2.	2.	2.
3.	3.	3.

- Prüfe, welche Rolle der Wunsch, etwas Besonderes zu sein, bei deinem aktuellen Problem spielt. Untersuche, inwiefern dein Partner etwas Besseres sein will. Das verrät dir einiges über deine eigenen heimlichen Wünsche.

- Prüfe ein paar alte, schmerzliche Erfahrungen. Betrachte sie unter dem Aspekt des Wunschs, etwas Besonderes zu sein.

- Sei bereit, alle Ansprüche auf Exklusivität aufzugeben, die du entdeckst. Erinnere dich an frühere Erfahrungen und verschenk deine Liebe, statt zu versuchen, dir etwas von anderen zu holen. Wenn du diese Situationen im Geiste so lebendig wie möglich werden lässt, kannst du die alten Muster heilen, die dich beeinflussen.

- Indem du dich darum bemühst, mehr zu geben als zu nehmen, lässt du negative Gefühle los, hörst auf zu klammern und befreist dich von jeder Form des Nehmens.

Verwandle deine Beziehung

Entscheide dich verbindlich für die Liebe zu deinem Partner. Das wird euch beide Erfüllung bringen und deine Bedürfnisse befriedigen. Es ist der Schlüssel zu einer erfolgreichen Beziehung. Denn darin geht es nicht nur um dich. Es geht um eure Partnerschaft und um deinen Partner. Du kannst nicht geben oder lieben, indem du dich aufopferst. Das wird nicht funktionieren. Es wird vielmehr verhindern, dass eure Zweisamkeit ihr volles Potenzial verwirklicht.

Es wird Zeit, dass du deine Beziehung verwandelst. Wart nicht darauf, dass dein Partner den Anfang macht. Die Verantwortung liegt bei dir. Tu »es« selbst, und wenn du Erfolg hast, hebt das deinen Partner mit dir auf die neue Stufe. Jeder Entwicklungsschritt, den du ohne alles Konkurrenzdenken machst, wird deinem Partner geschenkt. Darin zeigt sich die »Ökonomie von Beziehungen« – und auch, weshalb sie der schnellste Weg zum Wachstum ist.

Was könntest du deinem Partner heute geben, ohne Erwartungen daran zu knüpfen? Wenn du ehrlich gibst, ist das Geben deine Belohnung.

Heute ist ein Tag, an dem du deine Beziehung von einer Erfahrung des Nehmens und der Enttäuschung in eine Erfahrung des Gebens und der Erfüllung verwandeln wirst.

Schlüsselerkenntnisse

- Das Bedürfnis, etwas Besonderes zu sein, untergräbt die Beziehung.

- Dieser Wunsch beruht auf Bedürftigkeit und veranlasst dazu, sich etwas von seinem Partner zu holen.

- Besondere Schuldgefühle verhindern, dass man im Leben und in der Beziehung Fortschritte macht.

- Die Lösung liegt darin, den Wunsch, etwas Besonderes zu sein, aufzugeben.

- Wenn man seine Beziehung verändern möchte, muss man die Verantwortung dafür übernehmen. Wart nicht darauf, dass dein Partner den ersten Schritt tut.

- Entscheide dich für deinen Partner und für eure Beziehung.

15
Die Bedeutung
von Zielen

Dieses Kapitel soll nun aufzeigen, wie wichtig es ist, sich ein langfristiges Ziel für den Beziehungserfolg zu setzen.

Wähle Ganzheit und den Himmel

Es ist von vitalem Interesse, dass du dir ein Ziel für deine Beziehung setzt. Ich würde hier die Ganzheit als anzustrebend vorschlagen, damit euer beider Geist eins werden und ihr wirkliches Glück erfahren könnt. *Eine Beziehung ist die beste Chance, das Paradies auf Erden zu erleben.* Überantworte deine Partnerschaft dem Himmel. Erneuere sie, widme und weihe sie in regelmäßigen Abständen immer wieder der Ganzheit.

Ohne »Endzweck« kann jeder Konflikt der letzte sein. Wenn du das Ziel der Ganzheit in deiner Beziehung anstrebst, ist ein Streit nur etwas, was auf dem Weg dahin bewältigt werden muss. Eine Bestimmung schenkt dir eine langfristige Perspektive und verhindert, dass du kurzsichtig wirst, wenn die nächste Stufe der Auseinandersetzung ansteht. Du weißt, dass die Heilung dieses Konflikts und das, was du dabei lernst, euch einander näherbringen wird. Es wird dir größere Ganzheit und mehr Vertrauen in deinen Partner und in eure Beziehung schenken, damit ihr alle Probleme auf eurem Weg ausräumen könnt. Alles, was zwischen dir und Gott steht, wird auch zwischen dir und deinem Partner auftauchen. Wenn du nicht das Ziel hast, die Probleme auf dem Weg zur Einheit auszuräumen, kann dich jedes einzelne davon weiter vom Kurs abbringen. Dann wirst du dich unter Umständen fragen, wer dieser Fremde ist, der dir da gegenübersitzt, statt den geliebten Menschen anzuschauen. Wenn etwas Unerwünschtes geschieht, erinnerst du dich einfach an dein Ziel, damit du nicht vergisst, wo du ankommen möchtest. Wenn du keine Ausrichtung hast, »endest« du vermutlich irgendwo. Sobald deine langfristige Ausrichtung feststeht, solltest du dir kurzfristige Etappenziele für alle weiteren Schritte setzen.

Schlüsselerkenntnisse

- Es ist unabdingbar, dass ihr euch Ziele für eure Beziehung setzt, damit ihr beide in dieselbe Richtung geht.

- Wenn du nach Ganzheit und dem Himmel auf Erden strebst, schlägst du eine wahre und gute Richtung ein.

- Sobald Ziel und Kurs feststehen, wird es dir sehr viel leichter fallen, die einzelnen Stadien und die Probleme in eurer Beziehung zu bewältigen.

- Ruf dir dein Ziel immer wieder ins Gedächtnis.

16

Das Ende der Verliebtheit und das Schattenland

Jetzt wird das »Schattenland« untersucht – der erste wichtige Schritt im Stadium des Machtkampfs. Es wird gezeigt, wie du mit der Situation umgehen und sie verändern kannst, wenn dir dein Partner allmählich immer mehr wie ein Schatten vorkommt, weil er alle Eigenschaften auslebt, die dich am stärksten beunruhigen.

Schatten können sich zu jedem beliebigen Zeitpunkt in einer Beziehung zeigen, aber sie vermögen diese am ehesten zu zerstören, wenn sie direkt im Anschluss an das Stadium der Verliebtheit auftauchen.

Das Stadium der Verliebtheit

Im ersten Verliebtsein, wenn du den anderen gerade kennenlernst, hast du manchmal das Gefühl, du schwebst. Das Abenteuer, eine Beziehung zu einem Menschen einzugehen und einander zu erforschen, erfüllt deine Tage mit Staunen und freudiger Erregung. Du glaubst aufzuleben und siehst das Leben aus einer völlig neuen Perspektive.

Diese Phase ist sowohl Frühling als auch Renaissance. Die Farben sind bunter, das Leben hat wieder Sinn, und das Staunen kehrt zurück. *Das Stadium der Verliebtheit schenkt dir neues Leben und zeigt dir, welche Möglichkeiten in eurer Beziehung stecken.*

Als ich jung war, hielt ich das Ende des Verliebtheitsstadiums auch für den Schluss der Beziehung, da das intensive Verschossensein vorüber war. Eine Partnerschaft folgte auf die andere, die Dauer des »Honeymoon« wurde immer kürzer, und ich wurde immer unabhängiger. Als ich meine Frau Lency kennenlernte, währte die Phase unserer Verliebtheit gerade mal einen strahlenden hawaiianischen Sonnenuntergang lang. Wir erklärten uns unsere Liebe und gestanden einander, wir seien genau das, wonach wir unser Leben lang gesucht hätten. Es folgte das entsprechende Feuerwerk an Farben – Violetttöne, Rot, Orange, Rosa und schließlich das sagenumwobene grüne Leuchten, während die Sonne im Meer versank. Als es dunkel war, sahen wir einander an und fragten uns, was von dem Gefühl geblieben sei. Zum Glück waren wir zu diesem Zeitpunkt schon so weit, zu wissen, dass wir uns bereits im zweiten Beziehungsstadium befanden.

Jenseits der Verliebtheit: Wie man sich an den Oasen auf dem Weg erfreut

Wenn du jemanden kennenlernst und dich im Stadium der Verliebtheit befindest, hast du das Gefühl, der andere vervollständige dich. Er verkörpert einen fehlenden Teil von dir – denjenigen, den du für gewöhnlich als Kind in einer Situation abgespalten hast, in der du fürchtetest, ein solches Verhalten nicht zu überleben. Seither suchst du danach, um wieder ganz zu sein. Jetzt ist dieser Teil in der Gestalt deines Partners zu dir zurückgekehrt. Das fühlt sich großartig an – so lange, bis der *Machtkampf* beginnt, in dem du den anderen aus deiner Bedürftigkeit heraus ausnutzen und gleichzeitig verhindern willst, dass er dasselbe mit dir tut. *Um diese Phase erfolgreich zu bewältigen, musst du lernen, die Gegensätze zu verbinden*, damit die Bedürfnisse der Partner auf eine Art und Weise befriedigt werden, die euch beide vorwärtsbringt. Die gute Nachricht lautet, dass auf jeden Erfolg neue »Flitterwochen« folgen, die wiederum vom Ausmaß eures Durchbruchs abhängig sind. Dieser »Honeymoon« folgt jedem Fortschritt und ist immer wie eine Oase auf dem Beziehungsweg. Solche Phasen nähren dich und schenken dir, deinem Partner und eurer Beziehung neue Kraft. Die Oasen geben dir Hoffnung und helfen dir, dich neu in deinen Partner zu verlieben.

Doch schon bald macht sich die nächste Problem»schicht« bemerkbar. In den frühen Stadien der Beziehung zu meiner Frau dauerten die Flitterwochen ungefähr dreieinhalb Tage, ehe die nächste Phase begann. Manchmal dauerten sie länger, und zuweilen waren es nur eineinhalb oder zwei Tage. Als wir in die tote Zone eintraten, die für uns die wahre Herausforderung darstellte, waren die Flitterwochen nach einem Durchbruch gerade mal eine Stunde lang. Dank der großen Gnade, die derzeit auf die Erde einwirkt, geht die Bewusstseinsentfaltung sehr viel schneller vonstatten. Deshalb hat es den Anschein, als folgten die Herausforderungen in kürzeren Abständen aufeinander. Sei also nicht überrascht, wenn euch ein Durchbruch gelingt, ihr schwer verliebt seid und du nach der romantischsten Nacht und dem besten Sex deines Lebens aufwachst und dich von deinem Partner entfernt fühlst. Das ist normal. Das nächste Problem ist aufgetaucht.

Bewusstheit ist hier der Schlüssel. Denn wenn das Stadium der Verliebtheit vorüber ist, zeigt sich der zweite Aspekt eurer Beziehung: Die Partnerschaft soll euch auch helfen, gesund und ganz zu werden. Nun ist neues Engagement gefragt, um das Glück, die Liebe und die Romantik wieder auf das ursprüngliche Niveau des Stadiums der Verliebtheit zu heben.

Das Schattenland

Das Schattenland ist der erste Schritt im Machtkampf, den allerdings nicht alle Paare durchlaufen; manche überspringen ihn einfach. Doch wenn man dieses »Terrain« betritt, sollte man sich dessen bewusst sein und wissen, was zu tun ist. Es folgt direkt auf das Stadium der Verliebtheit. Bis zu diesem Zeitpunkt hast du das Bild deines Traummanns oder deiner Traumfrau auf den Partner übertragen, aber mit einem Mal wird er dein schlimmster Albtraum. *Nun projizierst du deine dunkelsten Schatten und einige deiner schlimmsten Ängste auf ihn.* Die Veränderung ist derart abrupt, dass du einen Schock erleidest. An diesem Punkt kann die Partnerschaft zerbrechen.

Wenn du allerdings mit Bewusstheit und den Beziehungs-zielen Freude und Ganzheit »bewaffnet« bist, bekräftigst du einfach deine Ziele und entscheidest dich ganz und gar für deinen Partner und für eure Beziehung. Dann darfst du zum nächsten Schritt übergehen.

Vielleicht musst du auch noch andere Schatten heilen, aber sie werden nicht ganz so akut sein. Im Schattenland steht dir nicht der Sinn danach, dich für eure Beziehung zu entscheiden. Doch unbedingtes Engagement ist eines der Heilprinzipien, die an diesem Punkt schnell Erfolg bringen. Sobald du dich für eure Partnerschaft entschieden hast, kann der nächste Schritt kommen – Abhängigkeit und Unabhän-gigkeit, die wichtigste Lektion in allen Beziehungen. Wenn ihr es nicht durch das Schattenland schafft, werdet ihr nicht erfolgreich genug sein, um euch diesem Schritt zu stellen. Es kann ziemlich entmutigend sein, wenn man die wichtige Lek-tion von Abhängigkeit und Unabhängigkeit lernen und zu-gleich das Schattenland durchqueren muss, und manchmal ist das zu viel für ein Paar. Die Partner können die Beziehung nicht weiterführen. Wenn ihr zusammenbleiben wollt, musst du fest entschlossen sein, es durch das Schattenland zu schaf-fen. Steckst du dann im Schritt von Abhängigkeit und Unab-hängigkeit, kannst du dich voll und ganz für dich selbst, dei-nen Partner und eure Partnerschaft entscheiden. Je weiter ihr kommt, desto einfacher werden die einzelnen Schritte, aber alle Lektionen bringen große Herausforderungen mit sich.

Im Grunde dreht sich im Schattenland und bei den Schritten von Abhängigkeit und Unabhängigkeit sowie Po-sitivem und Negativem alles um die Kontrolle. Es gibt Mittel und Wege, aus Angst die Kontrolle über die Beziehung an sich zu reißen. Ein solches Verhalten lässt sich dadurch überwinden, dass du dich für die Gleichberechtigung beider Partner entscheidest, was dich Schritt für Schritt statt Problem für Problem aus den Streitigkeiten herausführt.

Vom Umgang mit Schatten

Abgesehen von den Möglichkeiten, die in den ersten Kapiteln dieses Buches beschrieben wurden und im Anschluss noch folgen werden, kannst du das Schattenverhalten deines Partners annehmen, statt dich dagegen zu wehren, ihn zu verurteilen und mit ihm zu streiten. Auf diese Weise befreist du dich und die Beziehung aus der Sackgasse, und die Entwicklung kann weitergehen. So rückst du den Schatten, der dich direkt konfrontiert und zurückgehalten hat, in die richtige Perspektive.

Auch andere Übungen können dir im Umgang mit Schattengestalten helfen, zum Beispiel die *Integration*. Frag einfach deine Intuition, wie viele deiner Selbstkonzepte den Schatten gleichen, die du auf deinen Partner projizierst. Du kannst einen Schatten nur deshalb wahrnehmen, weil du ihn in Gestalt eines deiner Selbstkonzepte in dir trägst. Die Zahl, die in deiner Vorstellung auftaucht, entspricht der Zahl deiner Schattenkonzepte. Bitte darum, dass sie alle zu einem riesigen Schatten verschmelzen. Reduziere jenen gewaltigen Schatten auf seine reine, positive Energie, den Baustein allen Seins, und nimm diese Energie wieder in dich auf.

Du vermagst Schatten auch dadurch zu heilen, dass du dir aufschreibst, welche Eigenschaften du an deinem Partner nicht ausstehen kannst. *Nimm die Projektion zurück*, indem du in dem Schatten dein eigenes Verhalten und dein eigenes Selbstbild erkennst. Prüfe, ob du dich nicht ebenso verhältst wie dein Partner, ob du deinen Schatten auslebst oder ob du die negative Eigenschaft kompensierst und völlig verbirgst. Vielleicht tust du sogar beides. Unabhängig davon, wie du damit umgehst, quälst du dich wegen dieser Eigenschaft.

Nun kommt die entscheidende Frage: Willst du dich weiter quälen, oder willst du deine innere Folterkammer verlassen und deinem Partner helfen?

Wenn du beschließt, deinem Partner zu helfen, löst du die betreffenden Selbstkonzepte und Schatten auf und hilfst euch beiden, eure Selbstwahrnehmung und euer Selbsterleben zu verbessern. Daraufhin wird dir dein Partner sehr viel schöner vorkommen. Wiederhol diese Maßnahmen mit allen Schatten, die dein Partner dir spiegelt.

Schlüsselerkenntnisse

- Jenseits des »Stadiums der Verliebtheit« liegt das »Schattenland«, in dem du deine negativen Selbstkonzepte auf den Partner projizierst.

- Jedes Mal, wenn du dich aus einer großen Falle (etwa dem Schattenland) befreist, erlebst du neue Flitterwochen. Sie helfen dir dabei, die Beziehung aufrechtzuerhalten, und erinnern dich an die tiefe Liebe, die du deinem Partner entgegenbringst.

- Wenn du das Schattenland hinter dir lassen und einen neuen Honeymoon erleben willst, musst du dich noch einmal für deinen Partner entscheiden und dir erneut das Ziel setzen, Ganzheit und den Himmel auf Erden zu erlangen.

- Integriere deine Schatten, um sie zu überwinden. Nimm deine Projektionen zurück und geh auf deinen Partner zu.

17

Den Machtkampf beenden

Dieses Kapitel beschäftigt sich mit dem Beziehungsstadium, das auf die Phase der Verliebtheit folgt – dem Machtkampf, dessen erste Stufe das Schattenland ist –, und den Schritten, die wir in dieser Phase durchlaufen. Es untersucht, was zum Streit führt und wie wir ihn beenden und neue Stufen der Partnerschaft erreichen können.

Der Machtkampf: Das Ringen um die eigenen Bedürfnisse

Machtkämpfe sind gefährliche Fallen. In diesem Stadium gibt es viel zu lernen, und wenn dir das nicht gelingt, wird keine deiner Beziehungen von Erfolg gekrönt sein.

Man kämpft um die Erfüllung seiner Bedürfnisse, darum, dass alles nach dem eigenen Kopf geht, beziehungsweise aufgrund seines Konkurrenzdenkens. Und zu guter Letzt streitet man sich, weil man sich vor dem nächsten Schritt fürchtet.

Wenn du um deine Bedürfnisse kämpfst, machst du dem anderen Vorwürfe, setzt ihn ins Unrecht, beklagst dich, stellst Forderungen, nörgelst, bettelst, schikanierst ihn und ziehst dich zurück. Du willst, dass deine Bedürfnisse erfüllt werden, doch selbst wenn dein Partner deinen Wünschen nachkommt, wird es nie genug sein können. Du willst immer noch mehr.

Der reife Umgang mit den eigenen Bedürfnissen ist also ein entscheidender Faktor für den Beziehungserfolg und macht dich zu einem »pflegeleichten« Partner. Das bedeutet, du trachtest nicht danach, dass sich in der Beziehung alles nur um dich und deine Gefühle dreht.

Der Wunsch, alles möge nach deinem Kopf gehen, liegt jedem deiner Probleme zugrunde – selbst wenn du das Opfer sein solltest. Letzten Endes beruhen all deine Probleme auf dem Wunsch, »recht zu haben«. Aber du kannst nicht immer recht haben und gleichzeitig glücklich sein. In diesem Fall ist es entscheidend, die beste oder wahre Lösung anzustreben und nicht unbedingt den eigenen Kopf durchsetzen zu wollen. Die beste oder wahre Lösung ist stets eine Mischung aus dem Besten, was ihr beide – du und dein Partner – an Energie und Ideen zu bieten habt. Auf diese Weise fühlt sich keiner ausgeschlossen, und ihr erreicht eine neue Ebene der Partnerschaft, indem ihr die Unterschiede zwischen euch überbrückt. Das ist eines der entscheidenden Ziele im Stadium des Machtkampfs. Hier ist es essenziell wichtig, dass ihr eine neue Ebene der Emanzipation, der Partnerschaft und der Reife erreicht.

Konkurrenzdenken und Konflikte

Konkurrenzdenken entsteht aus dem Wunsch nach Getrenntheit, der wiederum die Folge mangelnder Verbundenheit in der Ursprungsfamilie ist. Konkurrenzdenken erzeugt Konflikte. Ihr kämpft nicht nur darum, wer recht hat, sondern auch darum, wer besser ist.

Wenn du verlierst, suchst du später nach Möglichkeiten, es deinem Partner heimzuzahlen oder ihm aufzulauern, um dann endgültig den Sieg davonzutragen. Du brauchst sehr viel Reife, um das Konkurrenzdenken aufzugeben, das dich seit deiner Kindheit begleitet.

Je geringer die Verbundenheit innerhalb deiner Ursprungsfamilie war, desto stärker ist dein Konkurrenzdenken ausgeprägt, und desto stärker drängt dich auch der Wunsch, andere zu besiegen und damit zu beweisen, dass du der/die Beste bist.

Wenn das zutrifft, wird es ziemlich lange dauern, bis Abhängigkeit und Unabhängigkeit überwunden sind und Interdependenz erreicht ist. Interdependenz heißt, ihr kämpft gemeinsam und mit positiven Mitteln darum, dass beide gewinnen. Das ist immer möglich.

Die einzelnen Schritte im Stadium des Machtkampfs

- Der erste Schritt ist das besagte *Schattenland.* Hier entpuppt sich der Partner als schlimmster Albtraum. Wenn ein Elternteil zu viel getrunken, gespielt oder sich »herumgetrieben« hat, bekommst du nun den Eindruck, als täte dein Partner es diesem nach. Er scheint deine größte Angst zu verkörpern. Am wichtigsten für dich ist dann, dich daran zu erinnern, dass dein Partner dir hilft, ein Muster zu heilen, das du bereits in dir trägst: *Je mehr du ihm vergibst und dich mit ihm verbindest, desto gütiger wird er dir erscheinen.* Im Lauf der Beziehung mag es immer wieder einmal vorkommen, dass du deinen Schatten auf den Partner projizierst. Wenn du die damit verbundene Lektion nicht lernst, kann es zur Trennung kommen.

- Beim zweiten Schritt im Stadium des Machtkampfs geht es um *Abhängigkeit und Unabhängigkeit*. Wenn du diese Lektion nicht lernst, wird deine Beziehung immer eine Qual bleiben – sofern sie überhaupt länger hält. Nach dem Stadium der Verliebtheit kommt es für gewöhnlich deshalb zum Machtkampf, weil die Partner herausfinden möchten, wer in der Beziehung der Unabhängigere ist und somit das Sagen hat. Der abhängige Partner fühlt mehr als der von seinen Gefühlen abgespaltene, unabhängige Partner. Er spürt die Romantik, aber auch den größten Teil des Schmerzes. Manchmal behält der unabhängige Partner seine Position weitgehend bei. Ein anderes Mal wechselt die Rollenverteilung immer wieder. Sofern du als Unabhängiger ein guter Partner warst und trotz der Bedürftigkeit des Abhängigen immer wieder auf ihn zugegangen bist, ihn geschätzt, geliebt und dich mit ihm verbunden hast, wird auch er dir ein guter Partner sein, wenn du der Abhängige bist.

Im Allgemeinen verwechselt der abhängige Partner sein Verlangen nach dem anderen mit Liebe. Doch Liebe will weder nehmen, noch gibt sie, um zu nehmen. Sie will geben – ohne jede Erwartung. Ein solches Verhalten macht unwiderstehlich, während Bedürftigkeit für gewöhnlich Widerstand hervorruft. Wenn du merkst, dass sich dein Partner von dir entfernt, bist du meist bedürftig geworden, ob du dies nun zum Ausdruck bringst oder nicht.

Sobald sich dein Partner von dir entfernt, musst du aufhören, bedürftig zu sein und dich an ihn zu klammern. Wie gut dir das gelingt, erkennst du daran, wie nahe er dir wieder kommt. Lässt du los, wird er immer wieder zu dir zurückkehren. Klammerst du, spielt es keine Rolle, wie sehr du vorgibst, losgelassen zu haben: Er wird weiter Abstand halten. Falls du der abhängige Partner bist, sind alle Formen des Loslassens hilfreich. Jedes Mal, wenn du erfolgreich losgelassen hast, erlebst du neue Flitterwochen, bis die nächste Schicht von Abhängigkeit und Unabhängigkeit zutage tritt.

Eine einfache Möglichkeit loszulassen ist es, das eigene Anhaften in die Hände des Himmels zu legen. Eine zweite Möglichkeit besteht darin, das eigene Verlangen und das zugrunde liegende Gefühl zu übertreiben und zu fühlen, bis sie sich aufgelöst und in ein positives Gefühl verwandelt haben.

Der Umgang mit Abhängigkeit und Unabhängigkeit ist die wichtigste Lektion für den Beziehungserfolg. Du solltest dich deshalb von ganzem Herzen darum bemühen, sie zu lernen.

- Der letzte Schritt im Stadium des Machtkampfs ist der Umgang mit den Begriffen *positiv* und *negativ*. Hier kann es zu Missverständnissen und Streitigkeiten kommen, falls ihr nicht erkennt, wie wichtig es ist, dass ihr zusammenarbeitet. Wenn sich der positive und der negative Partner zusammentun, haben sie alles, was für den Erfolg nötig ist. Anderenfalls entbrennt ein Kampf um die Vormachtstellung und darum, wer der Überlegenere ist; und du schlägst zurück, wenn dein Partner dich besiegt. In der Tabelle findest du den positiven und den negativen Pol einiger klassischer Gegensätze.

Positiv	Negativ
Optimist	Pessimist
Verdrängt	Ist Realist
Hat den Überblick	Achtet auf Details
Hat Freunde aus allen sozialen Bereichen	Wählt seine Freunde sorgfältig aus
Naiv	Ängstlich
Vielseitig	Konzentriert
Überaus großzügig	Geizig
Extravertiert	Introvertiert
Übernimmt sich gern	Weiß genau, wie viel nötig ist
Beobachtet	Urteilt
Löst Probleme	Findet Probleme
Flüchtig	Kleinlich
Spielt den Helden	Spielt die unterstützende Rolle

Wenn sowohl das Positive als auch das Negative Beachtung finden und integriert werden, entstehen Kraft und

Energie, genau wie zwischen dem Plus- und dem Minuspol einer Batterie. Aus der Gemeinsamkeit wird Partnerschaftlichkeit, was Erfolg und neue Flitterwochen mit sich bringt.

Du darfst auch nicht vergessen, dass du in manchen Bereichen zum positiven und in anderen zum negativen Pol neigen kannst.

Dein Partner »gehört zu deiner Mannschaft«. Falls es innerhalb eines »Teams« Meinungsverschiedenheiten gibt, schadet das der ganzen Gruppe. *Wenn du Erfolg haben willst, musst du deinen Partner wie einen »Mannschaftskameraden« behandeln.* Wie könntest du Erfolg haben, ohne dich diesem Grundprinzip zu verpflichten?

Gib den Kampf auf

Den wirklich Mutigen rate ich, sich dem Partner zu ergeben. Das ist »emotionales Bungeejumping«. Wenn du dich ergibst, lässt du jeglichen Widerstand gegen deinen Partner fahren, schwingst dich über den Abgrund und verbindest dich mit ihm. Du musst nicht seiner Meinung sein, um dich ihm zu ergeben. Es ist in erster Linie wichtig, dass du dich mit *ihm* verbindest – nicht mit dem, was er sagt. Indem du dich ihm ergibst, beendest du den Streit und begibst dich an seine Seite.

Je mehr du dich ihm ergibst, desto mehr ergibt er sich auch dir. In diesem Fall werden dir ebenfalls die Resultate zeigen, wie gut es funktioniert hat. Sobald neue Flitterwochen folgen, weißt du, dass du erfolgreich warst. Wenn du dich aufopferst, hat das ebenso wenig mit Ergebenheit zu tun wie ein Kompromiss. Du wirst wissen, wenn das der Fall war; denn dann wird euch beide das Gefühl beschleichen, verloren zu haben.

Liebe, statt zu kämpfen. Wenn du kämpfst, kennst du vielleicht die richtige Lösung, aber du setzt sie auf destruktive und selbstzerstörerische Art und Weise durch.

Kommunikation ist eine hervorragende Möglichkeit, den Machtkampf zu beenden. Darunter sind weder Streit noch Verurteilungen oder Schuldzuweisungen zu verstehen. Ein derartiges Verhalten untergräbt die Kommunikation. Wahres Miteinander-Umgehen heißt, dem Partner die eigenen Gefühle, den eigenen Standpunkt und die eigenen Gedanken mitzuteilen, um ihm auf diese Weise näherzukommen. Wenn ihr euch abwechselt, entstehen an beiden Flussufern Teile einer Brücke, die sich schließlich irgendwann in der Mitte treffen und verbinden. Auf diese Weise wird aus Kontrolle Vertrauen.

Ein Machtkampf ist Ausdruck der inneren Konflikte beider Partner. Innere Konflikte entstehen, wenn zwei Persönlichkeitsanteile jeweils eigene Vorstellungen vom Glück haben. Du projizierst den Teil deines Geistes, mit dem du dich weniger stark identifizierst, auf deinen Partner und lebst den Konflikt dann nicht nur intrapersonal (in dir), sondern auch interpersonal (zwischen dir und anderen) aus. Wenn du beide Seiten des Konflikts auf allen Ebenen integrierst, bringt dich das in deiner Partnerschaft einen Schritt weiter, weil du das Beste von beiden Seiten nimmst und daraus eine neue Stufe der Verbundenheit schaffst. Die Verwandlung von negativer in positive Energie macht dich gegen Negativität ähnlicher Art immun. Das lässt dich inneren Frieden, innere Ganzheit sowie eine neue Stufe der Partnerschaft erfahren.

Übung: Möglichkeiten der Integration

- Entscheide dich zunächst in jedem Fall unbedingt für die Integration.
- Übergib die einzelnen Persönlichkeitsanteile auf allen Ebenen deinem höheren Bewusstsein zur Integration.
- Nimm all die Persönlichkeitsanteile, deren Meinung du vertrittst, und stell dir vor, sie in der einen Hand zu halten. Nimm nun auch all jene Teile deines Geistes, die von deinem Partner vertreten werden, und stell dir vor, sie in der anderen Hand zu halten. Reduziere diese Persönlichkeitsanteile nun auf ihre reine Energie und verbinde die Energien miteinander. Wenn man sie auf ihre Energie reduziert, sind alle Persönlichkeitsanteile gleich und lassen sich leicht miteinander verbinden.

Schlüsselerkenntnisse

- In der Phase des Machtkampfs streitest du für deine Bedürfnisse und darum, deinen Kopf durchzusetzen, weil du dich deinem Partner nicht ebenbürtig fühlst. Dieses Dilemma lässt sich dadurch lösen, dass du dich für den *wahren* Weg entscheidest, statt deine Meinung durchboxen zu wollen.

- Ihr streitet nicht nur darum, wer recht hat, sondern auch darum, wer der Überlegene ist.

- Wenn du deinem Partner vergibst und dich mit ihm verbindest, werdet ihr dieses Stadium schneller hinter euch lassen.

- Falls deine Bedürftigkeit deinen Partner von dir entfernt, dann hör auf, dich an ihn zu klammern.

- Die folgenden drei Schritte führen dich durch das Stadium des Machtkampfs:
  - Schattenland,
  - Abhängigkeit und Unabhängigkeit sowie
  - positiv und negativ.

- Um diese Phase erfolgreich zu bewältigen, musst du:
  - deinen Partner »wie einen Mannschaftskameraden behandeln«,
  - den Kampf auf- und dich deinem Partner ergeben sowie
  - mit deinem Partner kommunizieren.

18
Vergebung

Hier geht es um die Vergebung und unseren Groll, damit wir den Vorgängen in unserem Unterbewusstsein Beachtung schenken und erkennen, was schwierige oder problematische Situationen in unserem Leben erzeugt. Vergebung kann uns aus Fallen, von Mustern und Problemen befreien. Ich stelle hier einige einfache Möglichkeiten vor, wie du das grundlegendste, aber oft auch schwierigste und konfrontativste Heilprinzip anwenden kannst. Wenn du dich diesem Kapitel widmest, wirst du entdecken, wie die Vergebung uns, unseren Partner und unsere Beziehungen retten kann.

Vergebung ist ein *Akt der Liebe*, der den Groll und die Urteile aufhebt, die unsere Beziehungen zerstören. Vergebung beseitigt sowohl die Falle als auch das Muster, das zur Entstehung der Falle geführt hat, damit sich deine Beziehung weiterentwickeln kann. Zu verzeihen befreit dich von den heimlichen Schuldgefühlen, die dein Urteil beeinflusst haben. Es heilt die heimliche Angst, die diese Falle entstehen ließ, damit du dich nicht weiterentwickeln und dich deiner Angst nicht stellen musstest.

Es werden verschiedene Maßnahmen vorgestellt, die dir helfen können, deine Partnerschaft aus dem Teufelskreis von Angst, Schuldgefühlen, Urteilen und Groll zu befreien. Wo es keine Verzeihung gibt, kommt die Beziehung zum Stillstand.

Der Weg der Vergebung

Du denkst, du würdest deinem Partner verzeihen, aber in Wirklichkeit hilft deine »Nachsicht« *dir selbst*. Könntest du sehen, was in deinem Bewusstsein und in deinem Unterbewusstsein vergraben liegt, dann wüsstest du: Alles, was in deiner Beziehung geschieht, folgt den Plänen deines Egos. Sobald du einen Vorfall *ganz und gar* verstehst, wird dir klar, dass es nichts zu vergeben gibt.

Doch weil die meisten so große Teile ihrer selbst verstecken und abspalten, entspricht *nicht ein einziger ihrer Gedanken* voll und ganz der Wahrheit. Wenn man grollt, ist der Wahrheitsgehalt sogar noch geringer.

Natürlich mag es sein, dass unser Partner einen Fehler gemacht hat und auch weiterhin Fehler machen wird, aber *wenn man ihm nicht vergibt, wird er sich nicht »bessern«*. Falls man ihm nicht entgegenkommt oder vergibt, wird sich auch in Zukunft nichts ändern.

Groll verstärkt genau wie ein Machtkampf unsere heimliche Angst. All das liefert uns einen Vorwand, um uns nicht weiterentwickeln zu müssen. Die Unversöhnlichkeit kräftigt nicht nur die Furcht, sondern dient auch als Vorwand, sich ihr nicht stellen zu müssen. Das Grollen ist die Folge eines Urteils, und Urteile sind stets die Konsequenz von Selbstanklage oder Schuldgefühlen, hinter denen sich Angst verbirgt.

Vergebung befreit nicht nur dich, sondern auch deinen Partner. Wenn du ihn aus dem Gefängnis deines Urteils entlässt, entlässt ihn das auch aus seinem eigenen Gefängnis; und dafür wird er sich gleichermaßen revanchieren. Vergebung macht deinen Partner zu einem Verbündeten, der dich seinerseits retten wird.

Vergebung: Das Gegenmittel gegen Angst und Aggression

Was du einem anderen gibst, ob nun Groll oder Geschenke, kehrt zu dir zurück. Ein Satz aus dem *Kurs in Wundern** fasst das beredt in Worte. Darin heißt es, falls ein Mensch dir Christus nicht zeige, habest du auch ihm Christus nicht gezeigt. Wenn du das Gefühl hast, von jemandem grundlos angegriffen zu werden, verbergen sich dahinter viele eigene Pläne und Vorhaben, deren du dir nicht bewusst bist. Darüber hinaus impliziert deine Überzeugung, »zu Unrecht« attackiert zu werden, dass mitunter jemand auch »zu Recht« auf dich losgehen kann. Die ganze Vorstellung, berechtigt oder grundlos angegriffen zu werden, beruht darauf, dass du selbst Menschen aus deinem Umfeld angreifst, weil du meinst, sie

---

* Foundation for "A Course in Miracles": *Ein Kurs in Wundern*, Greuthof Verlag, Gutach i. Br. ⁵2001.

hätten es nicht anders verdient. Es ist wichtig, zu wissen, dass *niemand* »es verdient« hat, angegriffen zu werden – auch nicht du.

Wenn du dich fürchtest, fühlst du dich angegriffen. Das ist ein Freibrief für dein Ego, einen Präventivschlag gegen den anderen zu führen.

Die Wahrheit ist, *dass Angriffe und Urteile nichts bringen.* Sie zerstören Beziehungen und sind in erster Linie Aggressionen gegenüber uns selbst. *Das Leid, das du einem anderen zufügst, tust du auch dir selbst an.* Dass dies so ist, darauf geb ich dir Brief und Siegel! Ich konnte es in fünfunddreißig Jahren Heilarbeit immer wieder beobachten. Urteile sind die Wurzel allen Leids. Sie errichten eine Mauer zwischen dir und deinem Partner und machen dich glauben, du hättest recht, statt dir die Möglichkeit der Erkenntnis zu geben, dass du deinen Partner durch den Filter deiner Schuldgefühle betrachtest und deine Selbstkonzepte auf ihn projizierst. Wenn du dich unschuldig fühltest, würdest du auf seine Hilferufe reagieren, denn darum handelt es sich stets, wenn ein Mensch etwas Negatives auslebt.

Jedes Mal, wenn du vergibst, befreist du dich aus dem Gefängnis der Vergangenheit und findest Frieden und Glück in der Gegenwart.

Groll ist die Wurzel aller Probleme. Er geht allen Schwierigkeiten voran. Wenn dann eine missliche Lage entsteht, erzeugt sie weiteren Groll und macht alles noch schlimmer – es sei denn, du verzeihst. Vergebung lässt nicht nur das Problem verschwinden, sondern auch das Muster, das ihm vorangegangen ist und es verursacht hat.

Deine Urteile und dein Zorn dienen einem bestimmten Zweck. Wenn du einen Groll hegst, dann frag dich, inwiefern er dir dient. Wozu benutzt du ihn?

Wofür entscheidest du dich?

Willst du Groll, Probleme und Schmerz oder Vergebung, Klärung und Freiheit? Wenn du an deiner Verdrossenheit festhältst, wirst du sie als Ausrede für heimliche Schwelgereien und dafür benutzen, die Dinge »auf deine Art« zu tun. Du wirst dein Ego, nicht deine Beziehung stärken. Benutze den Groll gegenüber deinem Partner nicht dazu, deine Entwicklung zu bremsen. Verwende den Groll gegenüber anderen nicht dazu, die Mauer zwischen dir und deinem Partner zu erhalten und dir ein gewisses Maß an Kontrolle über ihn zu bewahren. Schätze deinen Partner und euer Verhältnis genug, um Vergebung zu üben und dafür zu sorgen, dass die Beziehung sich weiterentwickelt. Vergib auch dir selbst, damit du dich nicht von deinem Partner zurückziehst.

Wenn du deinen heimlichen Beweggründen auf die Spur kommst, wirst du feststellen, dass du eigentlich keinen Grund hattest, derartige Pläne zu machen und sie dann vor dir selbst zu verstecken. *Hast du das Verborgene aufgespürt, kannst du deine Wahl noch einmal treffen.* Du gestehst einfach deinen Fehler ein, dann wird dein höheres Bewusstsein anfangen, ihn für dich zu beheben. Sobald dir klar ist, wie du alles geplant hattest, kannst du es dir noch einmal überlegen und das wählen, was du wirklich willst.

Eigenverantwortlichkeit erlaubt es dir, die volle Verantwortung für alles zu übernehmen, was dir zustößt. Das gibt dir die Macht, dich zu ändern und bessere Entscheidungen zu treffen.

Übung: Vergeben lernen

Vergebung ist eine Form des Gebens; und wie alle Formen des Gebens bringt sie dich dem Menschen näher, dem du verzeihst, bringt die Dinge in Fluss, schenkt dir Macht und macht dich glücklich.

Jedes Mal, wenn du vergibst, näherst du die falsche Wahrnehmung, die schuld an deinem ganzen Ärger ist, der richtigen weiter an. Je mehr du verzeihst, desto gütiger erscheinen dir sowohl die Welt als auch du selbst, denn dadurch wird die Schuld aufgelöst. Vergebung ist eine der schwierigsten Lektionen überhaupt. Sie trotzt dem Ego, das Schuldgefühle, Angst, Urteile, Angriffe und falsche Wahrnehmungen braucht, um sich aufzubauen oder zu erhalten. Vergebung ist eine Form von Liebe, die dein Leben und deine Beziehung stärkt und eine bessere Welt erschafft. Vergebung erlangt man am einfachsten durch Gnade:

- *Bitte den Himmel*, dir zu helfen, damit du vergeben kannst.

- *Segne den Menschen*, dem du verzeihen möchtest.

- Frag dich: Welche *Seelengabe* wolltest du an ihn weitergeben? Tu es jetzt.

- Entscheide dich *immer wieder von neuem* dafür, ihm zu vergeben, indem du dir selbst, deinen alten Beziehungen, deinen Eltern und Gott verzeihst.

- *Schau in deinen Partner hinein.* Erkenne die verletzten Persönlichkeitsanteile, die ihn zu einem solchen Handeln bewogen haben. Wie alt sind sie? Liebe diese verletzten Anteile, bis sie geheilt sind, allmählich heranwachsen und irgendwann so alt sind, wie dein Partner jetzt ist. Nun verschmelzen sie wieder mit ihm, was euch beide auf eine neue Stufe der Ganzheit hebt.

- Nutze die *Macht göttlicher Liebe*, um zu vergeben. Sag zum Beispiel: »Durch Gottes Liebe vergebe ich dir.« Es spielt keine Rolle, welche Worte du wählst. Auf die Absicht kommt es an.

- Denk an den Menschen, dem du vergeben willst. Stell dir vor, er stünde neben dem, den du am meisten liebst. Betrachte den Menschen, den du am meisten liebst, aber sieh durch seinen Körper und seine Persönlichkeit hindurch, *bis du das Licht in ihm erkennst.* Lass dein Licht mit seinem verschmelzen. Betrachte anschließend den Menschen, dem du vergeben willst, aber sieh durch seinen Körper, seine Persönlichkeit und seine Vergangenheit hindurch, bis du das Licht auch in ihm erkennst. Lass dein Licht sowie dasjenige des Menschen, der dir am nächsten steht, mit seinem zu einem einzigen Leuchten verschmelzen.

Schlüsselerkenntnisse

- Wenn du vergibst, entwickelst du dich mühelos weiter, genau wie deine Beziehung.

- Du denkst, du würdest deinem Partner verzeihen, aber in Wirklichkeit hilft deine Nachsicht dir selbst.

- Solange du deinem Partner nicht vergibst, kann er sich nicht »bessern«.

- Angriffe und Urteile bringen keinem etwas – Vergebung ist der einzige Weg.

- Jedes Mal, wenn du vergibst, befreist du dich von der Vergangenheit und findest in der Gegenwart Frieden und Glück.

- Du hast die Wahl: Du kannst an deinem Groll festhalten oder aufrichtig vergeben.

- Wenn du anderen verzeihst, lösen sich deine eigenen Schuldgefühle auf, und deine Welt wird unschuldiger und gütiger.

- Du kannst immer wieder zu der Übung in diesem Kapitel zurückkehren, damit sie dir hilft, den Weg der Vergebung weiterzugehen.

19

Verbinde dich mit deinem Partner

Jetzt wird die einzige Richtung untersucht, die in einer Beziehung funktioniert – *du gehst auf den Partner zu*. Wenn das gelingt, entwickelt und verwandelt sich alles andere mühelos. In diesem Kapitel geht es auch um die große Kraft der Vereinigung von Geist und Herz mit dem Partner.

Soll deine Beziehung erfolgreich sein, kannst du also nur in eine Richtung gehen: *auf deinen Partner zu*. Wenn du dich mit ihm verbindest, macht ihr automatisch den nächsten Schritt gemeinsam. Falls du nicht immer wieder auf deinen Partner zugehst, kommen ständig Unrat und alter Schmerz nach oben und drängen auf Heilung, aber sie bringen euch auch auseinander. Der alte Schmerz verbirgt sich in aktuellen Problemen, und wenn du deinem Partner nicht in der Absicht begegnest, ihn zu heilen und dich mit ihm zu verbinden, sammelt sich der Schmerz an.

Auf den Partner zugehen: Die Lösung all deiner Probleme

Im Grunde genommen sind alle Schwierigkeiten in jedem Lebensbereich Probleme zwischen dir und deinem Partner. Wenn dir mehr an ihm als an deinem Problem liegt, wirst du nicht zulassen, dass etwas zwischen euch steht – weder eines deiner Probleme noch eines deines Partners oder ein gemeinsames. *Es kann nur dann bestehen bleiben, wenn ihr voneinander getrennt seid.* Sobald ihr die Gelegenheit ergreift, euch auf allen Ebenen miteinander zu verbinden, verschwinden die Schwierigkeiten mitsamt ihren bewussten und unbewussten Wurzeln, bis die Liebe immer weiter wächst. Deine Liebe vermag alle Hürden zu überwinden.

Die Verbindung als Erinnerung an deine eigene Ganzheit

Wenn du deine Beziehung auf die nächste Stufe heben willst, stellst du dir einfach vor, mit deinem Partner eins zu sein. Auf diese Weise bekommt ihr beide oder jeder Einzelne von euch Zugang zum Gesamtvorrat an negativen Gefühlen. Wenn einer oder beide ein solches empfinden, verschwindet es allmählich, und ihr rückt enger zusammen. Falls etwas zwischen euch steht, ist dies das Werk des Egos, das euch voneinander trennen will. Sobald dies überwunden ist, erlebst du einen Zustand der Freude. Wenn du dich mit deinem Partner verbindest, kannst du allen Schmerz und alle Abwehrmechanismen »verbrennen«, die euch behindern. Das bringt Ganzheit und stärkt eure Beziehung.

Indem du diese Übung intensiv machst, gewinnst du dein Herz zurück, bringst maskuline und feminine Persönlichkeitsanteile ins Gleichgewicht, beschleunigst deine Heilung, überwindest deine Angst vor Gefühlen, entwickelst deine feminine Seite und erschließt die mystischen Teile deines Geistes. Deine Fähigkeit, zu empfangen und sowohl auf deine innere Führung als auch auf deinen Partner zu hören, wird sich verbessern. Wenn du dich mit ihm verbindest, optimiert das euer Verhältnis und erhöht deine Bereitschaft, mit den Menschen in deiner Umgebung in Kontakt zu treten.

Erbitte die Hilfe des Himmels für eure Verbindung, verwende die Kraft deines höheren Bewusstseins und strebe nach einer Einheit des Herzens, des Geistes und der Seele mit deinem Partner. Das öffnet dich für Entzücken und spirituelles Einssein. Ich wünsche euch eine glückliche Verbindung!

Schlüsselerkenntnisse

- Allein indem du auf deinen Partner zugehst, entwickelst du dich weiter, und eure Beziehung kann wachsen.

- Probleme in deinem Leben können nur bestehen bleiben, falls du von deinem Partner getrennt bist.

- Wenn du dich mit ihm verbindest, wird dich das an deine eigene Ganzheit und Vollkommenheit erinnern.

- Bitte den Himmel um Hilfe, sofern es dir schwerfällt, auf deinen Partner zuzugehen.

20
Gefühle

An dieser Stelle untersuchen wir den reifen Umgang mit Gefühlen. Wenn wir sie heilen, fördert das unsere Ganzheit und stärkt uns sowie unsere Beziehung.

Mut zum Gefühl

Wenn du nicht mehr »Mut zum Gefühl« entwickelst, wirst du irgendwann im Panzer eines Gürteltiers herumlaufen. Das ist ein sicheres Rezept für Langeweile und Leblosigkeit. Sofern du andererseits Gefühle zulässt, wirst du *alles heilen* können, was bei dir und deinem Partner an Problemen entstehen könnte, *Kommunikationsgeschick* entfalten und *empfindsam* auf die *Menschen in deiner Umgebung* reagieren. Es wird dir auch helfen, all die Abwehrmechanismen zu durchbrechen, die du im Laufe deines Lebens entwickelt hast, die innerhalb deiner Familie weitergegeben wurden und die deine Seele mitgebracht hat, damit sie geheilt werden.

Gewinnst du mehr Vertrauen in deine Gefühle, wird auch die Angst vor denen deines Partners aufgelöst. Dann kannst du ihn lieben und dich mit ihm verbinden. Wenn du Gefühle verstehst, wird es dir auch leichtfallen, zu verstehen, wie dein Partner reagiert und was er *durchmacht*. Je mehr du deine Angst vor Gefühlen verlierst, desto eher wird es dir gelingen, das Verhalten deines Partners nicht als persönlichen Angriff aufzufassen. Du wirst erkennen, dass die Muster, an denen er arbeitet, entstanden sind, lange bevor er dich kennengelernt hat. Dieses Wissen wird dich ihm gegenüber großzügiger und nachsichtiger machen.

Wenn Menschen der Mut zum Gefühl fehlt, reagieren sie oft reflexartig, sobald andere an ihren Schmerz rühren. In dem Moment, da du den Mut aufbringst, alle Gefühle zuzulassen und zu erspüren, die an die Oberfläche kommen, wirst du feststellen, dass du nicht mehr *automatisch* auf bestimmte Empfindungen reagierst. Stattdessen wird dir klar: Du hast die Wahl. Du musst dich nicht von deinen Emotionen beherrschen lassen, und du musst andere weder schikanieren noch versuchen, den Schmerz an sie zurückzugeben.

Ein Aspekt des Machtkampfs ist, dass ein schmerzliches Gefühl entweder bei dir oder deinem Partner entsteht. Anschließend versucht derjenige, der diese Regung empfindet, sie loszuwerden, indem er sie entweder weitergibt oder den anderen dafür verantwortlich macht. Reife bedeutet, die Verantwortung für das gesamte emotionale Erleben selbst zu übernehmen.

Aktuelle Schmerzen wurzeln immer in früheren Ereignissen oder Erfahrungen aus der Vergangenheit. Das jetzige Geschehen rührt einfach an das alte Trauma. Wenn du reif genug und bereit bist, die Verantwortung zu übernehmen, wirst du die Gelegenheit, dieses alte Gefühl zu heilen, dankbar annehmen. Sobald du keine Angst vor deinen Gefühlen hast, kannst du die Dinge aus einer höheren Perspektive betrachten und in Zeiten des Konflikts Frieden stiften.

Mut zum Gefühl ist ein großer Segen. Er macht dich zu einem guten Freund und sogar zu einem Heiler. Du solltest dich unbedingt dafür entscheiden, alle Gefühle heilen zu können, indem du sie wahrnimmst und erspürst. Die dunklen Nächte deiner Seele werden von »Sekundäremotionen« wie Selbsthass, Elend und glühendem Schmerz verteidigt. Letzten Endes ist keine dieser schrecklichen Emotionen wahr, was uns nicht daran hindert, sie zu durchleben, obwohl wir uns von ihnen abgespalten haben. Wenn du vor diesen lichtlosen Regungen nicht zurückschreckst, kannst du sie überwinden und die Liebe und Freude finden, die dahinter verborgen sind; denn *je düsterer das Gefühl ist, desto größer sind die dahinter verborgenen Gaben und die Freiheit.* Wenn du Mut zum Gefühl hast, bist du deinem Partner eine große Stütze. Mit deiner Entschlossenheit kannst du ihm helfen, seinen alten Schmerz sowie seine Angst vor der Liebe und vor der Erfüllung all seiner Wünsche zu überwinden.

Übung: Gefühl wagen

- Erinnere dich an ein schmerzliches Geschehen aus deiner Vergangenheit. Wenn es immer noch wehtut, ist es nicht ganz geheilt. Sobald die Heilung abgeschlossen ist, wird das Ereignis sich völlig verschiedenartig anfühlen.

- Hör nicht auf zu üben, falls du nichts fühlen solltest. Das ist lediglich ein Abwehrmechanismus. Du hast dich wie viele von uns von der gewaltigen Liebe und dem Entzücken des Einsseins abgespalten. Nun ist es an der Zeit, dass du dir das Verlorene Gefühl für Gefühl und Abwehrmechanismus für Abwehrmechanismus zurückholst:

  - Starte mit dem alten Vorfall. Versetz dich in ihn hinein. Spür alles so intensiv wie möglich, bis sich die negativen Gefühle auflösen.

  - Das geht leichter, wenn du dabei gleichzeitig an einen Menschen denkst, den du liebst.

  - Falls du zusätzlich zu dem dunklen Gefühl auch noch etwas Liebe, Freude oder Gnade verspürst, dann konzentrier dich stärker auf diese Regungen als auf den Schmerz. Dieser wird sich dann noch schneller auflösen.
  Hör erst auf, wenn du dich selbst »zurückgewonnen« hast. Sobald es so weit ist, wirst du ein Gefühl des Triumphs verspüren.

- Wähle nun einen Vorfall zwischen dir und deinem Partner, der bislang ungeklärt ist. Versetz dich in die Situation hinein und fühl alles, bis nur noch Frieden und Gewissheit übrig bleiben. Du kannst diese Übung auch im Hinterkopf machen, während du andere Aufgaben erledigst.
  Irgendwann wirst du alles spüren und empfinden, was zwischen dir und deinem Partner steht, bis du an einem Ort transzendenter Liebe ankommst.

Wenn du mit dieser Übung beginnst, kommst du in deinem Bemühen, ein altes Ereignis durchzuarbeiten, zunächst vielleicht nur langsam voran. Halt durch. Der Lohn ist groß, selbst wenn es eine Woche dauert, bis das erste Ereignis geschafft ist. »Brenn« dich Tag und Nacht durch deine Gefühle hindurch. Wenn du es dir vornimmst, kannst du sogar im Schlaf weitermachen. Du stehst kurz vor dem Eintritt in eine neue Welt emotionalen Mutes und emotionaler Integrität. Schnall dich an. Wenn du dein Herz wiederhast, wird dir die Welt ganz anders vorkommen und sich völlig verschieden von der jetzigen anfühlen.

Schlüsselerkenntnisse

- Mut zum Gefühl und die Fähigkeit, Gefühle zu empfinden, erleichtern dir den Umgang mit anderen und verbessern deine Kommunikationsfähigkeit.

- Wenn du Gefühle verstehst, kannst du auch deinen Partner besser verstehen.

- Sobald du deine Gefühle aufrichtig empfindest, wirst du nicht mehr reflexartig darauf reagieren.

- Aktuelle Schmerzen wurzeln immer in früheren Ereignissen oder alten Erfahrungen.

21

Hass

Nun beschäftigen wir uns mit dem Hass und seinen Auswirkungen auf uns selbst und unsere Beziehungen. Es werden unter- beziehungsweise unbewusste Dynamiken untersucht, damit du eine gesündere Entscheidung hinsichtlich der Hassgefühle und ihrer Rolle in deinem Leben treffen kannst.

Den Hass verstehen

Hass kann sich regen, wenn etwas Schmerz und Wut bei dir auslöst. Bei friedfertigeren Menschen ist ein herzzerreißendes Ereignis nötig, um solche Gefühle zu wecken. Hass ist die Folge des Empfindens, dass dir etwas *Unentschuldbares* angetan wurde. Du fühlst dich *persönlich beleidigt*: »Er hat mich verraten«, »Er hat mich über den Tisch gezogen«, »Er hat mich betrogen«, »Er hat mich benutzt«, »Er hat mir das Herz gebrochen«, »Er hat einem Menschen wehgetan, den ich liebe« – das sind typische Aussagen von Menschen, die hassen. Man fühlt sich in seiner Feindseligkeit gerechtfertigt, weil man das *Gefühl* hat, *vom anderen zum Opfer gemacht worden zu sein.* Du meinst, jemand habe dir geschadet oder deine Rechte verletzt. Doch unterbewusst funktioniert es so, dass nur du dich zum Opfer machen kannst. Indem du diese Rolle annimmst, übst du Rache an den Menschen in deiner Umgebung und denjenigen aus deiner Vergangenheit. Du hattest das bereits im Voraus im Unterbewusstsein geplant. Dein Ego nutzt den Vorfall, um sich durch noch stärkere Trennung weiter aufzubauen.

Hass deutet auch auf Verluste hin. In Wirklichkeit kannst du nur verlieren, was du nicht zu schätzen weißt oder verlieren wolltest. Dieses Wissen ist natürlich in deinem Unterbewusstsein vergraben, aber du kannst es finden, falls du es willst. Wird dein Wunsch nach Wissen größer als die Kraft deines Verdrängungsmechanismus, wirst du sehen, was in deinem Geist verborgen ist. Hier geht es darum, Verantwortung zu übernehmen und zu erkennen, dass du etwas verlieren wolltest. Du hattest es selbst geplant. Die gute Nachricht lautet deshalb, dass du dies alles auch wieder ändern kannst.

Hass enthält Wut, und er schlägt wie die Wut wahllos um sich. Es kann also sein, dass du nur einen einzigen Menschen ablehnst, aber die toxische Energie deiner Feindseligkeit trifft alle in deinem Umfeld, auch diejenigen, die du liebst. Zudem gilt: Je mehr du einen anderen verabscheust, desto mehr lehnst du auch dich selbst ab. So entsteht ein Teufelskreis aus Hass und Selbsthass.

Hass zeigt, wie sehr du dich *gegen das Leben*, Beziehungen, dich selbst, deine innere Kraft, den Fortschritt und deine Lebensaufgabe *sträubst*. Er ist meist eine Art *Wutanfall*, mit dem du kundtust, dass ein anderer deinen Erwartungen nicht gerecht geworden ist. In Wirklichkeit hat er jedoch auf einer unterbewussten Ebene genau so reagiert, wie du das gewollt hattest, wenn auch aus dem falschen Grund. Bei diesem falschen Grund kann es sich um Rache, Kontrolle, Unabhängigkeit oder darum handeln, dass du dich vor deiner Lebensaufgabe versteckst oder vor ihr davonläufst. Auf diese Weise dient dir dein Hass als Vorwand, um das zu tun, was du willst.

Hass sorgt dafür, dass dein ganzes Leben aus der Perspektive gerät, und stößt dich mit der Nase auf etwas, was eigentlich in den Hintergrund gehört. In dieser Lektion geht es um viel alten Schmerz und alten Hass. Wenn du die Gelegenheit zur Heilung ergreifst, kann dir die aktuelle Situation als Sprungbrett dienen. Sie kann aber auch zum Mittelpunkt deines Lebens werden, weil du niemals so weit reifst, dass du sie hinter dir lassen kannst. Du hast die Wahl.

Hass und Selbsthass sind sehr schlecht für die Gesundheit. Die mit dem Hass einhergehenden Autoaggressionen und der Mangel an Selbstliebe können katastrophal, ja sogar tödlich für den Körper sein. Mit Menschen, die ernste Erkrankungen haben, arbeite ich oft an ebendiesem Problem.

Übernimm die Verantwortung für deinen Hass

Auf der Ebene des Unbewussten betrachtet, tut dir niemand etwas an, was du dir nicht selbst antätest oder nicht bereits einem anderen angetan hättest. In dem, was dir ein anderer Mensch zufügt, spiegelt sich das wider, was eines deiner Selbstkonzep-

te, mit dem du dich nicht identifizierst, den Selbstkonzepten zugefügt hat, die Teil deiner Identität sind. Der Mensch, den du hasst, reflektiert einen Bereich deines Geistes. Dieser innere Konflikt wird durch die tiefsten aller unbewussten Muster ausgelebt.

Der Hass ist unbewusst direkt oder indirekt Part tiefer Autoritätskonflikte, die wie Angst und Trennung zu jedem Problem gehören. Dein Autoritätskonflikt geht auf deinen Autoritätskonflikt mit Gott zurück. Er sitzt im tiefsten Teil des Unbewussten, dort, wo du das Einssein gegen die Trennung und den Aufbau deines Egos eingetauscht hast. Dies ist die tiefste Falle des Unbewussten und geht auf die erste Trennung zurück. Hass hat seinen Ursprung in dem Selbsthass, der auf den »Fall«, die erste Trennung, folgte. Wenn du diese Teile deines Geistes heilst, gewinnst du Gnade, Kraft, Freude, Willen und das Sein zurück. Du betrachtest dich dann nicht mehr so sehr als Körper, sondern vielmehr als Geist.

Hass zerstört dein Leben, deinen Partner, deine Familie und deine Freunde, deine Gesundheit und deinen Erfolg. Hass bedeutet, du trägst eine Last mit dir herum, die sich zwischen dich und andere schiebt und dich von ihnen und dem Leben trennt.

Übung: Heile den Hass

Das muss jedoch nicht sein, wenn du den Mut hast, dich der Angst zu stellen, welche dich dazu getrieben hat, dir einen Partner oder eine Situation zu suchen, die dich zurückhalten.

Vielleicht fühlst du dich von ihm benutzt. In Wirklichkeit benutzt du ihn, um zu stagnieren. Dein Hass ist eine drastische Methode, um dich von deiner Angst abzulenken und dich um das eigentliche Problem zu drücken:

- Finde heraus, wovor du dich fürchtest, aber halt nicht an der Angst fest. Übergib sie sofort dem Himmel, wenn du sie gefunden hast, damit er sie für dich verwandelt.

- Falls du dir keiner spirituellen Verbindung bewusst bist, dann frag dich, wer deine Hilfe braucht. Wenn dir jemand einfällt, dann erkenne die Angst, die zwischen dir und ihm steht. Willst du dich von deiner Angst davon abhalten lassen, diesem Menschen zu helfen, der deiner Unterstützung bedarf? Oder willst du den Nebel aus Hass und Angst durchdringen, um ihm unter die Arme zu greifen?

Du musst den »vermaledeiten« Menschen oder die verabscheute Situation unbedingt als Heilungschance begreifen. Sonst investierst du deine Energie in die Vergangenheit und verhinderst, dass Gutes deines Weges kommt.

Vom Umgang mit Albträumen

Es gibt einen Teufelskreis aus Hass und Albträumen. Wenn Letztere die oberflächlichen Verdrängungsmechanismen durchbrechen, kannst du sie endlich verwandeln. Albträume sind Angstträume, die du pflegst, um damit einem falschen Zweck zu dienen. Ich wiederhole noch einmal: Das ist unnötig. Du kannst deinen kreativen Geist oder den Himmel bitten, den Mahr zu vertreiben und dir die Wahrheit zu offenbaren. Das löst die Angst auf, die an deinem Leben nagt.

Wenn du klein bist, können dir deine Eltern zeigen, dass über den Stuhl geworfene Kleidungsstücke weder Monster noch Drachen sind. Manchmal verfügt ein Mensch in deinem Umfeld über genügend Bewusstheit, um dir vermitteln zu können, dass auch deine Albträume nicht Wirklichkeit sind. Er kann dir helfen, aufzuwachen und eine bessere Wirklichkeit zu erkennen. Wenn niemand deinen Albtraum durchschaut und dir den Ausweg zu zeigen vermag, kannst du den Himmel oder dein höheres Bewusstsein bitten, ihn zu vertreiben und dir die Wahrheit zu offenbaren. Allein mit diesem Prinzip könntest du dich und die Menschen, die du liebst, befreien.

Lass heute Hass und Selbsthass los, die zu allen Albträumen des Lebens dazugehören.

Schlüsselerkenntnisse

- Du kannst nur Hass empfinden, wenn du glaubst, ein anderer hätte dich zum Opfer gemacht.

- Wenn du einen einzigen Menschen hasst, wirkt sich das auch auf die anderen aus, die du liebst.

- Hass zeigt, wie sehr du dich gegen das Leben, Beziehungen, dich selbst, deine Stärke, den Fortschritt und deinen Partner sträubst.

- Die Lösung besteht darin, dass du die Verantwortung für deinen Hass übernimmst.

22

Wenn Änderungen nötig sind

An dieser Stelle soll erläutert werden, dass unsere Probleme Ausdruck *unseres* Widerstands gegen Veränderungen aller Art sind. Eine prinzipielle Wandlungsbereitschaft hingegen führt in der Regel zur Weiterentwicklung, was wiederum die Lösung von Problemen sowie mehr »Erfolg« in der Partnerschaft und größere Nähe mit sich bringen wird.

Veränderungen beginnen bei *dir*

Eine Krise in der »Zweierkiste« offenbart dir, dass sich etwas ändern muss. Wenn du *deinen Partner* dazu zwingen willst, sich zu ändern, willst *du selbst* dich *nicht* ändern. Das Ausmaß deiner Forderungen an ihn beweist das. Würdest du dich ändern, wäre das eine unwiderstehliche energetische Einladung, und dein Partner entwickelte sich mit dir weiter. Du aber forderst von ihm das, was du entweder dir oder ihm vorenthältst.

Jeder Beziehungsnotfall offenbart, dass ein Neuanfang nötig ist. Es mag den Anschein haben, als verpatze dein Partner die ganze Sache. Aber wenn du nicht ebenso große Fehler machtest, könnte er sich nicht so verhalten. Wenn er versagt, beweist du dir vielleicht unterbewusst, dass du ihm »überlegen« bist – zumindest moralisch. Doch du gewinnst womöglich den Wettstreit, verlierst aber die Beziehung. Du musst dich also ändern. Wenn du es nicht tust, findet das Leben meist eine dramatischere und schmerzlichere Methode, um dir auf die Sprünge zu helfen.

Doch es gibt einen besseren und einfacheren Weg, der dir und deiner Beziehung neues Leben schenken kann. Das Verhalten deines Partners beruht auf einer heimlichen Absprache zwischen dir und ihm. Die Situation dient dir. Sie folgt einem Plan deines Egos, der dir einen Vorwand liefern oder dir Gelegenheit geben soll, in einer Sache recht zu haben. Dabei läuft alles so ab, wie du es unterbewusst geplant hast. Du kannst dich nur aufregen, wenn sich ein anderer nicht an dein Drehbuch hält. Aber unterbewusst handelt er genau so, wie du es willst. Vielleicht weist dir das die Rolle des Opfers zu, oder du musst dich aufopfern, aber hinter beiden Rollen kannst du dich verstecken, dich um deine Lebensaufgabe drücken, und sie dienen als Rechtfertigung, um bestimmten Vorlieben zu frönen. Ganz zu schweigen davon, dass so alles »nach deinem Kopf« geht.

Es muss sich etwas tun. Wenn du dich änderst, wird sich dein Partner mit dir zum Besseren entwickeln. Du darfst seine Fehler nur nicht als Deckmantel für deine eigenen Defizite benutzen, sonst bleiben die Metamorphosen aus, die für dein Glück und das deines Partners entscheidend sind.

Es mag sein, dass du ein angenehmes Leben und eine gute

Beziehung hast. Aber es gibt stets weiteren Spielraum für Verbesserungen. Um diesen nutzen zu können, musst du ständig bereit sein, dich zu ändern. Du wirst immer du bleiben, aber du wirst dich deinem wahren, essenziellen Selbst annähern. Mach dir also klar, *dass du derjenige bist, der sich ändern muss.* Wenn dir das gelingt, kommt alles andere von selbst.

Übung: Entscheide dich für die Veränderung

Im Grunde sind *alle Probleme Ausdruck der Angst vor dem Neuen* – der Befürchtung, im Lauf der Weiterentwicklung etwas zu verlieren, statt alles besser machen zu können. Du häufst Probleme und alle möglichen Schwierigkeiten an, weil du den Wandel fürchtest. Aber eine Veränderung ist stets zum Besseren, sofern es sich nicht um einen Rückschritt handelt, der keine echte Optimierung ist. Doch auch wenn du dich regressiv entwickelst, zeigt das nur, wo Heilung nötig ist. Neuerungen sind in deinem Interesse und sinnvoll für die Beziehung. Wenn du unzufrieden, unerfüllt oder unglücklich bist, musst du dich umorganisieren. Geh es an:

- Entscheide dich jetzt für die Veränderung!
- Entscheide dich dafür, mit deinem Partner ins nächste Beziehungsstadium einzutreten.
- Entscheide dich für einen besseren Weg.
- Entscheide dich dafür, mit deinem Partner einen großen Satz nach vorn zu machen. Die Veränderung zum Besseren

wartet nur darauf, dass du sie als Chance annimmst. Wirst du ja sagen, die Tür aufstoßen und das in deiner Beziehung jetzt und immer wieder tun? Mehr musst du nicht unternehmen, um dich zu ändern, wenn du es wirklich ernst meinst.

Schlüsselerkenntnisse

- Die Veränderung beginnt bei *dir*. Wenn du deinen Partner dazu zwingen willst, sich zu modifizieren, willst *du nichts an dir selbst tun*.
- Alle Probleme sind Ausdruck einer Angst vor Neuem.
- Entscheide dich für deine Veränderung und für einen besseren Weg deiner Beziehung.

23
Unangenehme Gefühle

Das nun Folgende soll dein emotionales Verständnis vertiefen. Es fällt uns schwer, eine glückliche Beziehung zu führen, wenn wir keine Verantwortung für unsere Gefühle übernehmen. Hier werden jetzt die typischen Dynamiken hinter den häufigsten Regungen erläutert.

Übernimm die Verantwortung für deine Gefühle

Du trägst die Verantwortung für all deine unangenehmen Empfindungen. Niemand kann dich zwingen, etwas zu fühlen. Wenn eine Regung ausgelöst wird, reagieren die meisten Menschen blitzschnell. Ihnen ist nicht bewusst, dass sie eine Wahl haben. Das aktuelle Ereignis löst nur ein Gefühl aus, das du bereits in dir trägst. Dein Schmerz ist alter Schmerz. Sobald du das weißt und die Verantwortung für deine Gefühle übernimmst, hast du die Wahl. Wenn etwas Schmerz in dir verursacht, ist es deine Entscheidung: Du kannst ihn zur Heilung nutzen oder damit die bereits vorhandene Pein noch verstärken.

Falls du anderen die Schuld an deinen Gefühlen gibst, machst du dich zum Opfer und raubst dir deine Macht – das ist kein einmaliger Vorfall, sondern Teil eines Musters. Übernimmst du nicht die Verantwortung für die Heilung deiner Gefühle, werden sie dich beherrschen.

Wenn du glaubst, ein anderer könne dich dazu bringen, Schuldgefühle, Wut oder Schmerz zu empfinden, dann glaubst du im Grunde, er könne deinen Kopf aufklappen, hineinklettern, deinen Schuldknopf drücken, das Gaspedal deiner Wut durchdrücken, dein Herz zusammenschnüren und so weiter ... Du tust, als hieltest du das für wahr, um keine Verantwortung für deine Gefühle übernehmen zu müssen.

Wenn ich dir zum Beispiel lauthals vorwürfe, du hättest diese Bank nicht überfallen sollen, das sei niederträchtig und falsch, würdest du dich dann schuldig fühlen? Das könntest du nur, wenn du tatsächlich eine Bank überfallen oder grundsätzlich enorme Schuldgefühle hättest.

Würde ich aber sagen, du seist deinen Kindern keine gute Mutter, kein liebevoller Vater, deinem Partner kein passender Gefährte oder deinen Eltern kein dankbares Kind, wäre die Wahrscheinlichkeit sehr viel größer, dass du dich schuldig fühltest, wenn du in dieser Hinsicht auch nur die geringsten Schuldgefühle hättest, nämlich weil sie schon in dir sind. Ich würde nur etwas anstoßen, was bereits vorhanden ist.

Einige der häufigsten Gefühlsauslöser, ihre Ursachen und Konsequenzen sind im Folgenden mehr oder weniger stichwortartig aufgezählt:

- *Angst – Widerstand.* Man lebt in der Zukunft. Angst ist die Folge von Angriffsgedanken, Verurteilungen und Projektion (du projizierst das, was dich ängstigt, auf die Welt und greifst es an) und/oder die Folge großer Verluste und überwältigender Bedürfnisse.

- *Schuldgefühle – Selbstvorwürfe, -angriffe und -bestrafung, Widerstand.* Sie tarnen die Angst vor der Weiterentwicklung. Chronische Schuldgefühle sind ein Angriff auf Gott. Sie fixieren dich wie Superkleber an der Stelle, an der du ohnehin schon feststeckst. Du hast Misserfolg. Chronische Schuldgefühle implizieren Arroganz, den Wunsch, etwas Besonderes zu sein, und einen dunklen Zauber. Sie setzen einem Fehler ein Denkmal.

- *Verletzung – Widerstand.* Man weigert sich, etwas zu akzeptieren. Lehnt irgendetwas oder irgendjemanden ab. Projektion der eigenen Ablehnung.

- *Herzensbruch – Teil eines Kampfs.* Geplatzte Träume erzeugen Rachegefühle, emotionale Erpressung. Ablehnung und die Weigerung, etwas zu akzeptieren.

- *Rache – Widerstand.* Der Versuch, einen anderen zu verletzen, weil du selbst verletzt wurdest. Direkter Angriff, Rückzug oder Selbstverletzung, um sich an einem anderen zu rächen. Teufelskreis aus Herzensbruch und Rache.

- *Traurigkeit – Verlust.* Du wusstest etwas nicht zu schätzen und hast es deshalb verloren. Verlust von Verbundenheit. Trennung.

- *Aufopferndes Verhalten und Gefühle der Unwürdigkeit – Kompensation für Schuldgefühle und Angst.* Geben, ohne zu nehmen. Man gönnt sich nichts, holt sich aber heimlich etwas von anderen und benutzt sie.

- *Klammern – unangemessener Abwehrmechanismus, um mit Verlust, Bedürftigkeit und Angst fertig zu werden.* Kompensation. Wenn wir von anderen erwarten, dass sie unsere Bedürfnisse erfüllen. Der Wunsch, andere zu benutzen.

- *Frustration und Enttäuschung – die Folge von Erwartungen, heimlichen Forderungen und Bedürfnissen.* Deine Forderungen offenbaren, was du dir und anderen vorenthältst.

- *Übersteigerte Lust – der Versuch, alte Bedürfnisse zu stillen* (vor allem das, sich geliebt zu fühlen), indem man im Sexualleben von anderen nur nimmt.

- *Dissoziation und Unabhängigkeit – kompensiert Verlust,* Bedürftigkeit, Angst, ein gebrochenes Herz, Eifersucht, Schuldgefühle, Misserfolg und aufopferndes Verhalten.

- *Kontrolle – kompensiert Angst und ein gebrochenes Herz.* Alles muss immer nach dem eigenen Kopf gehen. Mangel an Vertrauen.

- *Wut – schützt Gefühle von Bedürftigkeit,* Angst, Verlust, Verletzung, Eifersucht, Schuld, Frustration oder einfach den Umstand, dass die Dinge nicht nach dem eigenen Kopf laufen. Emotionaler Wutanfall. Versuch, andere zu beherrschen. Schikane. Affektverschiebung.

- *Schuldzuweisungen – Projektion eigener Schuldgefühle auf andere.* Tarnung von Selbstvorwürfen. Angst vor der Weiterentwicklung. Eine Form des Streits.

Alle negativen Gefühle wurzeln in Trennung, Angst und Autoritätskonflikten. Sie sind ein Ausdruck der Bedürftigkeit, ein Ruf nach Liebe und eine Bitte um Hilfe. Sie bilden eine Art Widerstand gegen die Weiterentwicklung und offenbaren, dass man etwas heilen muss oder sie als Vorwand benutzt, um tun und lassen zu können, was man möchte. Sie sind ein Versuch, die Kontrolle an sich zu reißen und seinen Kopf durchzusetzen. Ein negatives Gefühl ist eine Art Tarnung. Es dient als Vorwand für die Dissoziation (um die Verbindung zu seinem Herzen durchzuschneiden) und Unabhängigkeit. Es spiegelt die Angst vor einer bestimmten Gabe, dir selbst, einem anderen Menschen oder Gott wider. Es zeigt, wo du andere dazu benutzt, dich zurückzuhalten. Es wird in Form alter unerledigter Angelegenheiten übertragen. Es schützt dich vor einem noch schmerzlichen Gefühl, das dich wiederum vor etwas ganz Wundervollem »bewahren« soll. Es ist eine Form von Streit und emotionaler Erpressung. Dissoziation ist der Versuch, Gefühle und Bedürfnisse zu kompensieren und zu verheimlichen, während das Übersteigern von Gefühlen und Bedürfnissen eine bestimmte Gabe, Gnade oder Belohnung kompensiert.

Emotionale Reife

Ein positiver, reifer Umgang mit deinen Gefühlen und ihrer Heilung therapiert und stärkt auch eure Zweisamkeit. *Wenn du über deine Gefühle sprichst und sie verwandelst, schlägst du Brücken zu deinem Partner und bringst deiner Beziehung Vertrauen und Frieden.* Falls du Gefühle als Vorwand für bestimmte Reaktionen benutzt, werdet ihr immer deiner Vorliebe für emotionale Schwelgerei ausgeliefert sein. Sofern du dich von inneren Regungen abspaltest, die eigentlich geheilt werden müssten, raubt das deiner Beziehung immer mehr Leben. Der Mut, dich deinen Gefühlen zu stellen und sie zu heilen, bringt deine maskulinen und femininen Energien ins Gleichgewicht. Das sorgt ganz automatisch für Glück und Nähe in eurer Partnerschaft.

Schlüsselerkenntnisse

- *Du* trägst die Verantwortung für all deine unangenehmen Gefühle. Niemand kann dich zwingen, etwas Bestimmtes zu empfinden.
- Es gibt einige Schlüsseldynamiken, die deinen emotionalen Reaktionen zugrunde liegen. Kennst du sie, hilft dir das, deine inneren Regungen auf reife Art und Weise aufzuarbeiten.
- Wenn du über deine Gefühle sprichst, bringt dich das deinem Partner näher.

24

Die erste Verletzung
geht am tiefsten

Jetzt stelle ich den Gedanken vor, dass jeder Schmerz alter Schmerz ist und zu einem Muster gehört, das lange vor dem aktuellen Ereignis entstanden ist. Anschließend präsentiere ich die intuitive Methode der Heilung. Mit ihrer Hilfe kann man in die Vergangenheit zurückkehren, das ursprüngliche Geschehen verändern und sich so von dem alten Trauma befreien, das in aktuellen Problemen zum Ausdruck kommt (das wurde bereits in einigen der bisher aufgeführten Übungen umgesetzt).

Das Prinzip der Transferenz

Jeder Schmerz wurzelt in der Vergangenheit. Das konnte ich bei meiner Arbeit bereits in den siebziger und frühen achtziger Jahren recht deutlich erkennen. Später erfuhr ich dann, dass es sich dabei um ein bereits bekanntes Grundprinzip der Psychiatrie handelt, das »Transferenz« genannt wird. Es kommt auch in dem Werk *Ein Kurs in Wundern* und in der Vorstellung der Gestalttherapie zum Ausdruck, dass man unerledigte Angelegenheiten aus der Vergangenheit so lange in die Gegenwart holt, bis sie geheilt sind und die Lektion gelernt ist.

Auf meinem weiteren Weg lernte ich, dass Opferrollen die Folge von Beziehungsmustern sind. Diese sind die Konsequenz von Familienmustern, die wiederum auf seelische und Ahnenmuster zurückgeführt werden können. Seelische Muster bilden zusammen mit Ahnenmustern das Unbewusste. Sie gehen auf die tiefste Ebene des Autoritätskonfliktes zurück, der statt des Einsseins das Ego und die Trennung erschafft.

Du solltest dir das Prinzip der Transferenz gut einprägen und es auf ausnahmslos alle Probleme anwenden! Sobald dir das gelingt, wirst du ganz automatisch eine heilende Haltung zu *allem* Geschehen einnehmen, das dir in deinem Leben begegnet. Es wird die Menschen in deinem Umfeld entlasten, weil du viel weniger geneigt bist, sie anzugreifen, ihnen die Schuld zu geben und sie zu verurteilen. Und du wirst deinem Partner und den Schwierigkeiten in der Beziehung, die immer wieder mal auftauchen und der Heilung bedürfen, reifer und verantwortungsbewusster entgegentreten.

Ich habe stets aufs Neue feststellen können, dass chronische Probleme für gewöhnlich mehrere wichtige Wurzeln in der Vergangenheit haben. Wenn sie nacheinander geheilt werden, löst sich die aktuelle Situation allmählich. Manchmal erlebe ich sogar, dass die Heilung eines alten Problems schreckliche Krankheiten zum Verschwinden bringt. Ich sehe Menschen, die sich so schnell von Unfällen erholen, dass ihr Arzt verwundert und verwirrt ist. All das, weil sie den

Unfall als Zugang zu den alten Mustern nutzten, die reif für die Heilung waren.

Ich erlebe aber auch, dass es unter Umständen bis zu zehn Sitzungen dauert, um die Wurzel beispielsweise einer langjährigen Pilzinfektion zu finden. Manchmal trifft man den Nagel relativ schnell auf den Kopf, doch zuweilen muss man Schicht um Schicht heilen, bis man die Ursache ermittelt hat.

Übung: Die Wurzel des aktuellen Problems finden

Frag dich, ob dein aktuelles Beziehungsproblem in deinem Leben als Erwachsener wurzelt. Wenn das der Fall ist, dann überlege, mit wem und in welcher Situation es angefangen hat. Nun kannst du folgende gute Übung durchführen, um die Wurzeln all deiner Probleme zu verwandeln:

- Denk an die damalige Situation und stell dir vor, mittels Lichtfäden mit allen Beteiligten verbunden zu sein. Betrachte, während ihr so verbunden seid, wie diese bewusste Verbindung die Lage und ihren emotionalen Gehalt verändert.

- Stell nun noch einmal mithilfe von Lichtfäden mit allen Menschen in der damaligen Situation eine Verbindung her und beobachte die Wirkung erneut. Mach diese Übung mit allen Beteiligten. Beobachte, wie sich die Situation mit jedem Mal ein wenig modifiziert und immer wieder neu anfühlt. Du kannst die Übung so lange durchführen, bis sich die Szene und die Gefühle vollkommen verändert haben. Du kannst sie durchspielen, bis die ganze Bühne hell und fröhlich wird. Eine Verschlimmerung tritt nur ein, wenn unter dem ersten Bild noch andere Gefühle verborgen sind oder eine direkte Verbindung zum Unbewussten besteht. Dann verschlimmert sich die Szene noch ein- oder zweimal, ehe sie allmählich besser wird. Sie wird sich immer verändern. Es sei denn, du benutzt die Vergangenheit als Vorwand, um in etwas zu schwelgen oder die Kontrolle in deiner Beziehung zu bewahren, statt dich um Gleichberechtigung zu bemühen.

- Frag dich nun, wie klein du warst, als das aktuelle Problem seinen Anfang genommen hat. Wenn du als Heranwachsender oder Teenager traumatisiert wurdest, liegen die Wurzeln dafür entweder in der Kindheit oder im Mutterleib. Verbundenheit kann alles heilen. Mach diese Übung so lange, bis du, die Szene und alle Menschen darin glücklich sind. Noch einmal: Diese Übung funktioniert immer, sofern es nicht noch andere Pläne gibt.

- Falls du eine Wurzel in deiner Kindheit oder bei deiner Geburt ausfindig machen solltest, frag dich, ob dieses Problem bereits im Mutterleib oder bei der Empfängnis entstanden sein könnte. Wenn du dies vermutest, stell dir die Szene im Geist vor und verbinde dich wie oben beschrieben mit allen Beteiligten durch Lichtfäden. Wo etwas getrennt ist, existieren in der Regel viele Schichten von negativen Gefühlen. Verbundenheit heilt diese negativen Gefühle und bringt Liebe, Erfolg, Freiheit und Leichtigkeit.

- Frag dich dann, ob deine Vorfahren ein Problem hatten, das innerhalb der Familie deiner Mutter oder deines Vaters weitergegeben wurde:
  - Überleg dir, vor wie vielen Generationen es entstanden ist.
  - Frag dich, ob es mit einem Mann, einer Frau oder mit beiden begann.
  - Überleg, wie die missliche Lage jener Vorfahren zustande gekommen war. Versetz dich in die Zeit vor der Entstehung des Problems und mach die beschriebene Verbindungsübung, bis die Szene Freude und Erfolg ausstrahlt.
  - Stell dir nun vor, dass anstelle des Problems diese Gefühle innerhalb der Familie weitergegeben werden.
- Frag dich dann beziehungsweise überlege, falls du von einer vorangegangenen Inkarnation deiner Seele weißt:
  - Gibt es auch eine Geschichte aus einem »früheren Leben«, in der dieses Muster wurzelt?
  - Falls ja: Wenn du wüsstest, in welchem Land du seinerzeit gelebt hast, dann wird es heute ... genannt.
  - Wenn du wüsstest, ob du ein Mann oder eine Frau warst, dann warst du vermutlich ...
  - Wenn du wüsstest, welches frühere Ereignis das aktuelle Problem herbeigeführt hat, dann war das aller Wahrscheinlichkeit nach ...
- Kehr nun in diese Szene zurück und verbinde mithilfe des Himmels alle Beteiligten mit Licht. Halte diese Verbin-

dung so lange aufrecht, bis du nur noch Freude empfindest. Falls du lediglich dann Verbundenheit herstellen kannst, indem du noch weiter zurückgehst – in eine Zeit vor Entstehung des Problems –, dann tu das. Achte darauf, wie sich dies auf die Geschichte auswirkt.

- Wenn die Heilung abgeschlossen ist, nimmst du alle positiven Gefühle aus der Geschichte deiner Vorfahren oder aus deinem »früheren Leben« mit in die Gegenwart. Vielleicht musst du noch andere Probleme in deiner Kindheit, in deiner Ahnenreihe oder in einem »früheren Leben« heilen, um die aktuelle Situation zum Besseren zu wenden. Wiederhole dazu einfach die beschriebene Übung.

- Die nächste Schicht des Unbewussten enthält große Seelengaben, aber auch unbewusste Fallen. Diese Fallen sollten deine Getrenntheit und den Aufbau deines Egos fördern. Du kannst diese symptomatische Schicht vorerst überspringen und dich mit dem Autoritätskonflikt beschäftigen, der diese tief sitzenden Muster geschaffen hat. Verbundenheit kann auch jene Symptome lindern und heilen, die das Fundament unseres Egos bilden. Sie werden dann durch mehr Partnerschaft, Liebe, Kreativität, Freude und Unschuld ersetzt. Während du auf dieser Ebene Verbundenheit herstellst, solltest du jene Gefühle annehmen und aufnehmen, bis du sie ganz deutlich spürst.

- Du kannst die beschriebene Übung mit deinem Partner wiederholen. Du kannst sie sogar intuitiv für ihn machen und in alten, schmerzlichen Situationen für Verbundenheit sorgen. Auf diese Weise bleibt die Vergangenheit vergangen, und deine Gaben und die Gnade können vortreten.

- Kehr nun zur aktuellen Situation zurück und verbinde dich wieder wie beschrieben mit allen Beteiligten. Verbundenheit lässt sowohl Wurzeln als auch Flügel wachsen. Sie bringt Wahrheit, Leichtigkeit und Freiheit. Sie sorgt für gegenseitiges Miteinander und Partnerschaft.

Dies ist eine hervorragende Maßnahme, um alte Traumata zu heilen und posttraumatischen Stress zu beseitigen. Falls du mit diesem ungesunden Zustand allerdings heimlich irgendwelche anderen Ziele verfolgst, wirst du dich dagegen sträuben, dass die Übung ein Erfolg wird. Doch wenn jemand um Hilfe bittet, wird er sie selbst in den unmöglichsten Situationen finden, weil es der Wunsch des Himmels, aber auch sein eigener geheimster Wille ist.

Schlüsselerkenntnisse

- Jeder Schmerz wurzelt in der Vergangenheit. Wenn wir diesen Schmerz auf die aktuelle Situation übertragen, wird das als »Transferenz« bezeichnet.
- Wenn du dieses Prinzip auf dein gesamtes Leben anwendest, verwandeln sich alle negativen Situationen und Probleme.

25
Alles ist gleich

In diesem Kapitel werden die heimlichen Komplotte zwischen Paaren aufgedeckt, und es wird erklärt, dass wir alles, was der Partner macht, ebenfalls tun. Ich stelle zudem das große Heilprinzip der Gleichberechtigung dar. Es kann eine Beziehung wieder in die Balance bringen, damit sie einen großen Schritt nach vorn macht.

Es mag vielleicht nicht den Anschein haben, aber *in einer Beziehung ist alles gleich*. Sobald du das verstanden hast, wirst du mit Schuldzuweisungen vorsichtiger. Wenn du liebst, statt anzuklagen, kann deine Beziehung wachsen; und wenn du dich weigerst, zu lieben, wirst du dich wütend und klein, aber überlegen fühlen. Du glaubst dich vom Verhalten deines Partners verraten, aber im Grunde genommen verrätst du dich selbst.

Bei einem jungen Paar, mit dem ich einmal gearbeitet habe, war der Mann drogensüchtig, die Frau hatte keine augenfälligen Abhängigkeiten. Neun Monate nachdem er die Drogen aufgegeben hatte, zog er abends wieder einmal um die Häuser und nahm erneut etwas. Seine Frau und ich suchten nach ihrem Anteil an diesem Vorfall. Wir prüften, ob sie sich vielleicht ebenfalls etwas »gegönnt« hatte.

Wir fanden heraus, dass sie zur gleichen Zeit, als ihr Partner die Drogen nahm, mit einem Teilnehmer in einem ihrer Hauptseminare geflirtet hatte. Die ganze Sache spielte sich nur in ihrem Kopf ab, in Wirklichkeit hatte sie nicht viel getan. Wie sich also herausstellte, hatten sie an jenem Abend *beide* »geflirtet«: Er spielte mit dem Gedanken, erneut Drogen zu nehmen, und sie dachte über einen neuen Liebhaber nach. Diese Erkenntnis half ihr, ihre Beziehung zu bejahen und sich erneut für sie zu entscheiden. Sie erkannte, wie wichtig ihre Liebe und ihre Aufmerksamkeit für die Genesung ihres Mannes waren. Daraufhin kam es zu keinen weiteren Rückfällen.

Ich arbeite auch mit Paaren, bei denen es dem einen Partner an sexueller und dem anderen aufgrund seines fordernden Verhaltens, seiner Bedürftigkeit oder seiner Kontrollversuche in gleichem Maße an emotionaler Integrität fehlt. Der Mann versucht dann vielleicht außerhalb, die Frau innerhalb der Beziehung, ihren Vergnügungen zu frönen. Manchmal ist es ganz offensichtlich, auf welche Weise die Partner ihren Vorlieben nachgehen, und zuweilen geschieht es heimlicher und wird stärker verleugnet.

Es kann dem Partner in einem solchen Fall wirklich helfen, die Verantwortung für sich und die Beziehung zu übernehmen, dem anderen zu vergeben und zu seiner Erlösung beizutragen. Schuldzuweisungen und Urteile helfen uns hier nicht weiter. Sie sind die Folge von Schuldgefühlen; und diese drei Aspekte bringen bestimmte Bereiche, wenn nicht sogar die ganze Beziehung zum Stillstand. Es ist wichtig, anderen und sich selbst vermeintliche Ausrutscher zu verzeihen, denn Vergebung ist eine geballte Ladung Liebe und Heilung, von der beide profitieren.

In meiner Praxis als Eheberater kam es auch des Öfteren vor, dass der eine Partner klagte, er sei der Einzige, der Geld nach Hause brächte oder zum Wachstum der Beziehung beitrüge. Wenn wir die Situation dann genauer überprüften, konnten die Betreffenden sehen, dass ihr Partner seinen Beitrag in anderen Gebieten leistete. Das war immer der Fall – es sei denn, der eine wollte den anderen scheitern sehen, um der Beziehung den Rücken kehren zu können oder den Konkurrenzkampf zu gewinnen.

Es gibt noch weitere Bereiche, in denen ein heimlicher Ausgleich stattfindet, zum Beispiel wenn der eine Partner unabhängig, der andere abhängig ist. Letzterer zeigt, wie viel Abhängigkeit Ersterer kompensiert. So ist es auch mit der Eifersucht. Es sieht so aus, als sei nur einer der Partner eifersüchtig, aber er demonstriert lediglich, wie viel Eifersucht der andere durch Ersatzhandlungen auszugleichen versucht oder abgespalten hat.

Abgesehen von den Bereichen, die der Heilung bedürfen, gibt es diesen *Ausgleich auch in positiver Hinsicht.* Je mehr du dich zum Beispiel deinem Partner ergibst, umso mehr ergibt er sich auch dir. Je verbindlicher deine Entscheidung für ihn, desto verbindlicher steht auch er zu dir. Das gilt auch für die Liebe: Je größer deine aufrichtige Liebe zu ihm ist, desto mehr liebt er auch dich.

Übung: Entscheidung für Gleichberechtigung

Es ist ausgesprochen hilfreich, wenn man sich für die Gleich-berechtigung in einer Partnerschaft entscheidet, weil sie die Beziehung wieder ins Gleich*gewicht* bringt. Angesichts der vielen Probleme, die auftauchen können und der Heilung bedürfen, könnt ihr euch auf Basis der Gleichberechtigung immer wieder in Balance bringen. Das wird euch helfen, mit-einander in Kontakt zu bleiben, gemeinsam in dieselbe Rich-tung zu gehen und alle Bereiche in Ordnung zu bringen, in denen Urteile oder Unabhängigkeit im Spiel sein könnten:

- Entscheide dich jedes Mal, wenn etwas anderes als Liebe, Frieden oder wirklicher Kontakt zwischen euch herrscht, von neuem für die Gleichberechtigung zwischen dir und deinem Partner.

- Such nach Bereichen, in denen dein Verhalten oder das-jenige deines Partners zu Konflikten führt. Such nach ei-genen Verhaltensweisen, die denen deines Partners mögli-cherweise entsprechen.

- Wenn du dich darüber beklagst, dass du der Einzige bist, der einen bestimmten Bereich der Beziehung »am Laufen« hält, dann prüfe, ob sich dein Partner nicht vielleicht auf andere Weise engagiert.

- Sei bereit, ihm und dir selbst euren Mangel an Gleichbe-rechtigung in der Beziehung zu vergeben. Eure Liebe wächst, wenn ihr euch *auf gleicher Augenhöhe* begegnet. Entscheide dich dafür.

Schlüsselerkenntnisse

- In einer Beziehung ist alles gleich.
- Entscheide dich für die Gleichberechtigung – sie bringt deine Beziehung in Balance und hält sie gesund.
- Wähle jedes Mal, wenn etwas anderes als Liebe, Frieden oder wahrer Kontakt zwischen euch herrscht, von neuem die Gleichberechtigung.

26

Es gibt keine »bösen Menschen«

Dieses Kapitel macht dich mit einem wichtigen Aspekt der Eigenverantwortlichkeit bekannt. Es zeigt, dass Schuldzuweisungen Beziehungen zerstören und ein Abwehrmechanismus sind, um die eigenen Schuldgefühle zu verbergen, mit denen man sich selbst bestraft und schadet. Das Kapitel zeigt auf, wie du »die Bösen« dazu benutzt, um Angst, Schuldgefühle, Schwelgerei und Vorwände zu tarnen.

Verletzte und unwissende Menschen

Wenn du glückliche beziehungsweise gut funktionierende Beziehungen führen willst, gilt es, ein wichtiges Prinzip zu beachten, nämlich: *Es gibt keine »bösen Menschen«*, sondern nur verletzte, die Hilfe brauchen, unwissende, die aufgeklärt werden müssen, und solche, die einfach nicht wissen, was sie in Beziehungen oder in allen anderen Lebensbereichen tun.

Wenn es also »böse Zeitgenossen« für dich gibt, weist das auf verborgene Selbstkonzepte von Schuldempfinden hin.

Dann trifft die Strafe dafür alle Menschen in deinem Umfeld. Je mehr du urteilst und je mehr Vorwürfe du machst, desto größer ist das Ausmaß deiner heimlichen (oder auch nicht ganz so heimlichen) Schuldgefühle und deiner Selbstbestrafung. Wenn du dich hingegen *schuldlos* fühlst, *urteilst du nicht*. Dann erkennst du einfach, dass dein Gegenüber Hilfe braucht.

Ich arbeite mit Menschen, die anderen die abscheulichsten Verletzungen zugefügt haben, und der Grund dafür war stets, dass ihnen etwas ähnlich Widerwärtiges angetan worden war. Ich will ihr Verhalten damit nicht entschuldigen, sondern den Grund dafür aufzeigen und helfen, die Zusammenhänge zu verstehen.

Dein Partner ist ein leichtes Ziel, und natürlich benutzt ihr einander als Projektionsfläche. Doch je eher du dich von der Vorstellung verabschiedest, dass es »böse Menschen« gibt, desto reifer ist dein Verhalten, was euch beiden und eurer Beziehung nur nutzen kann.

Die Verantwortung übernehmen

Wenn du jemanden als »den Bösen« abstempelst, lehnst du die Verantwortung für eine Situation in deinem Leben ab. Du kannst anderen aber nur die Schuld für etwas geben, dessentwegen du dich selbst schuldig fühlst. *Deine Projektion des »Bösen« offenbart dir deine eigene Schuld.* Wenn sich ein anderer dir gegenüber unschön verhält, könnte das der irrtümliche Versuch deinerseits sein, dich von deiner Schuld zu befreien. Denn möglicherweise veranlasst du ihn zu diesem Verhalten, um dich selbst zu bestrafen. Natürlich handelt es sich dabei um ein verdrängtes Muster.

Bei allen Beziehungen geht es um eine Art »Geheimabkommen«. Nur wenn du das erkennst und die Verantwortung übernimmst, wirst du allmählich die unterbewussten Muster erkennen, die Pläne deines Egos und sogar die seelischen Verletzungen aufdecken, die genau jetzt und genau hier geheilt werden sollen. Da alle negativen Gefühle eine Illusion sind, können Verständnis oder das Sich-der-Wahrheit-Stellen sie verändern, sodass sich auch deine Wahrnehmung und dein Erleben vollkommen wandeln.

Wenn du nicht akzeptierst, dass es keine »bösen Menschen« gibt, bleibst du in der Vergangenheit gefangen und lebst blind ein Leben voller Urteile, Streit und Rache. Dann wirst du anderen metaphorisch, wenn nicht sogar tatsächlich dasselbe antun, was dir zugefügt wurde. Du wirst ein überaus rechtschaffenes Leben führen und damit verheimlichen und kompensieren, wie stark dein Gefühl ist, im Unrecht zu sein.

Übung: Welche Gabe verbirgt sich dahinter?

Lass dein Leben Revue passieren. Wen hältst du für einen »bösen Menschen«? Was willst du nicht hinter dir lassen? Welche Angst, Ausrede, Schwelgerei, Schuld verbergen sich dahinter? Wie bestrafst du dich selbst? Und zuletzt: Welche Gabe verbirgt sich hinter alldem?

Allgemein

»Böse Menschen« von früher	Was will ich nicht hinter mir lassen?	Welche Angst verbirgt sich dahinter?
1.	1.	1.
2.	2.	2.
3.	3.	3.
4.	4.	4.

Welche Ausrede liefert mir das?	Welche Schwelgerei darf ich behalten?	Weswegen fühle ich mich schuldig, und wie bestrafe ich mich dafür?
1.	1.	1.
2.	2.	2.
3.	3.	3.
4.	4.	4.

Gabe

1.

2.

3.

4.

In der Partnerschaft

Wo ist mein aktueller Partner »der Böse«?	Was will ich nicht hinter mir lassen?	Welche Angst verbirgt sich dahinter?
1.	1.	1.
2.	2.	2.
3.	3.	3.
4.	4.	4.

Welche Ausrede liefert mir das?	Welche Schwelgerei darf ich behalten?	Weswegen fühle ich mich schuldig, und wie bestrafe ich mich dafür?
1.	1.	1.
2.	2.	2.
3.	3.	3.
4.	4.	4.

Du kannst die Vergangenheit loslassen und die Gabe annehmen. Das macht dich nicht nur zu einem besseren Menschen, sondern auch zu einem fähigeren Partner. Liebe und Unschuld weisen dir den Weg.

Schlüsselerkenntnisse

- Es gibt keine »bösen Menschen«, sondern nur solche, die Hilfe brauchen.

- Wenn du dich schuldlos fühlst, urteilst du nicht. Du erkennst einfach, dass jemand hilfsbedürftig ist.

- Deine Projektion des »Bösen« auf den Partner offenbart dir deine eigene Schuld.

- Erst wenn du deine Unschuld und diejenige deiner Mitmenschen erkennst, wirst du aufhören, dich als Opfer zu fühlen und über andere zu urteilen.

27
Die Kraft des Vertrauens

Nun geht es um eine Kraft, die alle Probleme heilen kann: Wenn wir *vertrauen*, entfalten sich negative Situationen auf paradoxe Art und Weise, bis sie am Ende ein Erfolg sind. Zutrauen zu haben, heißt, die Kraft des Geistes in eine positive Richtung zu lenken, um in einer Situation die Wahrheit ans Licht zu bringen.

Beziehungskonflikte

Auch im Zusammenhang mit dem Vertrauen gilt: Wenn du Beziehungsprobleme hast, ist dein Bewusstsein gespalten. Das heißt, es strebt in zwei Richtungen gleichzeitig und hätte am liebsten zwei verschiedene Ergebnisse. So kann es beispielsweise sein, dass du einerseits deinen Partner lieben und eine glückliche Beziehung führen willst und andererseits aus deiner Angst heraus nach Kontrolle strebst und immer alles nach deinem Kopf gehen muss. *Dieser innere Konflikt zieht natürlich einen äußeren nach sich.* Du hältst dich vielleicht nicht für einen Menschen, der sich gern zankt oder einen Streit vom Zaun bricht, aber zu einem Zwist gehören immer zwei. Äußere Unstimmigkeiten zeigen dir, dass ein innerer Konflikt in dir tobt. Es kann hilfreich sein, dir das bewusst zu machen, sonst wird dieser innere Konflikt immer weiter an dir, deiner Gesundheit, deinem Erfolg und deiner Beziehung nagen, ohne dass du verstehst, was vor sich geht.

Wenn du dich in einem inneren Streit befindest, könntest du deinen kreativen Geist vertrauensvoll darum bitten, die widersprüchlichen Teile deines Geistes zu integrieren – ganz gleich, über wie viele Ebenen der Konflikt geht. Ein Gefühl des Friedens wird dir verraten, wann der Prozess abgeschlossen ist.

Vertrauen üben

Vertrauen hat eine sehr große Heilkraft. Im *Kurs in Wundern* heißt es, *Vertrauen könne alle Probleme heilen*. Es kann genau wie Vergebung alles verwandeln, was uns quält.

Wenn du vertraust, richtest du die Kraft deines Geistes auf ein positives Ergebnis. Das bedeutet, sich darauf zu verlassen, dass sich die Dinge zum Besten wenden werden, auch wenn es gerade nicht danach aussieht.

Vertrauen ist die Entscheidung, worauf du deinen Geist richten willst – auf die Liebe oder die Angst. Ängste und Sorgen sind eine Form der (Selbst)aggression infolge von Urteilen. Wenn du dich um einen anderen sorgst, triffst du aufgrund von »Befürchtungen« eine Art Urteil und greifst damit sowohl den anderen als auch dich selbst an. Wenn du dagegen vertraust, wird dir das auch Vertrauen in deinen Partner, die Situation und deren Ausgang schenken. Dann kann sich alles so entfalten, dass es ein positives Ende nimmt.

Beschließ noch heute, darauf zu vertrauen, dass dir die Wahrheit deiner Situation offenbart werden wird, damit sie glücklich verlaufen kann. Hab Zutrauen zu diesem Prozess. Bau darauf, dass er gut ausgeht, selbst wenn es gerade nicht danach aussehen sollte. Verlass dich auf dich selbst, deinen Partner und alle anderen, die an der Situation beteiligt sind. Mag sein, dass die Situation trostlos erscheint, aber Vertrauen bringt Licht. Es bedient sich der gewaltigen Kraft deines Geistes, um die Dinge wieder ins Lot zu bringen.

Schlüsselerkenntnisse

- Die Konflikte in deinem Leben sind die Folge deiner eigenen inneren Auseinandersetzungen. Aber Vertrauen kann alle Probleme heilen.
- Zu vertrauen ist die Entscheidung, worauf du deinen Geist richten willst, nämlich auf Liebe statt auf Angst.

28

Eine Art Selbstangriff

In diesem Kapitel werde ich dir zeigen, dass *alle negativen Situationen auf Umstände hinweisen, derentwegen du dich selbst angreifst.* Autoaggression ist das größte Problem; doch den meisten Menschen sind diese Zusammenhänge nicht bewusst, da sie ihre Gefühle der Wertlosigkeit, der Schuld und des Selbsthasses keineswegs als solche erkennen.

Die Anatomie eines Selbstangriffs

Es mag dich überraschen, zu erfahren, wie zerstörerisch Aggressionen gegenüber der eigenen Person sind. *Alles*, was dir je vom »Schicksal« oder einem anderen Menschen angetan worden ist, *war nämlich eine Art Selbstangriff.* Jedes Mal, wenn du dich abgegrenzt hast oder Verbundenheit verloren ging, hast du beschlossen, dich doch noch etwas weniger zu mögen. Inzwischen hat diese Entwicklung ein solches Ausmaß erreicht, dass in dir (wie in uns allen) tiefe Quellen des Selbsthasses sprudeln. Du bestrafst dich für Schuldgefühle, die wiederum die Folge der Trennung sind. Mit all deiner Angst, deinen Sorgen und den schrecklichen Dingen, die dir dein Partner angetan hat, greifst du dich selbst an.

Diese Autoaggressionen haben ihren Ursprung in der Spaltung deines Geistes. Wie alle anderen hast du irgendwann angefangen, nach außen zu projizieren, was du an dir selbst verurteilst. Um deinem Ego nicht zu schaden, das du für deine Rettung gehalten hast, glaubtest du, all das abspalten zu müssen, was du an dir negativ bewertet hast. Eine derartige Spaltung des Geistes war unerträglich. Deshalb hast du die Anteile, denen du feindlich gesinnt warst, nach außen projiziert. Und daher empfindest du die Welt nun als feindlich.

Doch indem sie dich angreift, bringt sie in Wirklichkeit nur deinen Selbsthass zum Ausdruck. Und wenn dich jemand attackiert oder verletzt, meint er das nicht persönlich, sondern wird von den Mustern dazu getrieben, die er vermutlich schon sehr lange in sich trägt. Und falls du ihn deinerseits zu dem Angriff provoziert hast, war das eine höchst persönliche Attacke von dir auf dich selbst.

Wenn deine Autoaggressionen und dein Selbsthass enorme Ausmaße annehmen, bewegst du dich auf den Tod zu. Jedes Mal, wenn dein Herz bricht, greifst du dich, deinen Partner und deine Eltern an. Immer wenn du »Herzeleid« empfindest, liegst du im Kampf mit anderen und dir selbst. Freilich hältst du diese Erkenntnis vor dir geheim.

Übung: Selbstangriffe heilen

Natürlich führt dieses Problem – der Teufelskreis aus Schuld-gefühlen, Selbstangriffen und Angst – zu erheblichen Bezie-hungsproblemen. Aber derartige Muster lassen sich auch verändern, und ich werde dir drei Möglichkeiten vorstellen, das zu tun:

- Selbstangriffe setzen überall dort an, wo *du aufgehört hast, dich zu lieben.* Würdest du dich lieben und achten, dann könntest du niemals andere Menschen dazu benutzen, dich schlecht zu behandeln oder sich dir gegenüber res-pektlos zu verhalten. Frag dich, ob du weißt,

  - wann du mit den Selbstangriffen begonnen hast, die zu den aktuellen Umständen oder Problemen führten,

  - wer an diesem Vorfall beteiligt war und

  - was damals geschehen ist: Was hat dich dazu veranlasst, dich selbst anzugreifen?

Ganz gleich, was es war – die Entscheidung, dich anzugrei-fen, war falsch und hat alles nur noch schlimmer gemacht. Um sie zu revidieren, musst du dich in die damalige Situa-tion versetzen und dir Liebe schenken. Das, was seinerzeit geschah, verrät dir, dass du den Mangel an Selbstliebe ei-nes anderen auf dich genommen hast. Doch das konkrete Ereignis stellt einen Angriff deinerseits auf dich selbst dar. Versetz dich nun noch einmal in die damalige Situation und schenk dir und allen Beteiligten Liebe. So heilst du die Angst und den Verlust, die dieses Ereignis verursacht hat. Das Geschehen kann so tief geheilt werden, dass sich die ganze Situation verändert. Wenn du glaubst, in dieser Lage weder dir selbst noch einem anderen gegenüber Liebe aufbringen zu können, dann bleib einfach ruhig sitzen und nimm die Liebe des Himmels für dich und alle Beteiligten an. Wenn noch mehr Liebe nötig ist, weil du dir keine Beziehung zum Himmel gestattest, dann erfülle diese Situation mit der Liebe all jener Menschen, die dich je geliebt haben.

Nachdem das Bedürfnis gestillt ist, das andere Menschen zu ihrem negativen Handeln getrieben hat, vertieft sich deine Heilung noch weiter. Du hast dieses Problem auf dich genommen. Nun hast du die Gelegenheit, sowohl dich als auch die anderen davon zu befreien. Ihr negatives Verhalten war die Folge eines Mangels – und die Liebe gibt ihnen, was ihnen fehlt.

Du kannst diese Übung immer wieder machen, um auch das Trauma zu verwandeln, das dem soeben geheilten Trauma vorangegangen ist (Transferenz). Mit anderen Worten: Der Auslöser für deine Selbstangriffe ist Teil eines Musters, das noch früher entstanden ist. Überlege: Wenn du wüsstest, wann es entstanden ist, dann war das im Alter von …

Wiederhole diese Übung, um dort, wo bislang Selbstangriffe die Szene beherrschten, Ganzheit zu schaffen. So kannst du die Zeit zurückdrehen und Verbundenheit mit dir und anderen herstellen. Dadurch wird die gegenwärtige Situation automatisch vollständiger und liebevoller. Du kannst diese Übung täglich machen, um auch weitere Vorfälle zu heilen, die zum aktuellen Problem beitragen.

Eine schwierige Situation entsteht nicht aus heiterem Himmel. Es handelt sich dabei nicht um einen einzelnen Vorfall, sondern um die Früchte eines ganzen Baums. Alle Probleme sind in Wahrheit alte Probleme, und wenn du die Vergangenheit heilst, kannst du mit deinem Partner immer größere Höhen und Tiefen erreichen.

- Bei allen Problemen und unangenehmen Situationen handelt es sich um *Abwehrmechanismen, die etwas Wunderbares verbergen.* Wenn du das Wundervolle annimmst – die neue Gabe, die Nähe oder das Wunder –, wird die Abwehr oder das Symptom überflüssig und verschwindet umgehend. Find heraus, was sich hinter den aktuellen Schwierigkeiten verbirgt, und nimm es an. Teil es mit deinem Partner. Je mehr du akzeptierst, was durch die Abwehrmechanismen kompensiert werden sollte, desto mehr wird sich die Situation klären. Wenn das Problem nicht vollständig beseitigt ist, musst du noch mehr Liebe und Verbundenheit annehmen.

- *Übergib das Symptom* ebenso wie die Angst und die Selbstangriffe, die es verursacht haben, *dem Himmel*, damit er es für dich beseitigt. Wenn du mutig genug bist oder die Sache einfach nur satthast, kann das dadurch schlagartig zum Verschwinden gebracht werden. Vielleicht löst sich alles auch Schicht für Schicht auf. In diesem Fall übergibst du die Angelegenheit einfach immer wieder dem Himmel, bis du zusammen mit deinem Partner eine völlig neue Stufe der Liebe erreicht hast.

Schlüsselerkenntnisse

- Alle negativen Situationen weisen auf Begebenheiten hin, derentwegen du dich selbst angreifst.

- Alles, was dir je von der Welt oder einem anderen Menschen angetan wurde, war *eine Art Selbstangriff*.

- Wenn dich jemand traumatisiert oder verletzt, meint er das nicht persönlich, sondern wird von Mustern dazu getrieben, die er vermutlich schon sehr lange in sich trägt.

- Widme dich immer dann den Übungen in diesem Kapitel, wenn du auf Autoaggression in deinem Umfeld aufmerksam wirst.

29
Wie dient dir das?

An dieser Stelle vertiefen wir unsere Entdeckungsreise ins Unterbewusstsein. Der Mensch tut nichts ohne Grund. Wenn wir uns mit den Plänen des Egos beschäftigen, die unsere Probleme verursachen, werden wir sehen, dass dies wahr ist.

Wir setzen auch unsere Beschäftigung mit der Eigenverantwortung und den unterbewussten Faktoren fort, die zu allen Problemen gehören. Wir arbeiten mit der Verdrängung, Dissoziation und Abwehrmechanismen, die verhindern, dass wir das eigentliche Problem erkennen und heilen.

Alles dient dir – wie auch immer

Dies ist eine wichtige Lektion für das Verständnis deines Geistes. Du bist ein Mensch, und deshalb hat alles, was dir zustößt, auch einen Grund. Du bist ein zielorientiertes Wesen, und *alles, was in deinem Leben passiert, dient dir auf die eine oder andere Weise.* In negativen Situationen siehst du das nicht so. Aber jedes Mal, wenn du dich in einer schlechten

Lage befindest, folgst du dem Plan deines Egos, statt dich zu lieben. Würdest du dich selbst angemessen mögen, könnte eine solche Situation gar nicht erst entstehen. Deine verborgenen Muster, Entscheidungen und Absichten sind im Unterbewusstsein gespeichert. Du verdrängst den Teil deiner Gedanken und Wünsche, den du für inakzeptabel hältst, und spaltest dich davon ab. Das verhindert freilich nicht, dass sie sich in Form von Ereignissen, die ungünstig oder gar zerstörerisch scheinen, auf dich und dein Leben auswirken.

Ein Beweis für unsere Neigung zu selbstzerstörerischen Mustern sind die allabendlichen Nachrichten. In einer Beziehungskrise werden die Selbstangriffe persönlich, aber sie spiegeln nicht deinen wahren Willen wider, sondern den deines Egos. Du musst so nicht weitermachen. Das Problem bleibt nämlich nur so lange bestehen, wie du ihm Macht verleihst. Es ist hilfreich, ihm gezielt Macht zu entziehen, aber es hilft auch, unbewusste Muster ans Licht zu bringen und neue Entscheidungen zu treffen.

Die Macht der Eigenverantwortung

Wenn du dich in einer unangenehmen Situation befindest, mag es dir schwerfallen, zu glauben, dass du sie selbst gewählt hast. Doch sobald du etwas Erfahrung mit deinem Unterbewusstsein hast, wirst du erkennen, dass dies gar nicht so selten vorkommt. Nachdem ich zwei Jahre als Berater tätig gewesen war, machte ich umwälzende Entdeckungen, als ich etwas über die Rolle meines Unterbewusstseins in Beruf und

Privatleben erfuhr. Es war der Beginn einer völlig neuen Art zu denken. Das war vor mehr als dreißig Jahren – und ich entdecke immer noch etwas Neues.

Als ich die Verantwortung für mein Leben übernahm, vollzog sich in meinem Alltag, in meinen Beziehungen und hinsichtlich meines beruflichen Erfolgs ein vollkommener Wandel. Ich biete dir diese Einsichten dar, weil du damit auch deine aktuelle Situation zu heilen vermagst. Aber nur du kannst das tun. Mithilfe des Himmels, versteht sich. Wenn du anderen die Schuld gibst, bleibst du ein hilfloses Opfer und in einem absurden Muster gefangen. Übernimmst du dagegen die Verantwortung, wirst du etwas ändern. Du kannst einräumen, dass problematische Situationen stets die Folge von heimlichen, unbewussten Abkommen sind, weil du dafür verantwortlich bist. Und du kannst sie verändern und dich und deinen Partner befreien.

Als ich anfing, Menschen in Beziehungsfragen zu helfen, war ich der Ansicht, die Verantwortung für die Beziehung verteile sich gleichmäßig auf beide Partner. Dann wurde mir klar, dass beide Partner hundertprozentig für die Beziehung verantwortlich waren. Schließlich erkannte ich, dass die Verantwortung zu hundert Prozent bei mir allein lag. Jede dieser Erkenntnisse machte meine Beziehung besser.

Wenn du herausfindest, inwiefern du die aktuelle Situation herbeigewünscht hast, und deine Einstellung änderst, veränderst du deine Beziehung und deine Welt.

Übung: Auf welche Weise dient dir dein Problem?

Wenn du bereit bist, können wir anfangen. Zunächst untersuchen wir das Hauptproblem in deiner Beziehung. Später kannst du dich mit weiteren wichtigen – alten oder aktuellen – Schwierigkeiten beschäftigen.

- Gehen wir einmal davon aus, du wolltest besagtes Beziehungsproblem heraufbeschwören. Ich weiß natürlich, dass du dies bewusst niemals tätest; aber um der Untersuchung willen tun wir so, als wolltest du das Problem schüren …:
  - Weshalb?
  - Wie kannst du dieses Problem nur wollen?
  - Auf welche Weise dient es dir?

  Wenn dir ganz und gar nichts dazu einfällt, dann arbeite mit deinem Wunsch, dich selbst und deine verborgenen Seiten kennenzulernen. Das wird dir sicher helfen.

- Bei dieser Übung geht es aber nicht darum, dass du nun die Schuld auf dich nimmst, statt sie deinem Partner in die Schuhe zu schieben. Denn Schuldgefühle und -zuweisungen bringen dich nicht weiter. Sie sind Waffen, mit denen sich das Ego aufbaut und verhindert, dass die Situation sich zum Besseren wendet. Probleme bauen das Ego auf, und ihre Lösung bringt es zum Verschwinden. Frag dich also:
  - Was erlaubt dir diese Situation zu tun?
  - Was bleibt dir aufgrund dieser Situation erspart?

- Denk über deine Situation nach und bezieh sie in deine

Meditation ein. Stell dir vor, du hättest dir alles genau so gewünscht. Während dir die Antworten einfallen und du die volle Verantwortung für deine falschen Entscheidungen übernimmst, kannst du wählen, was du wirklich willst. Und wenn du dem, was du verdrängt hattest, tatsächlich zustimmst, solltest du dir eines klarmachen: Eine echte Partnerschaft und eine glückliche Beziehung gibt es nur, wenn beide Partner gewinnen. Außerdem wirst du das Gewünschte mühelos, voller Gnade und ohne Schmerz bekommen. Der Aufstieg zur nächsten Stufe kann dann einer sanften statt einer schwierigen Geburt ähneln.

Schlüsselerkenntnisse

- Alles, was in deinem Leben geschieht, dient dir auf die eine oder andere Weise.
- Du kannst deine Macht nur zurückgewinnen, wenn du die Verantwortung für dein Leben übernimmst: Indem du herausfindest, inwiefern du die aktuelle Situation herbeigewünscht hast, und deine Einstellung zum Positiven hin veränderst, verbesserst du damit dein gesamtes Dasein und natürlich auch deine Beziehung.

30

Weitere Erkundungsreisen ins Unterbewusstsein

In diesem Kapitel tauchen wir noch tiefer ins Unterbewusstsein ein, beschäftigen uns mit einigen der wichtigsten Dynamiken, die Teil jedes Problems sind, und erläutern sie.

Übung mit Zahlen

Bevor du weiterliest, möchte ich, dass du an dein größtes Beziehungsproblem denkst und fünf Zahlen zwischen eins und vierundvierzig wählst. Schreib dir die Zahlen auf. Die zuerst genannten Zahlen sind am wichtigsten. Ich bitte dich, sie aufzuschreiben, da der Mensch bei tieferen Erkundungen gern schummelt, und das ist nicht der Sinn der Sache. Sei tapfer. Es geht um deinen Geist, und es wird sehr wahrscheinlich Zeit, dass du dich mehr um ihn kümmerst. Er ist, abgesehen von deiner Liebe, deine größte Gabe.

Bitte zuerst dein höheres Bewusstsein um Hilfe. Es kennt alle nötigen Antworten. Nun wird es Zeit, dass du herausfindest, was du verdrängt hast, und es sofort deinem höheren

Bewusstsein übergibst. Seine Aufgabe ist es, Probleme umzuwandeln. Wenn du die volle Verantwortung für alle Situationen übernimmst und sie sofort deinem höheren Bewusstsein oder dem Himmel zur Klärung übergibst, kannst du Einfluss auf die Folgen deiner Fehlentscheidungen nehmen: Dies ist ein einfaches, aber tief greifendes Heilprinzip.

Dein Unterbewusstsein ist neutral, aber du kannst es positiv programmieren. Versetz dich einfach in einen entspannten, meditativen Zustand und triff Entscheidungen für dich, deinen Partner und deine Beziehungen. Sei kraftvoll, lebendig und bejahend. Das Unterbewusstsein überhört das Wörtchen »nicht«. Du solltest dich also um positive Aussagen bemühen, sonst kannst du dich negativ programmieren. Denn wenn du zum Beispiel darum bittest, *nicht* an einen weißen Eisbären denken zu müssen, was kommt dir dann wohl in den Sinn?

Wenn du möchtest, kannst du diese positiven Programmierungen auch auf Kassette aufnehmen. Befindest du dich dann in einem entspannten Zustand, bist du also kurz vor dem Einschlafen, oder hat dein Ego gerade besonders wenig Macht über dich, kannst du dir die Aufnahme anhören.

Hier sind die vierundvierzig Schlüsseldynamiken, die dich bremsen. Sie sind Teil jedes Problems, aber einige davon treffen vielleicht ganz besonders auf dich zu. Schlag die fünf Absätze mit den von dir gewählten Nummern in dieser Liste nach. Es handelt sich um die Schlüsseldynamiken deines aktuellen Beziehungsproblems (natürlich wirken noch weitere Dynamiken, aber diese hier gehören zu den wichtigsten):

1. *Die Angst vor dem nächsten Schritt:* Wir haben Angst, uns weiterzuentwickeln, weil wir uns minderwertig fühlen und befürchten, der nächsten Stufe nicht gewachsen zu sein. Das Ausmaß deines Problems zeigt, wie groß der nächste Schritt ist, von dem deine aktuelle Schwierigkeit dich ablenken will.

2. *Verlustangst:* Alle Ängste gehen auf Verlustängste zurück. Du fühlst dich wie gelähmt, kannst keine Fortschritte machen, weil du fürchtest, dabei etwas Wichtiges zu verlieren. Vielleicht hast du den bewussten Wunsch, dich weiterzuentwickeln, aber ein anderer Teil von dir fürchtet, es könnte ihn etwas kosten.

3. *Kontrolle:* Du willst mit dem Problem entweder einen anderen Menschen dazu bringen, das zu tun, was du möchtest, oder dich selbst kontrollieren, weil du fürchtest, du könntest außer Rand und Band geraten. Kontrolle ist die Folge von Angst und einem gebrochenen Herzen.

4. *Angst vor einer bestimmten Gabe:* Hinter jedem Problem verbirgt sich eine wunderbare Gabe. Wie groß diese Gabe ist, kannst du an der Größe des Problems ablesen, das die Gabe abwehren oder verdrängen soll.

5. *Schuld:* Jedes Problem ist ein Versuch, eine (eingebildete) Schuld zu begleichen.

6. *Rückzug:* Das Problem ist sowohl Rückzug als auch Vorwand, um sich noch weiter zurückzuziehen.

7. *Groll:* Jedes Problem ist ein anklagender Finger, mit dem wir auf andere zeigen und dabei sagen: »Wenn du das und

das nicht getan hättest, hätte mich dieses Problem niemals treffen können.« Schuldzuweisungen sind die Wurzel aller Schwierigkeiten. Groll erzeugt Probleme, entsteht aber wie die Schuldzuweisungen und Urteile stets aufgrund eigener Schuldgefühle, hinter denen sich deine heimliche Angst vor dem Fortschritt verbirgt.

8. *Urteile:* Deine Urteile sind die Wurzel des Problems. Deine Wahrnehmung wird von deinen Schuldgefühlen getrübt, und andere Menschen kommen dir schlecht und bestrafungswürdig vor. Auf diese Weise trennst du dich von ihnen und hältst dich für überlegen.

9. *Schatten:* Dein Partner wird zur Schattengestalt. Diese kann viele verdrängte Seiten in sich vereinen, bei denen es sich stets um deine Selbstkonzepte handelt. Du verurteilst dich, schiebst das Verurteilte zur Seite, projizierst es nach außen und lehnst die eigenen Züge, die du in anderen wiedererkennst, ab. Vielleicht kompensierst du unerwünschte Selbstkonzepte sehr stark. In diesem Fall wirst du leugnen, dass der Schatten irgendetwas mit dir zu tun hat. Ein anderes Mal kannst du leicht erkennen, dass du dich ebenso verhältst wie die Gestalt; und dir wird klar, dass es sich um deine eigene Projektion handelt.

10. *Festhalten:* Du hältst an irgendetwas oder irgendjemandem fest. Das verhindert, dass du Fortschritte machst, und verursacht insgeheim dein Problem.

11. *Märtyrertum:* In dem sinnlosen Versuch, einen anderen zu »retten«, machst du dich selbst zum Märtyrer.

12. *Unabhängigkeit:* Du willst dich von einem alten Verlust

abspalten, indem du vorgibst, es mache dir nichts aus. Du hast dir angewöhnt, zu tun, was du willst, und dich nicht von anderen besitzen zu lassen.

13. *Bedürftigkeit:* Du bist bedürftig und versuchst, die Verantwortung für deine Bedürfnisse auf andere abzuwälzen. Du vertreibst andere Menschen mit deiner Gier und deinem Mangel an Selbstwertgefühl. In deinem Leben gibt es einen unbewältigten Verlust.

14. *Klagen:* Mit jedem Problem beklagst du dich über einen Menschen oder eine Situation. Wenn das Problem groß genug ist, handelt es sich dabei um einen Wutanfall, mit dem du dich emotional auslebst; oder du nutzt das Ganze, um deinen Willen durchzusetzen.

15. *Machtkampf:* Das Problem ist der Versuch, einen anderen Menschen zu besiegen. Es ist Teil eines Machtkampfs, in dem es dir manchmal als Waffe dient.

16. *Rache:* Das Problem ist der Versuch, einem anderen neue oder alte Verletzungen heimzuzahlen. Möglicherweise übst du damit Rache an Menschen aus deiner Gegenwart und aus deiner Vergangenheit.

17. *Nehmen:* Das Problem ist ein Versuch, dir etwas zu holen. Dein Leid, deine Wunde oder deine Schwierigkeit verbergen den Versuch, dir aus deiner Bedürftigkeit heraus etwas von anderen zu nehmen. Dass du sie ausnutzt, entschuldigst du mit deiner Bedürftigkeit oder deinem Schmerz, obwohl du dich vielleicht davon abgespalten hast.

18. *Ablehnung:* Dein Problem (ganz gleich, was es auch sein

mag) wird verursacht durch deine *Weigerung, es anzunehmen.* Dabei kann es sich um das Verhalten deines Partners, deine Situation oder gar dich selbst handeln. Das erzeugt Widerstand, Schmerz und bricht dir vielleicht sogar das Herz.

19. *Verschmelzung:* Du bist mit einem anderen Menschen verschmolzen, statt mit ihm verbunden zu sein. Deshalb klammerst du dich an ihn, leidest mit ihm und entwickelst dich nicht weiter. Das kann ein Mensch aus deiner Vergangenheit oder deiner Gegenwart sein. Vielleicht trifft auch beides zu. Verschmelzung bedeutet, dass sich die Grenzen zwischen dir und einem anderen verwischt haben oder verloren gegangen sind.

20. *Die Ödipusverschwörung:* Diese Falle soll verhindern, dass du dich weiterentwickelst, deine Gaben entfaltest und deine Lebensaufgabe erfüllst. Sie wird von Schuldgefühlen, Konkurrenzdenken und mangelnder Verbundenheit in deiner Ursprungsfamilie verursacht und drängt dich zu Affären, Ménages à trois, Beziehungslosigkeit, Machtkämpfen oder nimmt dir alles Leben. Sie unterbindet Nähe und Erfolg. Sie sorgt dafür, dass du nicht aufgearbeitete sexuelle Regungen für Familienmitglieder unbewusst auf deinen Partner überträgst, was aufgrund der Tabuisierung der ursprünglichen Gefühle zu Leblosigkeit, Abscheu oder mangelndem sexuellen Interesse führt. Du ziehst deine Libido von deinem Partner ab und setzt deinen Schwerpunkt vielleicht sogar außerhalb deiner Beziehung.

21. *Angst vor deiner Lebensaufgabe:* Diese Angst kann sehr große Fallen aufstellen oder Verschwörungen verursachen. Du bedienst dich ihrer in dem Glauben, deiner Lebensaufgabe nicht gerecht werden zu können. Deine Angst ist eine der Hauptursachen aller großen Probleme.

22. *Angst vor der Beziehungsaufgabe:* Du fürchtest dich vor dem Umfang eurer Aufgabe. Ihr habt versprochen, mit eurer Partnerschaft eine Gabe ins Leben zu bringen. Das kann ein Kind oder etwas anderes sein, was von eurer Liebe erschaffen wird.

23. *Vorwand:* Das Problem ist ein Vorwand. Du glaubst, aufgrund deiner Schwierigkeiten könne niemand etwas von dir verlangen. Das erlaubt es dir, etwas Bestimmtes zu tun oder zu lassen.

24. *Schwelgerei:* Dein Problem gibt dir die Erlaubnis, dich bestimmten Vergnügungen hinzugeben. Diese Vergnügungen können körperlicher, emotionaler oder sexueller Art sein. Du verordnest sie dir als Mittel gegen deinen Schmerz und dein aufopferndes Verhalten, aber sie blockieren deine Fähigkeit, etwas anzunehmen, laugen dich aus und verursachen Schuldgefühle – was einen Teufelskreis aus Aufopferung und Schwelgerei in Gang setzt.

25. *Liebesbeweis:* Manchmal sind wir der irrigen Meinung, wir könnten mit unserem Leid beweisen, wie sehr wir einen anderen Menschen lieben.

26. *Der Wunsch, etwas Besonderes zu sein:* Du nimmst dich selbst wichtiger als deinen Partner oder eure Zweisamkeit. Du sorgst dafür, dass sich in eurer Beziehung alles

nur um dich dreht. Dein Problem macht dich irgendwie zu »etwas Besonderem«.

27. *Selbstangriff*: Das Problem und der Schmerz sind eine Art Attacke auf dich selbst.

28. *Negative Überzeugungen*: Ohne sie gäbe es keine schlechten Erfahrungen. Widrige Umstände sowie die daran Beteiligten spiegeln deine negativen Ansichten über dich selbst wider, da alle Überzeugungen Selbstkonzepte sind. Diese wiederum zeigen, wie du deine Umwelt wahrnimmst und erlebst.

29. *Konkurrenzdenken*: Dies ist die Folge des Verlusts von Verbundenheit und liegt allen Konflikten zugrunde.

30. *Rollen*: Wenn du eine Rolle spielst, kompensierst du damit Gefühle von Schuld und Versagen, die in deiner Ursprungsfamilie entstanden sind. Dann gibst du, ohne annehmen zu können. Das führt dazu, dass du dich tot und ausgebrannt, träge und müde fühlst: Wenn du dich bemühst, in deiner Beziehung einer bestimmten Rolle gerecht zu werden, ist das, als würdest du eine Rüstung tragen, die zwischen dir und deinem Partner steht.

31. *Familienrollen*: Die Protagonisten »Held, Opfer und Sündenbock« (»der Böse«) beruhen auf Schuldgefühlen, die anderen Besetzungen »Charmeur, Clown und Maskottchen« sowie »Verlorener, Verwaister und Unsichtbarer« basieren auf Schuld- und Minderwertigkeitsgefühlen. Diese Rollen sind eine Form von aufopferndem Verhalten. Du spielst sie, um deine Sippe zu »retten«, die dir wichtiger ist als du selbst.

32. *Sich verstecken:* Dein Problem liefert dir den Vorwand, um dich zurückzuziehen, dein Licht unter den Scheffel zu stellen und nicht »mitmachen« zu müssen.

33. *Transferenz:* Alle Probleme stammen aus der Vergangenheit. Es handelt sich um Lektionen, die du noch nicht gelernt hast, und um alte Traumata, die du in dir trägst und die in dir weitergären. Du überträgst ein altes Problem in die Gegenwart. Nun hast du die Gelegenheit, es zu heilen und mitsamt seiner Wurzel auszureißen. Wenn du es dort packst, kannst du es restlos beseitigen.

34. *Rechthaberei:* Du willst zeigen, dass du recht hast, obwohl es dir schadet. Du möchtest etwas beweisen, an das du glaubst und in das du viel investiert hast.

35. *Auf meine Art:* Du benutzt eine Situation, um deinen Kopf durchzusetzen, oder nutzt sie als Freibrief, um die Dinge künftig auf deine Art regeln zu können.

36. *Autoritätskonflikt:* Dein Problem ist eine Flucht, ein Akt der Rebellion gegen eine Autoritätsperson. Dabei könnte es sich um deinen Partner, deine Eltern oder Gott handeln. Höchstwahrscheinlich geht es um alle Genannten.

37. *Karma:* Dieses Problem ist die Folge eines alten Musters, das du aufgrund von Fehlern und lieblosem Verhalten geschaffen hast. Es könnte aus früheren Beziehungen, deiner Kindheit oder einer noch früheren Zeit stammen.

38. *Innerer Konflikt:* Der äußere ist die Folge eines inneren Konflikts. Dieser schürt deine Angst vor dem Fortschritt. Ein Teil deines Geistes glaubt, er könne etwas verlieren

oder seine Bedürfnisse würden nicht erfüllt, wenn du dich so weiterentwickelst, wie das ein anderer Teil deines Geistes will.

39. *Aufopferung:* Das Problem ist, dass du dich aufopferst. Du gibst, aber schließt dich dennoch sowohl vom Geben als auch vom Nehmen aus.

40. *Der Wunsch nach Aufmerksamkeit:* Du benutzt das Problem, um Aufmerksamkeit zu erheischen. Aufgrund deiner Bedürftigkeit, deiner Einsamkeit und deines Mangels an Liebe benutzt du eine bestimmte Situation, um dir Liebe zu holen.

41. *Trennung:* Alle Probleme sind eine Folge der Trennung. Trennung gebiert Probleme, und diese sind wie ein Keil, der die Trennung aufrechterhält. Wo Liebe und Verbundenheit herrschen, lösen Probleme sich auf, denn sie sind ein Ruf nach Hilfe.

42. *Test:* Du willst mit deinem Problem prüfen, ob sich dein Partner richtig verhält.

43. *Projektion:* In dieser Situation projizierst du eigene Persönlichkeitsanteile, die du verurteilst, auf deinen Partner und auf andere Menschen. Es wird Zeit, dass du diese Projektionen zurücknimmst, dir vergibst und entscheidest, ob du dich weiter damit quälen oder deinem Partner einfach helfen willst.

44. *Angst vor der verbindlichen Entscheidung:* Du schließt dich selbst aus, weißt dich nicht zu schätzen und glaubst deshalb, weder du noch andere hätten ständige Aufmerk-

samkeit verdient. Das macht dich skeptisch, wankelmütig und ängstlich, wenn es um Nähe und Partnerschaft geht. Dein Ego hat dir falsche Vorstellungen eingeflüstert, und nun fürchtest du, deine Freiheit zu verlieren. Die Wahrheit ist, dass du zwar deine Unabhängigkeit verlieren, aber Interdependenz – gegenseitige Abhängigkeit – gewinnen wirst. Dadurch wirst du dich sowohl auf inneren als auch auf äußeren Ebenen aufmerksamer, freier und reicher fühlen.

Wir werden noch einige dieser Prinzipien genauer untersuchen. Doch sobald du dir dieser verborgenen Dynamiken bewusst geworden bist, kannst du die Verantwortung für dein Problem übernehmen und aufhören, andere zu verurteilen oder ihnen die Schuld zu geben – besonders deinem Partner. Deine Eigenverantwortung erleichtert es dir, deinem Gegenüber und dir selbst zu verzeihen, damit du die Lösung findest, statt das Problem zu kultivieren.

Vergib dir, dass du dir diese Fallen stellst, und entscheide dich für das Weiterkommen. Der nächste Schritt ist immer besser. Nur die Angst, es könne nicht mehr besser werden, als es ist, hält euch davon ab, euch weiterzuentwickeln.

Die Ökonomie der Beziehungen sorgt dafür, dass der Konflikt zwischen dir und deinem Partner sich auflöst, wenn du einen Fortschritt machst und die darauf folgende Heilung euch auf die nächsthöhere Stufe hebt. Während du einen solch entscheidenden Beitrag zu eurer Beziehung leistest, wird dein Partner ebenso wichtige Beiträge leisten – für gewöhnlich in anderen Bereichen. Das, was du ihm gibst, kommt euch beiden, eurer Beziehung und eurer Familie zugute. Du eröffnest dir damit die Möglichkeit, besser empfangen zu können. Wenn du gibst, erhöht das die Verbundenheit zwischen euch. Es ist ein weiterer Schritt auf eurem Weg in den Himmel.

Schlüsselerkenntnisse

- Wenn du die volle Verantwortung für eine Situation übernimmst und sie sofort deinem höheren Bewusstsein oder dem Himmel zur Klärung übergibst, kannst du falsche Entscheidungen rückgängig machen.
- Indem du dich verstehen lernst und dir die in diesem Kapitel beschriebenen unterbewussten Schlüsseldynamiken vergibst, kannst du diese Blockaden überwinden und in deinen Beziehungen mehr Nähe und Glück haben.

31
Verantwortung übernehmen

Dieses kurze Kapitel zeigt dir eine spirituelle Lösung für all deine Probleme. Die Methode scheint simpel, ist aber wirkungsvoll: *Du übernimmst »einfach« die volle Verantwortung für die Situation – so, wie sie gerade ist.* Das beseitigt wirkungsvoll Schuldzuweisungen und -gefühle, die verhindern, dass die Gnade wirken kann. Wenn du niemandem die Schuld gibst und auch selbst keine Schuldgefühle hast, bist du viel empfänglicher für dich selbst und deinen Partner. Das macht eine offene, aufrichtige und liebevolle Kommunikation möglich.

Findest du es nicht wunderbar, wenn dein Partner empfänglich für dich ist? Und findest du es nicht wunderbar, wenn du empfänglich für deinen Partner bist? Das ist eine Folge der Verantwortung, der Zärtlichkeit und Nähe, die entstehen, wenn du die Selbstangriffe eingestellt hast.

Deine Verantwortung verleiht dir Kraft und eine größere Reife. Sie macht dich für andere, die Natur und den Himmel empfänglich.

Sobald du die volle Verantwortung für die Situation übernommen hast, solltest du nicht weiter daran festhalten.

Übergib sie sofort dem Himmel und deinem höheren Bewusstsein zur Klärung. Wenn du an Schuldgefühlen und -zuweisungen festhältst, kämpfst du nur mit anderen und dir selbst und verhinderst, dass die Gnade wirken kann.

Indem du die Verantwortung übernimmst und das Problem sofort übergibst, betrittst du das Reich der Wunder – die Antwort des Himmels auf all deine Probleme.

Wunder »stehen dir zu«, aber du hast diese Gabe und Macht in die hinterste Ecke deines Unterbewusstseins verbannt. Nun wird es Zeit, sie zurückzuholen. Was hast du schon zu verlieren – außer deinen Problemen? Das Ego braucht Schwierigkeiten, um sich aufzubauen, aber du bist so viel mehr als dein Ego und brauchst diese nicht mehr.

Schlüsselerkenntnisse

- Alle Probleme, auf die du in deiner Beziehung oder ganz allgemein im Leben stößt, lassen sich dadurch lösen, dass du die volle Verantwortung für die Situation übernimmst – so, wie sie gerade ist.

- Wenn du die Verantwortung übernimmst, verleiht dir das Kraft und eine größere Reife.

- Indem du das Problem dann sofort übergibst, betrittst du das Reich der Wunder – die Antwort des Himmels auf all deine Schwierigkeiten.

32

Projektionen heilen

Jetzt wird das Wesen der Projektion untersucht oder wie unser Geist mit den Eigenschaften umgeht, die wir an uns selbst nicht leiden können. Anschließend wird gezeigt, wie wir unser Umfeld mit der Projektion unserer Selbstkonzepte bevölkern, aber auch, wie wir diese Projektionen zum Positiven verändern können. Dies ist eins der nützlichsten aller Beziehungsprinzipien. Es hilft dir, das Leben in deinem Partner, nicht den Partner in deinem Leben zu verändern. Eva-Maria Zurhorst, die auch eines meiner Seminare besucht hatte, schrieb einen Bestseller, der dieses Thema behandelt.* Das Prinzip, das ich hier vorstelle, besagt: Du kannst die Charakterzüge und Marotten deines Partners ändern, die dich verrückt machen, *weil es in Wirklichkeit deine eigenen sind*. Ich habe häufig gesehen, wie die weiter unten beschriebene Übung Beziehungen, in denen Unfrieden herrschte oder die drauf und dran waren, auseinanderzubrechen, völlig verändert hat. Nach nur fünfzehn Minuten sahen diese Menschen ihren Partner in einem völlig neuen Licht!

* Zurhorst, Eva-Maria: *Liebe dich selbst und es ist egal, wen du heiratest*, Goldmann Arkana, München 2004.

Du kannst dieses Heilprinzip Tag für Tag auf die Menschen in deinem Umfeld anwenden. So wirst du ihnen, »der Welt« und dir selbst helfen und erkennen, dass du im Leben etwas bewegst.

So heilst du deine Projektionen

Um Projektionen zu heilen, musst du zuerst *die Verantwortung für deine Wahrnehmung* übernehmen. Das, was du siehst und hörst, sind deine Projektionen. Du schickst dein Denken in die Welt hinaus. Die Negativität, die du siehst, ist deine eigene. Die Wut und die Angriffe, die du erfährst, sind deine eigenen. Auch die Gaben und die Größe, die du erkennst, sind deine eigenen Charakterzüge, obwohl du sie fürchtest und verurteilst.

Die Trennung in deinem Kopf zwischen dem Teil von dir, mit dem du dich identifizierst, und demjenigen, von dem du dich distanzierst, entspricht der Distanz zwischen dir und deinem Partner.

Du trägst genau wie wir alle so viele Selbsturteile mit dir herum, dass du die verurteilten Anteile abgespalten hast. Dann hast du sie verdrängt, in die Welt hinausprojiziert – und tust nun so, als gehörten sie nicht zu dir.

Ich habe mich dieser Sichtweise schon viele hundert Male mit großem Erfolg bedient. Mag sein, dass es dir weit hergeholt und unwahrscheinlich erscheint, aber versuch es einmal damit. Es wird dir das Leben sehr erleichtern und Wunder in deiner Beziehung wirken.

Wenn alles eine Projektion ist, dann ist dein *Partner* der *Spiegel deines Denkens*. Du könntest in ihm jenen wichtigen Seelenanteil erkennen, den du zurückgewinnen willst. Sofern dein Partner ein Lebensgefährte ist, gibt es genug zu entdecken und zu heilen, dass es für ein ganzes Erdendasein reichen mag. Ihr könnt unter- beziehungsweise unbewusste Gegensätze und Urteile überwinden, bis nur noch der süße Friede und die Freude einer tiefen Liebe übrig bleiben. Gleichzeitig wird dein Partner allmählich jene Gaben entwickeln, die *du dir* im Laufe eines Lebens angeeignet hast – und umgekehrt.

Sobald du weißt, wie man Projektionen heilt, kannst du das Prinzip auch auf Expartner, Familienmitglieder, Arbeitskollegen und andere anwenden. Am kostbarsten aber ist das Wissen, dass du nun in der Lage bist, eine chronische Quelle des Streits oder der Unzufriedenheit zwischen dir und deinem Partner zu beseitigen. In Beziehungen, in denen auch nur ein Funken Bereitschaft vorhanden ist, hat diese Methode noch nie versagt. Das Prinzip allein rettet zahlreiche Ehen. Denn wenn sich deine Wahrnehmung verändert, verändert sich auch deine Erfahrung und damit die Wirklichkeit für dich und deinen Partner.

Übung: Es ist ganz einfach

- Fertige eine Liste der Charakterzüge an, die dich an deinem Partner wirklich stören:

  1. _____

  2. _____

  3. _____

  4. _____

  Und so weiter.

- Stell dir nun einen der Charakterzüge deines Partners vor und *nimm die Projektion zurück*. Gesteh dir ein, dass auch du diese Eigenschaft besitzt (was ziemlich schwierig wird, wenn du sie kompensierst). Nimm diese Eigenschaft einfach als eines deiner Selbstkonzepte an. Der nächste Schritt wird dir dabei helfen:

- Denk, um deine Projektion zurückzunehmen, darüber nach, ob du das, was du deinem Partner ankreidest, nicht auch selbst tust. Oder das genaue Gegenteil davon – dass du lieber sterben würdest, als jemals so etwas zu tun. Vielleicht trifft auch beides zu. Wenn du es als schreckliche Beleidigung empfindest, irgendjemand könne glauben, du hättest diese Eigenschaft, dann ist das ein sicheres Zeichen für Kompensation. Du tust also das Richtige, tust Gutes und hast dafür eine Belohnung verdient. Doch da es sich um eine Kompensation handelt, bleibt die Belohnung aus. Frag dich jetzt, wie viele deiner Selbstkonzepte ebenjenen Eigenschaften entsprechen, die dich an deinem Partner stören.

- Mach dir bewusst, wie du dich wegen dieser Selbstkonzepte quälst, ganz gleich, ob du die negativen Eigenschaften nun kompensierst oder sie von Zeit zu Zeit auslebst. Nun kommt die entscheidende Frage: Möchtest du dich weiter quälen und die Trennung zwischen dir und deinem Partner aufrechterhalten – oder möchtest du all das einfach hinter dir lassen und deinem Partner helfen? Wenn du ihm nicht hilfst, wird euer beider Leben voller Urteile und Leid sein.

- Geh zu deinem Partner und nimm ihn in den Arm. Sollte das aus irgendeinem Grund nicht möglich sein, dann stell es dir vor. Gib ihm deine Liebe und deine Hilfe.

- Mach diese Übung mit allen Charakterzügen auf deiner Liste und prüfe, wie dein Partner anschließend auf dich wirkt.

Diese einfache Übung kann tief greifende Auswirkungen auf dein Leben haben, wenn du deine negativen Wahrnehmungen und Urteile umwandelst.

Schlüsselerkenntnisse

- Alles, was du in deinem Partner siehst, trägst du auch in dir. Vielleicht ist es versteckt, aber es ist da. Dein Partner ist ein Spiegel deines Denkens.

- Es ist unerlässlich, dass du die Verantwortung für deine Wahrnehmung und für deine Projektionen übernimmst.

33
Affären

Jetzt wird untersucht, was einen der Partner dazu veranlasst, Affären zu haben. Seitensprünge deuten darauf hin, dass in der Beziehung die Gelegenheit zum Fortschritt verpasst wurde. Man kann das Fremdgehen als Scheideweg betrachten. Wirst du dich weiterentwickeln oder eine andere Richtung einschlagen?

Dieses Kapitel will dir dabei helfen, zu entscheiden, ob du gehen oder bleiben sollst, wenn dein Partner eine Liebschaft hat und du diese Frage nicht sofort beantworten kannst. Es zeigt dir, wie du unabhängig von deiner Entscheidung die Folgen der Affäre deines Partners heilen kannst. Es untersucht auch Möglichkeiten der Heilung, falls du der untreue Partner bist.

Meine persönliche Erfahrung

Als ich noch Junggeselle war, verging mir irgendwann die Lust auf monogame Beziehungen, weil ich nicht gelernt hatte, die tote Zone zu überwinden. Mein Leben war der Inbegriff des Singledaseins. Ich hatte viele Partnerinnen und erzählte allen offen und ehrlich, dass ich mich auch mit anderen Frauen traf.

Doch nach fünf Jahren »Recherche« wurde mir klar, dass ich mich immer mehr von meinen Gefühlen abspaltete und mich immer weniger an anderen Menschen erfreuen konnte. In dieser Zeit recherchierte ich viel in Sachen Versuchung. Ursprünglich dachte ich, der Sinn und Zweck der Versuchung sei es, ihr nachzugeben. Doch einmal gab ich – wiederum zu »Forschungszwecken« – der Versuchung nicht nach, sondern richtete meine Energie weiterhin auf meine Partnerin. Ich genoss den Kontakt und die Freundschaft zu diesem neuen Menschen, die viel länger hielt als die meisten meiner Liebschaften. Anschließend beobachtete ich erstaunt, wie meine Freundin in den nächsten beiden Wochen genau jene offenherzige Zärtlichkeit entwickelte, die mich außerhalb unserer Beziehung gereizt hatte. Meine Neugier war geweckt, und ich untersuchte dieses Phänomen immer dann, wenn ich in Versuchung geriet. Ich richtete meine Energie bewusst wieder auf meine Partnerin, und das Ergebnis war stets dasselbe: Schon bald entwickelte sie genau den Charakterzug, der mich gereizt hatte. Dieses Wissen ist mir in meiner Ehe eine große Hilfe, und es lässt mich nie im Stich.

Damals wurde mir klar, *dass in einer festen Beziehung die Chance, glücklich zu werden, am größten ist,* und dass es für mich Zeit war, mit einer Partnerin zusammenzuleben, bei der die Hoffnung bestand, dass ich mit ihr die tote Zone überwinden konnte. Als ich den Unabhängigen spielte, war ich zumindest so ehrlich, mir die Dissoziation und Störung meines Verhaltens einzugestehen. Das glamouröse Singleleben konnte mich nicht mehr locken. Ich wünschte mir mehr Tiefgang in einer Beziehung, und ich fand ihn. Ich wollte mir selbst, meiner Ehe und meiner Partnerin treu bleiben und deshalb noch vor der Hochzeit mit dem Kapitel Affären abschließen. Ich kannte es bereits und war auf der Suche nach einem besseren Weg.

Die Attraktivität anderer Frauen führt mich auch als Ehemann noch in Versuchung, aber eine Affäre habe ich noch nie ernsthaft in Betracht gezogen. Ich habe diese Energie einfach wieder auf meine Frau gerichtet und die Vertiefung unserer Beziehung genossen. Meist war ich der unabhängige Partner und litt unter den damit verbundenen Versuchungen, aber ich vertraute darauf, dass ich treu bleiben würde, und ich wollte nichts tun, was meine Frau oder meine eigene Integrität verletzen würde.

Ich hatte mit vielen Menschen gearbeitet, deren Eltern fremdgegangen sind, als sie klein waren, und ich wollte weder meinen Kindern noch meiner Frau etwas Derartiges zumuten. Stattdessen verschenkte ich mich immer wieder von ganzem Herzen an meine Frau. Das, was ich gebe, bekomme ich in Form der Liebe und Ergebenheit von ihr zurück.

Das Wesen von Affären

Affären können beiläufig oder von Leidenschaft getrieben sein. Sie kommen uns aufregend, heimlich und gefährlich vor, aber Drama, Schmerz, Schuld, Streit und Ernüchterung folgen auf dem Fuße. Außerdem läufst du Gefahr, alles zu verlieren, was du dir in deiner Beziehung und möglicherweise auch in deiner Karriere aufgebaut hast.

Seitensprünge sind zum Teil auch deshalb so reizvoll, weil du nicht zulassen willst, dass sich alle Stadien der Sexualität in deiner Ehe entfalten. Sofern du nicht schon zuvor Herz und Geschlechtsorgane voneinander getrennt hast, ist der Sex zu Beginn einer Beziehung sehr aufregend, vor allem als ganz junger Mensch: Du hast Sex mit einem anderen, obwohl du vielleicht jahrelang davor beziehungsweise vor den Folgen gewarnt worden bist. Die gesellschaftlichen Tabus und die Trennung der Geschlechter früherer Zeiten erzeugten sehr viel Energie, Anziehung und den Reiz verbotener Früchte. Dieses erste Stadium ist bezaubernd, und wenn du nicht bereit bist, zum zweiten Stadium der Sexualität überzugehen, deinen Partner ehrlich zu lieben und ihn dort abzuholen, wo er sich emotional gerade befindet, wirst du versuchen, jenes erste, scheinbar aufregendere Stadium der Sexualität zurückzuholen. Du suchst das Ausgefallene oder Verbotene, und Affären bringen die Anziehungskraft und den Reiz des Verbotenen zurück. Das zweite Stadium der Sexualität ist eine große Herausforderung und verbindet dein Herz wieder mit deiner Sexualität. Doch wenn ein Mensch nicht zu diesem Schritt und zu größerer Nähe bereit ist, wird er weiter dem Reiz der »verbotenen Früchte« nachjagen, den Seitensprünge zu bieten scheinen.

Ich weiß von Verhältnissen, mit denen einer der Partner das Ende der Beziehung signalisierte. Ich weiß aber auch von Affären, welche die Kommunikation neu entfachten und so zu einer völlig neuen Entscheidung für die Partnerschaft geführt haben. Ich kenne wiederum andere, die Teil eines Streits und manchmal der verzweifelte Versuch waren, die Leblosigkeit im Dasein an sich und in der Beziehung abzuschütteln. Ich sehe Eheleute, die dem Fremdgehen ihrer Partner gleichgültig gegenüberstehen, und andere, die in (selbst)mörderische Wut verfallen. Affären können so herzzerreißend sein, dass manch einer sich ein Leben lang nicht mehr davon erholen will. *Sie können aber auch eine Lektion bedeuten, die beide Partner recht schnell lernen und hinter sich lassen.*

Versuchung als Ablenkungsmanöver

Wenn eine Beziehung endlich die Chance auf einen Durchbruch hat, dann liegt das oft daran, dass dein Partner kurz davor ist, einen der Charakterzüge zu entwickeln, deren Fehlen du beklagtest. Für gewöhnlich bietet dir dein Ego diese Eigenschaft zur gleichen Zeit auch in Form einer externen Beziehung an. Das Ego will verhindern, dass du dich auf Nähe und Erfolg zubewegst, wenn du deine Energie weiterhin auf deinen Partner richtest. Deshalb bietet es dir das, was dir fehlt, außerhalb der Beziehung an. Wenn du der Versuchung nachgibst, spaltet sich dein Geist, und mit der Zeit können dich trotz der anfänglichen Dissoziation die Schuldgefühle zerreißen. Auf diese Weise wird das Ego aufgebaut und gestärkt.

Die Untreue eines Partners kann in jedem Beziehungsstadium verheerende Auswirkungen haben. Offenbar sind die

Folgen aber zu Beginn einer »Zweierkiste« am schlimmsten, ehe man viel über den anderen oder die entscheidende Lektion von Unabhängigkeit und Abhängigkeit weiß, die einem das Herz so sehr brechen kann. Meiner Erfahrung nach ist das Schlimmste an einem gebrochenen Herzen das Platzen der Träume. Im Mittelpunkt dieser Desillusionierung stehen die Beziehung und die enttäuschte Überzeugung, was für ein Mensch die wahre Liebe sein würde.

Oft ist die Affäre auch der Tropfen, der das Fass zum Überlaufen bringt, und dient als Vorwand, um die Partnerschaft zu beenden oder den verletzten Partner wütend genug zu machen, dass er sich die Kontrolle und seine Unabhängigkeit zurückholt. Die gefährlichste Zeit ist stets der Wechsel von Unabhängigkeit und Kontrolle, da es dann am leichtesten zur Trennung kommt.

Die Entscheidung für Gleichberechtigung

Beide Partner müssen sich immer wieder neu für die Gleichberechtigung entscheiden. Gleich zu Beginn meiner ersten »richtigen« Beziehung wurde meine Partnerin (die Unabhängige) mir untreu. Ich war am Boden zerstört, und mein Herz brach. Wenn ich so zurückblicke, entsprach das Ausmaß meiner emotionalen Abhängigkeit ihrem Mangel an sexueller Integrität. Nachdem ich verstanden hatte, inwiefern ich mich dieser Vorfälle bediente, um selbst unabhängig zu werden, konnte ich ihr vergeben und mich befreien.

Als mein Herz brach, durchlebte ich auch viele Herzensbrüche aus meiner Kindheit noch einmal. Ich besaß das Muster schon, bevor ich meine Freundin kennengelernt hatte, und war blind und ahnungslos darin gefangen gewesen. Damals war mein Herz so stark gebrochen, dass ich den Schmerz gerade so ertragen konnte, ohne selbstzerstörerisch zu werden. An diesem Punkt in meinem Beziehungsleben wurde mir klar: Wenn ich kein Experte für Beziehungen werden würde, könnte ich sie vermutlich nicht überleben. Der Seitensprung meiner Freundin veranlasste mich dazu, etwas über gebrochene Herzen, Gefühle und unsinnige Muster zu lernen. Kurz gesagt, ich fing an, meine Beziehungen und die Schmerzen meiner Kindheit zu heilen.

Investiere in deine Beziehung

Es gibt eine altbekannte Story über Affären, die den Nagel auf den Kopf trifft. Es ist die Geschichte von Goldie und Abie, einem seinerzeit jungvermählten Pärchen aus Long Island.

In der Hochzeitsnacht sagte Goldie im ersten Aufblühen ihrer Liebe zu Abie: »Abie, würdest du jedes Mal, wenn wir ›es tun‹, eine Kleinigkeit für mich auf den Nachttisch legen?«

»Was?«, rief Abie. »Du bist meine Frau. Ich muss nichts auf den Nachttisch legen!«

»Abie«, warf Goldie ein, »bitte, wenn du mich liebst, dann leg eine Kleinigkeit für mich auf den Nachttisch.«

»Also gut«, gab Abie nach.

Vierzig Jahre später setzt Abie sich zur Ruhe. Er sieht Goldie in die Augen und sagt: »Nach vierzig Jahren Arbeit habe ich gerade so viel Geld, dass wir unseren Lebensabend in einem kleinen Cottage verbringen können.«

Goldie strahlt, während sie sagt: »Abie, weißt du noch – das ganze Geld, das du mir auf den Nachttisch gelegt hast? Ich habe es gespart; und nun können wir uns statt des kleinen Cottages ein richtiges Haus leisten.«

Da springt Abie auf und ruft: »Verdammt, wenn ich das gewusst hätte, hätte ich mein ganzes Geld in dich investiert ...!«

Du könntest sehr viel Energie in deine Beziehung stecken. Wenn du sie für andere Dinge aufwendest, verpasst du die Gelegenheit, mehr Heilung, Gesundheit, Glück und Überfluss zu erzeugen. Du kannst dein Bewusstsein mit müßigen Phantasien, Bedauern, Schuldgefühlen oder Integritätsverlust spalten oder etwas von bleibendem Wert schaffen.

Du magst auf vielfältige Weise in deiner Energie schwelgen und sie verschwenden – durch die Beschäftigung mit Pornographie, die Hingabe an Hirngespinste, Kauforgien, durch das Ansammeln von Besitztümern und zu viel Arbeit. *Doch all diese Energie könntest du auch auf deinen Partner richten und in ihn investieren.* Jedes Mal, wenn du einen Schritt nach vorn machst, entsteht ein weiteres Band zwischen dir und deinem/deiner Liebsten. Allmählich wirst auch du eine seiner/ihrer Gaben oder Fähigkeiten entwickeln – und umgekehrt. Dank eurer Verbundenheit und des damit einhergehenden Fortschritts kreiert ihr daraufhin gemeinsam eine völlig neue Gabe.

Nach jedem gebrochenen Herzen können euch neue Flitterwochen für das Gelernte, die Heilung und das Wachstum belohnen. Je vollständiger deine Heilung ist, desto liebevoller und friedlicher wird eure Beziehung sein, und im Laufe eines Lebens kannst du etwas Tiefes und Bedeutungsvolles aufbauen.

Gehen oder bleiben?

Affären haben noch weitere Aspekte, die ich in den Kapiteln 38 und 39 behandeln werde. Doch kehren wir nun zu deinem aktuellen Problem zurück. Stellen wir uns vor, dein Partner hat dich »betrogen«. Nun musst du entscheiden, ob du die Verbindung aufrechterhalten willst und ob »sie es dir immer noch wert ist«.

Wenn dein Partner eine Affäre hat, befindet sich die Beziehung am Scheideweg. Wirst du weiter an ihrem Aufbau arbeiten, oder wirst du aufgeben und in dem Seitensprung ein Zeichen sehen, dass du in die falsche Richtung gegangen bist? Manchmal musst du zuerst einen Teil des Schmerzes oder die ganze Pein beseitigen, ehe du die Antwort auf diese Frage findest.

Für das Bleiben spricht, was du bereits in die Zweisamkeit investiert hast. Vielleicht sind Kinder betroffen. All das muss berücksichtigt werden, bevor du entscheiden kannst, ob du deinen Partner verlassen oder bei ihm bleiben willst. Wenn du dich immer weiterentwickelst und nicht in deinem Schmerz stecken bleibst, wirst du die Antwort finden, ohne dass du eine bewusste Entscheidung treffen müsstest. Mit jedem Schritt schwindet der Schmerz, und die Affäre rückt in die realistische Perspektive. Die Heilung verwandelt den hinter der Affäre verborgenen Schmerz in Wissen und Weisheit!

Doch indem du dich von deinem Schmerz abspaltest, statt dich damit auseinanderzusetzen, und die Rolle des Unabhängigen spielst, indem du entweder gehst oder die Kontrolle über eure Beziehung an dich reißt, *sparst du dir den Schmerz nur für später auf.*

Setzt du deine Heilung immer weiter fort und entwickelst du dich immer weiter, ohne dich an ein bestimmtes Gefühl zu klammern, wirst du wissen, ob diese Affäre nur ein Umweg auf dem Pfad zum Glück, ein Sprungbrett zu einer besseren Beziehung oder einfach ihr Ende ist.

Sobald du erkannt hast, dass dies das Ende der Angelegenheit ist, und deine »Hausaufgaben in Sachen Heilung« gemacht sind, wird die Trennung gütlich verlaufen; und weder die Beziehung noch die Affäre werden dich zurückhalten. Dein künftiger »Ex« wird dein Freund bleiben und karmisch gesehen immer zu »deiner Mannschaft« gehören. Während er weiter reift, wirst auch du Fortschritte machen – und umgekehrt.

Übung: Schritte zur Heilung von Affären

Wenn dein Partner eine Affäre hat, kannst du folgendermaßen vorgehen, um die Situation zu einem Lernschritt in eurer Beziehung zu verwandeln:

- *Übernimm* zuerst *die Verantwortung* für das Geschehen. Sieh von Schuldzuweisungen, Angriffen und Aggression dir selbst gegenüber ab, sonst kommst du nicht weiter. Manchmal dienen Wut und Verletzung dazu, heimlich an etwas festzuhalten, und ebendiese Fixierung ist Teil des Problems. Nur wenn du die Verantwortung übernimmst, bist du »unschuldig« und hast die Macht, kannst dich sowie deine Beziehung erneuern und zum Besseren wenden.

- Wenn dein Partner eine Affäre hat, befindest du dich in der Position des Abhängigen. *Die Lösung besteht nun eben nicht darin, die Rolle des Unabhängigen einzunehmen.* Das wäre ein Schritt zur Seite, um die Kontrolle an dich zu reißen und dafür zu sorgen, dass dein Partner nicht so wichtig ist wie du. Wenn du ihn abwertest, degradierst du auch eure Beziehung und dich selbst. Das ist eine psychologische Sackgasse. Es wäre besser, stattdessen deine Gefühle und die Beziehung zu heilen. Es sind deine Gefühle. Sie können dich zurückhalten, aber wenn du sie heilst, wird dein Herz noch lebendiger, du öffnest dich und erreichst eine höhere Stufe in der Beziehung. Übernimm die Verantwortung dafür, dass du dich in der Position des Abhängigen befindest. Entscheide dich für die Gleichberechtigung, dafür, das nächste Stadium in deinem Leben und in deinen Beziehungen zu erreichen. Das ist immer besser.

Setz dich mit deinen Gefühlen auseinander, indem du sie entweder durchlebst, bis du Frieden findest, oder sie loslässt. Menschen mit einer starken spirituellen Verbindung können ihre Gefühle Schicht für Schicht dem Himmel übergeben, bis nur noch die Liebe übrig bleibt. Wenn du dich in diese Richtung bewegst, liegst du immer richtig.

- Die Affäre deines Partners ist entweder Ausdruck eines Streits oder eines Versuchs des Egos, die Leblosigkeit in der Beziehung auf eine Art und Weise zu lösen, die nur noch mehr Probleme verursacht. Diese Liaison offenbart eure *Angst vor Nähe und dem nächsten Beziehungsschritt*, und zwar sowohl bei dir als auch bei deinem Partner. Es handelt sich dabei um eine Art Selbstangriff und -bestrafung. Du peinigst dich wegen einer alten, fälschlicherweise empfundenen Schuld. Frag dich also,

  - wie alt du warst, als die Selbstangriffe ihren Anfang nahmen.

  - Wer war dabei?

  - Was geschah, als du anfingst, dich selbst zu attackieren?

  - Was passierte, als du die Entscheidung getroffen hast, dich zu bestrafen?

  - Wie alt warst du, als du die Entscheidung getroffen hast, dich zu bestrafen?

  - Wer war dabei?

Auf jeden Fall war deine Entscheidung falsch. Du hast die negativen Gefühle der anderen Beteiligten auf dich genommen.

- Frag dich angesichts der Situation, die deine Selbstangriffe ausgelöst hat, welche Gabe du mitgebracht hast, um die Autoaggression aller Beteiligten zu heilen. Sieh dich, wie du warst, ehe etwas Negatives geschehen war, und nimm deine Gabe an. Gib sie an alle Beteiligten weiter. Nimm das positive Gefühl mit in die Gegenwart. Die »Alternative« dazu ist, die in der Situation vorhandene Selbstbestrafung auf sich zu nehmen – und genau das hast du ja wohl getan.

- Wenn du Schmerzen hast, dich ungeliebt oder bedürftig fühlst, dann frag dich,

  - wie alt du warst, als diese Gefühle ihren Anfang nahmen.

  - Wer war daran beteiligt?

- Wenn du wüsstest, was damals geschah, dann war das ...

- Welche Gabe hast du mitgebracht, um alle Beteiligten zu befreien? Nimm diese Gabe an und gib sie an alle Betroffenen weiter. Transportiere das positive Gefühl in die Gegenwart.

- Wenn du wüsstest, wann das, was zu diesem Seitensprung geführt hat, in deinem Leben seinen Anfang genommen hat,

  - dann war das vermutlich im Alter von ...

  - Wer war daran beteiligt?

- Wenn du wüsstest, was damals geschehen ist,

  - dann war das vermutlich ...

- Welche Meinung hast du dir aufgrund dieses Vorfalls über dich selbst gebildet?
- Welche Meinung hast du dir über das Leben gebildet?
- Über Beziehungen?
- Über Männer?
- Über Frauen?
- Und über Sex?
- Was würdest du von nun an tun *müssen*?

Du könntest beschließen, dich von allen diesen Überzeugungen zu befreien, und überlegen, woran du stattdessen glauben willst. Du könntest neu entscheiden, was du anstelle der Dinge, die du tun *musst*, lieber tun *willst*. Die Entscheidung, etwas tun zu *müssen*, ist kontraproduktiv, selbst wenn es sich dabei um Positives handelt. Sie wird zu einer Erwartung, hinter der sich Forderungen und Bedürfnisse verbergen und die bei allen Beteiligten Stress, Ausgebranntsein und einen Mangel an Befriedigung verursacht.

- Versetz dich in die ursprüngliche Situation hinein und empfange Gottes Liebe und seinen Wunsch, dass du vollkommen glücklich sein sollst. Hilf nun allen Menschen, die an dieser Situation beteiligt sind, das ebenfalls zu tun. Sieh dir an, wie das die Lage verändert. Nimm jetzt statt des negativen Musters diese Liebe und dieses Glück mit in die Gegenwart.

Du kannst diese Übung wiederholen, um herauszufinden, ob die Affäre noch andere Ursachen hat.

Wenn *du* derjenige bist, der untreu ist, solltest du folgende Überlegungen anstellen:

- Du könntest dir die essenzielle Frage stellen, ob du das deinem Partner beichten willst oder nicht. Diese Entscheidung ist von großer Bedeutung für eure Beziehung. Ich selbst ziehe es vor, die Karten auf den Tisch zu legen, damit man sieht, womit man es zu tun hat, und nichts unter den Teppich gekehrt wird. Andererseits wollen manche Menschen absolut nichts von den Seitensprüngen ihres Partners wissen. Sie glauben, dieses Wissen zwänge sie zum Handeln und manchmal auch dazu, die Beziehung zu beenden. Andere haben das Gefühl, ihr Partner schwelge noch zusätzlich in der Affäre, wenn er sie gesteht und ihnen damit so viel Leid zufügt. Sie halten die Beichte für ebenso selbstsüchtig wie das Tête-à-Tête selbst.

- Tief in seinem Innern weiß jeder Mensch, wenn der Partner ihn betrügt. Allerdings entscheidet man sich manchmal dafür, dieses Wissen nicht ins Bewusstsein dringen zu lassen. Wenn mich jemand fragt, ob er die Affäre gestehen soll, rate ich ihm, *sich für die Wahrheit und den nächsten Schritt zu entscheiden.* Das wird ihm die Antwort auf seine Frage geben. Ich empfehle ihm auch, um ein unmissverständliches Zeichen zu bitten, das ihm eindeutig zeigt, was das Beste für alle Beteiligten ist.

Vergebung ist der einzige Weg

Lass dich nicht von deiner Schuld lähmen. Es kann sein, dass dich die Selbstvorwürfe wegen der Geschichte in den Wahnsinn treiben. Es ist deine Aufgabe, sie zu heilen. *Schuldgefühle sind genau wie die Affäre selbst eine verpasste Gelegenheit, um eine neue Stufe der Nähe zu erreichen.* Wenn du deinem Verlangen nachgibst, gewährst du jenem Stückchen Ego einen Aufschub, das sich sonst zwischen euch aufgelöst hätte. Doch wenn du hinterher an Schuldgefühlen festhältst, können diese eine Mauer bilden, die für immer zwischen dir und deinem Partner stehen wird.

Mag sein, dass du einen Fehler, vielleicht sogar einen sehr großen Fehler begangen hast. *Entscheidend aber ist, dass du alles nicht noch schlimmer machst,* indem du dich an deine Schuldgefühle klammerst.

Vergib dir und allen Menschen, die in die aktuelle Situation verwickelt sind. Schuldgefühle verhindern, dass du die Lektion lernst. Sie bauschen den Fauxpas auf, was dich dazu veranlasst, dich damit entweder selbst zu kontrollieren oder die Bettgeschichte dadurch zu vertuschen, dass du eine neue anfängst oder die aktuelle fortsetzt. Diese Lösungsvorschläge des Egos funktionieren einfach nicht und führen dich in die falsche Richtung. Wenn du dich von deinen Schuldgefühlen befreist, lernst du die Lektion und lässt zu, dass mehr Liebe und eine größere Verbundenheit zu deinem Partner entsteht.

Vielleicht bist du so sehr von deinen Gefühlen abgespalten, dass du meinst, wegen der Affäre keine Schuld zu empfinden. Sie ist trotzdem da. Vielleicht bist du so »unabhängig«, dass dir tatsächlich nicht besonders viel an deinem Partner liegt und du dich deshalb egoistisch verhältst. Es sieht zwar so aus, als läge dir nicht viel an ihm und als würdest du dich vergnügen, aber in Wirklichkeit liegt dir ebenso wenig an dir selbst.

Wenn du je auf eine glückliche Beziehung hoffen willst, wirst du etwas gegen deine Unabhängigkeit und Dissoziation tun müssen. Solange du von deinen Gefühlen abgespalten bist, kannst du nicht genießen, was du hast. Du wirst weder dich selbst noch deinen Partner wirklich *fühlen*. Manchmal richtest du mit einer Affäre ein emotionales Chaos an, um wenigstens irgendetwas zu empfinden, oder du wirst noch unabhängiger und bleibst auch weiterhin von deinen Regungen abgespalten. Beide Alternativen führen in die falsche Richtung und entfernen dich vom Leben.

Es wird Zeit, dass du dich für dich und dein Leben entscheidest, sonst wirst du niemals Erfüllung finden – ganz gleich, wie viele Partner du hast.

Wenn du einen Fehler gemacht hast, kannst du daraus lernen, damit er dir in deiner Beziehung als Entwicklungssprungbrett dienen mag. Es wird Zeit, dass du dich heilst und den Fehltritt korrigierst. Falls du in einer Dreiecksbeziehung gefangen bist und nicht weißt, was du tun oder für welchen Partner du dich entscheiden sollst, dann rate ich dir, die Kapitel 34 und 39 zu lesen. Dort findest du Vorschläge, die schon oft funktioniert haben.

Sieh dir die oben beschriebenen Übungen an. Mach diejenige, die dir hilft, die Anfänge der Affäre zu erkunden. Vermutlich wirst du entdecken, dass sie in Schuldgefühlen, einem gebrochenen Herzen und Empfindungen des Ungeliebtseins wurzelt. Das sind Regungen, die für gewöhnlich zu Dissoziation und Kompensation führen: *Affären sind ein sicheres Zeichen dafür, dass du am falschen Ort nach Liebe suchst.* Dein Verlangen nach Liebe hat sich in den Wunsch, etwas Besonderes zu sein, oder in Egoliebe verwandelt. Doch das wird deine innere Leere nicht füllen. Das können nur Heilung oder wahre Liebe. Es wird Zeit, dass du aufhörst, wertlosen Plunder zu sammeln, und stattdessen in deiner Beziehung und durch deine Beziehung einen Schatz erschaffst.

Schlüsselerkenntnisse

- Eine Affäre bringt eine Beziehung meist an den Scheideweg.

- Die größte Chance, glücklich zu werden, hast du in einer festen Partnerschaft.

- Wenn du einen Menschen kennenlernst, von dem du dich angezogen fühlst, dann will dich dein Ego genau in dem Augenblick, in dem deine Beziehung kurz vor dem nächsten Schritt steht, dazu verführen, dein Bewusstsein zu spalten.

- Entscheide dich für die Gleichberechtigung mit deinem Partner und dafür, in deine Beziehung zu investieren.

- Wenn du dich nicht für dich und dein Leben entschließt, wirst du niemals Erfüllung finden – ganz gleich, wie viele Liebschaften du auch hast.

34

Entscheidung für die Beziehung

In diesem Kapitel wird erklärt, wie wichtig, ja, unerlässlich es ist, sich *verbindlich* für die eigene Beziehung zu entscheiden. Die Angst vor einer festen Bindung hat ihren Ursprung in mangelndem Selbstwertgefühl und der Unfähigkeit, andere zu schätzen.

Die Macht der Entscheidung

Jeder glücklichen Beziehung liegt die Entscheidung für diese Verbindung zugrunde. Wenn du das lernst, kannst du viel Zeit sparen und chronische Probleme mühelos überwinden. Dieses Wissen wird dich nicht nur dabei unterstützen, einen schwierigen Schritt zu machen, sondern dir auch helfen, ihn mühelos und voller Gnade zu tun. Du wirst zwar nie aufhören, das Gelernte weiter zu vertiefen, aber die verbindliche Entscheidung für die Beziehung wird dich dabei unterstützen, die anstehenden Lektionen besser zu bewältigen. Du wirst nicht mehr unmittelbar mit einem Problem konfrontiert, es rückt in die richtige Perspektive – und nachdem du die Aufgabe gelernt hast, wirst du es beim nächsten Problem oder Thema leichter haben.

Wenn du dich für deine Beziehung entscheidest, überwindest du nicht nur einen einzelnen Problemberg. Du fliegst gleich über den gesamten Gebirgszug aus Schwierigkeiten hinweg. Indem du dich für deine Partnerschaft entscheidest, belohnen dich die anschließenden Flitterwochen nicht nur für die Lösung eines einzelnen Problems, sondern dafür, dass du eine völlig neue Stufe erreicht hast.

Sagst du ja zu deiner Beziehung, bedeutet dies, dass du dich von ganzem Herzen verschenkst. Es impliziert, dass du dich vorbehaltlos für deinen Partner entscheidest. Wenn du dich trotz der Angst, der Zweifel oder Fallen ganz und gar an ihn verschenkst, erreichst du eine neue Stufe der Partnerschaft, der Nähe und des Erfolgs. Dies verbindet euch, macht alles leichter und gibt euch sowohl ein Ziel als auch Freiheit. Solange ihr weitere Fortschritte macht, wirst du immer wieder dazu aufgefordert werden, dich für deine Beziehung zu entscheiden oder deine Verpflichtung zu erneuern.

Die Beziehung bringt die Wahrheit

Wenn du dich für einen Partner entscheidest, der nicht für dich bestimmt ist, verabschiedet er sich für gewöhnlich innerhalb der nächsten Woche. In diesem Fall geht die Trennung dank des Prinzips der verbindlichen Entscheidung ohne Schmerzen, Schuldgefühle oder -zuweisungen vonstatten. Du hast ein neues Stadium erreicht, und falls dein Partner nicht mehr der richtige für dich sein sollte, wird sich die Beziehung auf dieser neuen Stufe für alle Beteiligten schnell und problemlos auflösen.

Wenn du dich für deine Beziehung entscheidest, wird dir offenbart, ob die Fortsetzung der Partnerschaft dir dienlich ist oder dich glücklich macht. Dank deiner Entscheidung leidet niemand unter Schuldgefühlen – weder du noch dein Partner oder eure Kinder, sofern ihr welche habt. In manchen Fällen findet die Beziehung auch ihr natürliches Ende in der Unschuld aller Beteiligten.

Man braucht Mut, um sich wiederholt für die Beziehung zu entscheiden, aber die Ebenen der Partnerschaft, die sich daraufhin entfalten, sind es wert. Sie bringen Schönheit, Verständnis, Bereitschaft und Liebe. Weil die Entscheidung für die Beziehung zu mehr Verbundenheit führt, stellen sich Liebe und Erfolg mühelos ein.

Alle Probleme haben ihren Ursprung in unserer Bedürftigkeit und in unseren Urteilen. Wenn du die Bedürfnisse deines Partners stillst, indem du dich für die Beziehung entscheidest, lässt du deine Urteile hinter dir. Das Problem und die dahinter verborgene Angst lösen sich in der Liebe auf, die auf dieses Geschenk folgt.

Die Entscheidung für die Beziehung beruht auf der Erkenntnis, dass dich in einer Beziehung *das Geben* glücklich macht und es dir und deinem Partner erlaubt, euch stets weiterzuentwickeln und immer weiter zu wachsen.

Wenn du aufhörst, großzügig gegenüber deinem Partner zu sein, wird er nicht mehr wachsen, und du hörst auf, glücklich zu sein. In Beziehungen können vielerlei verschiedene

Symptome auftreten. Hunderte, sogar Tausende dieser potenziellen Konflikte in deinem Kopf oder demjenigen deines Partners lassen sich dadurch heilen, dass du dich selbst rückhaltlos an ihn und eure Beziehung verschenkst.

Die Entscheidung als Möglichkeit, sich selbst zu schätzen

Die Angst vor der Entscheidung für die Beziehung beruht auf Gefühlen der eigenen Unwürdigkeit. Und wenn du dich wertlos fühlst, glaubst du, weder du noch ein anderer hätten ständige Aufmerksamkeit verdient. Dein Entschluss zugunsten der Beziehung ändert all das. Er erlaubt es dir, dich und deinen Partner zu schätzen, und sorgt für ein Gefühl des Friedens und des inneren Abenteuers. Deine Loyalität gegenüber deinem Ego schwindet – genau diesem Ego, das entschlossen ist, sich das zu holen, was es will, wobei es gleichzeitig so viel Abstand zum Partner wie möglich halten möchte. Parallel dazu wächst deine Loyalität zu dir selbst, deinem Partner und eurer Partnerschaft.

Wie gesagt ist eine Beziehung stets ausgeglichen. Je mehr du dich also für sie entscheidest, desto mehr wird das auch dein Partner tun. Wenn du glaubst, dich eindeutig für euch entschieden zu haben, dein Partner aber den Unabhängigen spielt, handelt es sich bei dir in Wirklichkeit um Abhängigkeit. Manchmal wechseln sich die Partner mit dieser Art von Dependenz ab. Zuerst will der eine heiraten, dann der andere. Ganz gleich, wie du es nennen willst – erst die Entscheidung für die Beziehung wird das nächste Stadium einläuten. Wenn du dich für die Partnerschaft entscheidest, heißt das nicht nur, dass du alles gibst, was eine sehr starke Form von Liebe ist. Es heißt auch, *dich selbst ganz und gar zu verschenken.* Das ist das wertvollste Geschenk, das du machen kannst, und es ist einer der Schlüssel zum Erfolg in Beziehungen und allen anderen Bereichen des Lebens. Wenn es ein Problem gibt, wird die Entscheidung für die Beziehung es heilen.

Ein Schritt nach vorn

Wenn du dich immer wieder für die Beziehung entscheidest, passiert etwas höchst Paradoxes. Denn jedes Mal, wenn du deinem Partner negative Gefühle entgegenbringst oder über ihn urteilst, scheint er der letzte Mensch auf Erden zu sein, für den du dich entscheiden willst. Wenn du es doch tust – und nur dann –, verändert sich deine Wahrnehmung, und dein Partner »bessert« sich. Wenn er auf irgendeiner Ebene versagt, hungert er nach dir, und nur wenn du dich ihm wahrhaftig und ohne Hintergedanken schenkst, wirst du Erfolg haben. Falls dann Probleme auftauchen, liegt das nicht daran, dass du deinem Partner nicht alles gegeben hättest, sondern daran, dass ihr bereits mitten im nächsten Problem steckt. Das gibt dir Gelegenheit, dich noch verbindlicher für eure Beziehung zu entscheiden und eure Verbundenheit weiter zu stärken.

Wenn du dich für deine Beziehung entscheidest, kannst du enorm viel Zeit sparen. Falls du diesen Entschluss immer wieder triffst, kann nichts jener Kraft standhalten. Das Ja zur Partnerschaft verwandelt alle Probleme, da sie mühelos für Wahrheit, Ziele und Freiheit sorgt. Immer wenn es Schwierigkeiten gibt, ist die bewusste Entscheidung für die Beziehung das Gegenmittel.

Übung: Sich für die Beziehung entscheiden

- Erinnere dich an den Beginn eurer Beziehung, an die Liebe und das Gefühl, dass alles möglich ist.

- Mach eine Liste mit all den Eigenschaften, die du an deinem Partner schätzt.

- Entscheide dich noch einmal von ganzem Herzen für deinen Partner. Bemüh dich darum, deine volle Willenskraft in diese Entscheidung zu legen, dich erneut mit Haut und Haar deinem Partner zu schenken. Wenn du dich hingibst, ist das eine Form von Vergebung. Indem du gibst, befriedigst du die Bedürfnisse, die durch das Problem kompensiert werden.

Schlüsselerkenntnisse

- Indem du dich für die Beziehung entscheidest, verschenkst du dich von ganzem Herzen.

- In der Partnerschaft erfährst du die Wahrheit.

- Die Entscheidung für die Beziehung beruht auf der Erkenntnis, dass dich in einer Beziehung *das Geben* glücklich macht und es dir und deinem Partner erlaubt, euch stets weiterzuentwickeln und immer weiter zu wachsen.

- Wenn du dich für die Beziehung entscheidest, machst du einen Schritt nach vorn.

35
Entschuldigungen

Dieses Kapitel handelt von der Bedeutung, die aufrichtige Entschuldigungen in unseren Beziehungen haben können.

Die Macht der Entschuldigung

Eine ernst gemeinte Entschuldigung kann einen großen Unterschied in einer Beziehung machen. Wenn du der abgespaltene, unabhängige Partner bist oder in der toten Zone den heldenhaften »Felsen« spielst, wird *eine Entschuldigung deinem Partner sehr viel bedeuten.*

Ich war einmal auf einem Beziehungsseminar in der Schweiz und erklärte einem jungen Ehemann die Macht der Entschuldigung. Er war ganz offensichtlich der Unabhängigere von beiden. Je mehr ich sprach, desto verwirrter sah er drein. Da er sich von seinen Gefühlen abgespalten hatte, war er den Gefühlen seiner Frau gegenüber oft gleichgültig. Um ihm die Macht der Entschuldigung zu demonstrieren, stellte ich mich etwa sechs Schritte von seiner Frau entfernt hin, sah ihr in die Augen, öffnete mein Herz und entschuldigte mich. Dann trat ich einen Schritt näher, sah ihr immer noch in die Augen, öffnete mein Herz und sagte, »es« täte mir leid. Beim dritten Schritt und der dritten Entschuldigung brach sie in Tränen aus. Beim fünften Schritt weinte sie hemmungslos.

Ich bedeutete ihrem Mann, der immer noch verwirrt dreinsah, sie in den Arm zu nehmen. Als er zuerst leise, dann immer lauter sagte, dass »es« ihm leidtäte, schluchzte sie erleichtert, während er sie in den Armen hielt und sich entschuldigte.

Eine unaufrichtige Entschuldigung ist völlig wertlos. Ein Bitten um Verzeihung rechtfertigt den Fehler nicht. Du gestehst damit lediglich ein, dass du einen Fehler gemacht und deinen Partner verletzt hast. Du gibst zwar zu, dass du verantwortlich bist. Doch selbst wenn du die Schuld auf dich nimmst und dich fertigmachst, zementierst du den Fehler nur noch. Dann lernst du weder die Lektion, noch nimmst du die notwendige Veränderung vor, um die Situation wieder in Ordnung zu bringen und deinem Partner wieder näherzukommen.

Falls deine Entschuldigung nicht aufrichtig ist und du dein Verhalten nicht änderst, bringst du deinem Partner bei, dass man dir nicht vertrauen kann, und dein Wort wird immer weniger wert.

Selbst wenn ihm etwas widerfährt, wofür du nicht direkt verantwortlich bist, kannst du mit einer Entschuldigung zum Ausdruck bringen, wie leid dir das Geschehene tut. Mit Worten wie »Es tut mir leid, dass du einen harten Tag hattest«

zeigst du deine Liebe und vermittelst deinem Partner, dass es dir nicht egal ist, was er empfindet.

Überleg dir, wofür du dich gern bei ihm entschuldigen würdest, und sag es ihm. Das ist eine hervorragende Möglichkeit, um Konflikte und Konkurrenzdenken hinter sich zu lassen. Sobald du die Macht dieser Geste kennst, willst du dich vielleicht bei allen Menschen entschuldigen mögen, denen du ein Unrecht angetan hast – ganz gleich, ob versehentlich oder mit Absicht.

Um noch mehr von der Kraft der Entschuldigung zu profitieren, könntest du versuchen, bei deinem Partner für das um Verzeihung zu bitten, was *er* dir deiner Meinung nach angetan hat. Du glaubst vielleicht, du hättest ihm nie etwas Derartiges antun können. Aber denk daran, in einer Beziehung ist alles gleich. *Wenn du dich ehrlich bei ihm für etwas entschuldigst, was er dir deiner Meinung nach angetan hat, wirst du erkennen und spüren, dass deine Entschuldigung ernst gemeint ist.* Nehmen wir das Beispiel, dass dein Partner eine Affäre hatte. Wenn du selbst nicht fremdgegangen bist, dich aber dennoch ehrlich entschuldigst: »Es tut mir leid, dass ich treulos war und keine Rücksicht auf dich und deine Gefühle genommen habe«, wirst du die Wahrheit in diesen Worten spüren. Ein anderer Mensch kann dir erst dann untreu werden, wenn du ihm gegenüber treulos warst. Mit deiner Entschuldigung machst du diesem heimlichen Abkommen zwischen euch ein Ende.

Schlüsselerkenntnisse

- Eine aufrichtige Entschuldigung ist sehr wirkungsvoll und kann für deinen Partner einen echten Fortschritt bringen. (Eine *unaufrichtige* Entschuldigung ist völlig wertlos.)

- Wenn du dich aufrichtig bei deinem Partner für etwas entschuldigst, was *er* dir deiner Meinung nach angetan hat, wirst du erkennen und spüren, dass deine Entschuldigung ernst gemeint ist.

36

Wahrhaft geben

In diesem Kapitel wird erklärt, dass wahrhaftes Geben eine Beziehung auf- und die Probleme abbaut. Es wird das Konzept der Seelengaben untersucht, die wir mitgebracht haben, um unserem Partner und unserer Zweisamkeit zu helfen. Wenn du dich darauf konzentrierst, deinen Partner zu beschenken, beglückst du damit auch dich selbst, befriedigst deine Bedürfnisse und lässt die Liebe ein. Falls du ihn aufrichtig liebst, wird auch er dich aufrichtig lieben. Dadurch, dass du aufhörst, etwas von ihm bekommen zu wollen oder dir etwas von ihm zu holen, was nur Schmerz verursacht, kannst du deine Beziehung bewusst stärken und verbessern. Du trittst aus dem Mittelpunkt heraus und in eine gleichberechtigte Partnerschaft ein.

Geben macht ganz

Jedes Mal, wenn du gibst, verschenkst du Liebe. Auf diese Weise hilfst du deinem Partner und sorgst dafür, dass auch du Unterstützung bekommst, wenn du sie brauchst. *Dein Partner wird sich erst »bessern«, wenn du gibst.* Indem du dich darauf konzentrierst, aufrichtig zu geben, machst du damit sowohl dich als auch deinen Partner ganz. Wenn dieser krank ist, leidet oder Probleme hat, bittet er um deine Liebe, weil ihm die Kraft fehlt, sich selbst zu lieben. Das macht eine Partnerschaft aus: einander zu helfen, sich in guten Zeiten gegenseitig zu erfreuen, während man einander glücklich macht und einer das Leben des anderen bereichert.

Wenn sich dein Partner lieblos verhält, bittet er um Hilfe – und zwar ausdrücklich um deine Hilfe. Erinnere dich an Gott und daran, dass er da ist, um dich zu unterstützen. Dann wird es dir auch nicht schwerfallen, den Hilferuf zu erhören. Auf diese Weise sorgst du bei deinem Partner, eurer Beziehung und deiner ganz persönlichen Entwicklung für einen Fortschritt. Du hast der Versuchung widerstanden, lieblos auf den Hilferuf zu reagieren. Das verleiht dir, deinem Partner und eurer Beziehung neuen Wert und ist das Gegenteil von aufopferndem Verhalten, mit dem du dich, deinen Partner und die Beziehung abwertest.

Als ich noch bei den US-Marines in der Drogenrehabilitation arbeitete, lautete das größtmögliche Kompliment, das man jemandem machen konnte: »Ich will dich in meinem Schützenloch haben.« Dies bedeutete, dass, erst wenn der eine nicht mehr am Leben war, der andere angegriffen werden konnte. Es hieß: »Ich vertraue dir mit meinem Leben. Ich halte dir den Rücken frei, und du hältst mir den Rücken frei.«

Natürlich will ich nicht, dass jemand in solch eine Situation kommt. Steck dir trotzdem dieses Ziel für eure Beziehung. Wenn ihr es erreicht habt, könntet ihr danach streben, euch so vollkommen in Liebe zu verbinden, dass ihr den mystischen Zustand völliger Verbundenheit erlebt, der die Himmelstür öffnet.

Verschenk deine Gaben

Du entwickelst ein Leben lang deine Gaben, damit du sie deinem Partner schenken kannst. Diese sind sowohl nützlich als auch attraktiv. Für gewöhnlich ist der »Vorrat« aber nach einem oder zwei Jahren »aufgezehrt«. Nun könntest du deinem Partner deinen Schmerz, deine Traumata und dein Elend »geben«, die meist tief in deinem Inneren verborgen sind. Wenn du ihm deine alten Wunden überreichst, entsteht eine neue Ebene des Vertrauens und der Verbundenheit zugunsten größerer Partnerschaft. Normalerweise benutzt du deine schmerzhafte Vergangenheit nämlich dazu, dich von deinen Gefühlen abzuspalten, unabhängig zu sein und die Kontrolle zu wahren. Nun kann sie auch als Geschenk dienen. Wenn du sie deinem Partner darbietest, ist das, als würdest du sagen: »Ich werde mich mit dieser Sache nicht mehr selbst zurückhalten. Ich werde nicht zulassen, dass sie noch länger zwischen uns steht. Ich will meinem Schmerz nicht mehr näher sein als dir. Ich werde diese Sache um deinet- und meinetwillen hinter mir lassen.«

Außerdem bringst du in jede problematische Situation *Seelengaben* mit, welche die Heilung und Wandlung deines Partners unterstützen können. Wenn du dich in deiner Beziehung in Probleme, Streitigkeiten oder Leblosigkeit verstrickst, bist du dir dieses Umstands nicht bewusst. Bring deinen Geist jedes Mal, wenn sich dein Partner in ein Problem verrennt, zur Ruhe. Frag dich, welche Gabe du für dich und deinen Partner mitgebracht hast, um die Heilung dieser Situation zu unterstützen. Stell dir nun vor, du würdest eine Tür in deinem Geist öffnen, hinter der diese Gabe auf dich wartet. Nimm sie an und gib sie energetisch an deinen Partner weiter. Du kannst auch fragen, ob der Himmel irgendwelche Gaben für euch beide bereithält.

Wenn eure Partnerschaftlichkeit ausreichend weit entwickelt ist, wird eure Beziehung auch anderen Menschen Führung und Inspiration schenken. Sie wird ihnen Hoffnung geben und zeigen, dass erfolgreiche Beziehungen möglich sind.

Schlüsselerkenntnisse

- Dein Partner wird sich erst »bessern«, wenn du gibst.
- Du hast Seelengaben mitgebracht, um die Heilung und Wandlung deines Partners zu unterstützen. Gib sie an ihn weiter.

37
Abtreibungen, Tot- und Fehlgeburten

Im Folgenden wird untersucht, was Abtreibungen, Tot- und Fehlgeburten gemeinsam haben. All diese Ereignisse offenbaren, dass wir infolge einer emotionalen Traumatisierung einen oder mehrere Persönlichkeitsanteile verloren haben, als wir noch klein waren. Es wird gezeigt, dass derartige Geschehnisse die Beziehung an den Scheideweg bringen. Das Kapitel enthält eine Übung, um die seit langem bestehenden Schuldgefühle, den Schmerz und das selbstzerstörerische Muster zu heilen, das in unserer Kindheit seinen Anfang genommen hat.

Abtreibungen, Tot- und Fehlgeburten weisen darauf hin, *dass sich eine Beziehung am Scheideweg befindet.* Wollt ihr so weitermachen, oder ist dies das Ende der Beziehung? Meist ereignet sich so etwas entweder in »Zweierkisten«, die einfach »vor sich hin plätschern«, oder solchen, die sich mit großer Intensität entwickeln. Am Scheideweg stellt sich die Frage: Lohnt es sich für mich, weiterzumachen, oder hat mir diese Beziehung genug gegeben?

Schuldgefühle heilen

Meiner Erfahrung nach war der Schmerz bei Abtreibungen und Totgeburten meist sehr viel größer als bei Fehlgeburten. Aber auch diese können eine ähnlich große Verletzung verursachen, weil hier geplatzte Träume im Spiel sind. Als ich anfing, mit Frauen zu arbeiten, die abgetrieben hatten, berichteten viele von ihnen, sie hätten dem Abortus anfangs gleichgültig gegenübergestanden. Doch später seien die Gedanken daran zurückgekehrt und hätten sie mit Schmerz und Schuldgefühlen gequält. Als ich mit ihnen arbeitete, damit sie diese Erfahrung als einen Lernprozess begreifen und in die richtige Perspektive rücken konnten, stießen wir stets auf traumatische Kindheitserlebnisse, bei denen einer oder mehrere Persönlichkeitsanteile infolge eines Schocks oder durch einen Schmerz gestorben waren. In allen Fällen nahm mit dem Tod dieses Persönlichkeitsanteils ein Muster aus Schuldgefühlen und Selbstzerstörung seinen Anfang, das später in einer Abtreibung, Tot- oder Fehlgeburt gipfelte.

Als wir die zugrunde liegenden Erfahrungen heilten, lösten sich die Schuldgefühle wegen der Abtreibung sowie das Trauma auf. Die Frauen fühlten sich völlig frei, und in manchen Fällen galt das auch für ihre Männer. Es war fast, als habe der Schwangerschaftsabbruch sie an den Persönlichkeitsanteil erinnern wollen, den sie zu einem früheren Zeitpunkt verloren hatten.

Am Scheideweg

Wenn Abtreibungen, Tot- und Fehlgeburten deine Beziehung an den Scheideweg bringen, dann prüf genau, was das Ego dir anbietet für den Fall, dass du seinen Weg einschlägst. Anschließend hörst du dir an, was dein höheres Bewusstsein zu bieten hat.

Ego und höheres Bewusstsein werden niemals einer Meinung sein, ganz gleich, was dein Ego behauptet. *Wenn du dich von deinem höheren Bewusstsein leiten lässt, wird es eine positive Zukunft erschaffen.* Falls du deinem Ego folgst, das nur um jeden Preis gewinnen und seinen Willen bekommen will, wirst du früher oder später den Tribut dafür entrichten müssen.

Übung: Abtreibung, Tot- und Fehlgeburten

- Falls du bei einer Abtreibung, Tot- oder Fehlgeburt wie auch immer in Mitleidenschaft gezogen bist, dann stell die folgenden Überlegungen an:

  - Wenn du wüsstest, wann das schlechte Gefühl entstanden ist, das diese Situation herbeigeführt hat, dann war das vermutlich im Alter von …

  - Wenn du wüsstest, wer anwesend war, als du das Trauma erlitten hast, das zum Abbruch, der Tot- oder Fehlgeburt geführt hat, dann war das vermutlich …

  - Wenn du wüsstest, welches Ereignis diesen Schmerz verursacht hat, dann war das vermutlich …

- Wenn du wüsstest, wie viele deiner Persönlichkeitsanteile damals gestorben sind, dann waren das ungefähr ...

- Stell dir nun vor, du würdest diese toten Persönlichkeitsanteile umarmen und ihnen den heiligen Lebensatem einhauchen, um sie wieder zum Leben zu erwecken. Liebe sie, bis sie in deiner Imagination erwachsen sind und dein gegenwärtiges Alter erreicht haben. Dann werden sie mit dir verschmelzen und so die Verbindungen in deinem Herzen und in deinem Geist wiederherstellen.

- Erinnere dich an den damaligen Vorfall und mach dir klar, dass du die negativen Gefühle aller Beteiligten auf dich genommen hast. Die einzige Alternative dazu ist, die Seelengabe an sie weiterzugeben, die du mitgebracht hast, um sie vor sich selbst zu schützen.

- Um welche Gabe(n) handelt es sich?

- Erinnere dich an eine Zeit vor dem damaligen Vorfall und nimm die Gabe an, ehe es zu dem Trauma kommt. Gib sie energetisch an alle Menschen weiter, die damals anwesend waren. Das wird die Situation erlösen und es dir gestatten, das gute Gefühl in die Gegenwart zu holen.

- Du kannst mit deinen Gaben andere erlösen, statt deine Energie in Schuldgefühle und Selbstgeißelung zu investieren. Schwangerschaftsunterbrechungen, Tot- und Fehlgeburten weisen auf ein autoaggressives Muster hin, das geheilt werden muss und das jetzt verändert werden kann.

Schlüsselerkenntnisse

- Abtreibungen, Tot- und Fehlgeburten offenbaren, dass sich eine Beziehung am Scheideweg befindet. Derartige Phänomene entstehen, weil ein Persönlichkeitsanteil gestorben ist, als du noch klein warst. Das entscheidende Heilprinzip in solchen Situationen ist, diesen Anteil wieder zum Leben zu erwecken und die alten Schuldgefühle aufzulösen, die das Muster erschaffen und damit die aktuelle Situation herbeigeführt haben.

- Am Scheideweg kannst du wählen, welche Richtung du einschlagen willst. Wenn du dem Weg deines höheren Bewusstseins folgst, wird es eine positive Zukunft erschaffen.

38
Die tote Zone

In diesem Kapitel geht es um das Stadium, das einer Beziehung ihre sexuelle, emotionale und psychologische Lebendigkeit raubt. Es wird erforscht, weshalb wir kompensieren und bestimmte Rollen spielen, und gezeigt, dass dieses Verhalten unserem kindlichen Bemühen entspringt, unsere Familie zu retten. Wir erfahren, dass uns das Ego mithilfe der toten Zone von der Partnerschaft und dem Erfolg fernhalten will, um sich selbst zu stärken.

Ich stelle aber auch neun Möglichkeiten vor, um diese Phase und die damit verbundene Trennung zu überwinden. Während du die tote Zone heilst, wirst du würdiger und unschuldiger und erlaubst dir deshalb, etwas anzunehmen, die Partnerschaft zwischen euch zu genießen und ein Gleichgewicht zwischen deinen maskulinen und deinen femininen Aspekten zu finden. Alle Bereiche deines Lebens sind voller Leichtigkeit, Freiheit und Erfolg und befinden sich im Fluss.

Steckt deine Beziehung in der toten Zone?

Die tote Zone ist nach Verliebtheit und Machtkampf das dritte Stadium. Das Gute daran sind Beständigkeit, Beistand und Einfallsreichtum. Das Schlechte daran ist allerdings, dass die emotionale und sexuelle Leblosigkeit gewaltige Ausmaße annehmen und sehr ermüdend werden kann. Diese Phase kompensiert in erster Linie Gefühle der Schuld, des Versagens, der Sexualität, des Konkurrenzdenkens und der Angst. Das wiederum heißt, dein Handeln orientiert sich an bestimmten Rollenbildern. *Du gibst, kannst aber nichts annehmen, weil du immer noch an deine Schuld, dein Versagen und deine Unwürdigkeit glaubst.* Meist arbeiten die Menschen in diesem Stadium sehr hart, aber so mancher ist eher faul statt fleißig und kompensiert damit seine Angst, sich mit verdrängten Überzeugungen und Gefühlen auseinandersetzen zu müssen.

Das Stadium kann sich verheerend auf eine Beziehung auswirken. Es wird unter Umständen so ereignislos, dass du – wenn du nicht weißt, was los ist oder wie du die Sache bewältigen sollst – leicht in dieser emotionalen und sexuellen Trübsal stecken bleibst, bis die Beziehung an der Langeweile zugrunde geht.

In der ersten Phase der toten Zone geht es um Rollen, Regeln und Pflichten. Hier handelst du nach Rezept, statt authentisch zu reagieren. Wenn du etwas tust, weil sich das so gehört, und nicht, weil du es willst, dann opferst du dich auf, statt wahrhaft zu geben und zu empfangen. Wenn wir eine Rolle spielen, tun wir etwas Richtiges, aber aus den falschen

Gründen. Rollen dienen der Kompensation. Sie sollen beweisen, dass du ein guter Mensch bist, und deine Schuld- und Versagensgefühle verbergen.

So überwindest du die tote Zone

Mit der toten Zone kommen aufopferndes Verhalten, Verschmelzung und Co-Abhängigkeit. Grenzen zu setzen kann dir helfen, dich aus diesen Fallen zu befreien, wird aber als alleinige Maßnahme nicht funktionieren, weil du es mit einem unterbewussten Familien- und einem unbewussten Ahnenmuster zu tun hast. Wenn du versuchst, derart tief sitzenden Dynamiken Grenzen zu setzen, führt das zwangsläufig zu weiterer Dissoziation und Unabhängigkeit – und das ist ja das eigentliche Problem. Du musst vielmehr ein feines Gleichgewicht zwischen deiner Empfänglichkeit für deinen Partner, deine Familie, deine Arbeit und dich selbst anstreben.

Limitierungen helfen dir, zu erkennen, wie sehr du dich übernommen hast oder wie aufdringlich die anderen sind, aber sie helfen dir nicht bei der Bewältigung von Co-Abhängigkeit, Verschmelzung und den unterbewussten Thematiken, die auf familiärer Schuld, Versagen und aufopferndem Verhalten beruhen.

Du kannst dich zurückversetzen und dich mithilfe der intuitiven Methode fragen: »Wenn ich wüsste …«, um falsche Überzeugungen, Schuld- und Versagensgefühle sowie die Strategie aufopfernden Verhaltens ans Licht zu bringen. Das ist hilfreich, weil es dir ein Gefühl für den zu heilenden Bereich vermittelt. Es geht aber auch schneller: Wenn du dich *für die Beziehung entscheidest*, kannst du alle wichtigen Schritte in der toten Zone verwandeln. Auf diese Weise sparst du sehr viel Zeit und hast ein Erfolgsgefühl, besonders wenn du fürchtest, du selbst, dein Partner oder die Beziehung würden innerlich absterben.

Die tote Zone ist ein Abwehrmechanismus des Egos gegen feste Bindungen, Partnerschaft, Ausgeglichenheit, Leichtigkeit, Freiheit, Nähe, mehr Erfolg, Führungsstärke, deine Lebensaufgabe, Kreativität, Vision und das Unbewusste. Die meisten Menschen fürchten das Unbewusste wegen des großen Tiefgangs der Thematiken und der Macht der Gefühle auf dieser geistigen Ebene. Die tote Zone ist der letzte verzweifelte Versuch des Egos, Partnerschaft und ein immer stärkeres Sichverbinden zu verhindern, was das Ego – das Prinzip der Trennung – überflüssig machen würde.

Die einzelnen Schritte der toten Zone

Die tote Zone besteht aus mehreren Schritten. Jeder davon kann so groß wie ein »normales« Wachstumsstadium in einer Beziehung sein. Wenn du dich als Erstes zugunsten authentischen Gebens von bestimmten Rollen, Regeln und Pflichten löst, wird die Beziehung wieder lebendig.

Nun kommt der *Ödipusschritt*, der noch umfangreicher und komplizierter ist und meist vollkommen unterbewusst abläuft. Der Ödipuskomplex war die erste Verschwörung, die ich entdeckte. Eine Verschwörung ist eine Falle, die so gut gestellt ist, dass es den Anschein hat, als gäbe es keinen Ausweg. Aber es gibt stets einen besseren Weg, wenn du ihn wirklich finden willst.

Beim nächsten Schritt haben wir es für gewöhnlich mit *Felsen und Sumpf* zu tun. Einige Paare gehen zu Beginn der toten Zone auch noch einmal durch eine Schattenphase. Sie verurteilen ihren Partner und vermeiden so die Veränderungen, die für den Beziehungserfolg nötig wären. Der Schritt von »Felsen und Sumpf« bezieht sich auf eine neue scheinbare Polarisation der Partner: Der dissoziierte, sich aufopfernde und heldenhafte ist der Felsen, der andere schwelgt in seinen Gefühlen und sorgt dafür, dass sich in der Beziehung alles nur um ihn dreht, weil er sich durch einen riesigen Berg von Gefühlen des Ungeliebtseins aus seiner Kindheit durcharbeitet. Beide Partner halten ihre Position für richtig und überlegen, und obwohl es in diesem Schritt nicht zu Machtkämpfen kommt, kann das Konkurrenzdenken erhebliche Ausmaße annehmen.

Die nächste Stufe ist der *Konkurrenzkampf*. In dieser Phase kannst du endlich das mehr oder weniger ausgeprägte Muster des Wettbewerbsdenkens heilen, das in deiner unverbundenen Familie entstanden ist. In manchen Fällen liegen die Wurzeln auch bei deinen Vorfahren oder im Unbewussten, also auf seelischer Ebene. Diese Muster schädigen Beziehungen, da sie allen Konflikten und aller Leblosigkeit zugrunde liegen. Gegenseitigkeit, Gleichberechtigung und die verbindliche Entscheidung für die Partnerschaft sind bei dieser Stufe der Schlüssel zur Heilung.

Auf den Konkurrenzkampf folgt die *Angst vor dem nächsten Schritt*. Im Grunde ist diese Angst eine der Kerndynamiken aller Probleme, aber nun erkennst du, dass sie der Dreh- und Angelpunkt der toten Zone ist. Bereitwilligkeit, die verbindliche Entscheidung für die Beziehung und Gnade sind hier eine große Hilfe. Nicht alle »Zweierkisten« durchlaufen diesen letzten Schritt, aber wenn das der Fall ist, kann das eine echte Partnerschaft verhindern. Es ist eine Art *Konkurrenzkampf um die Liebe, der mithilfe von Krankheit geführt wird*. Einer der Partner bettelt um Liebe, indem er seinen Körper mit zu viel Arbeit, extremem Spiel, Unfällen oder Verletzungen misshandelt. Er ist immer krank. Für gewöhnlich hat man es entweder mit Selbstmissbrauch oder mit chronischen Krankheiten zu tun, dennoch wünscht ihr euch beide eine dauerhafte, immer tiefer werdende Liebe von eurem Partner.

Meine persönliche Erfahrung

In den siebziger Jahren scheiterten viele meiner Beziehungen, weil ich den Weg durch die tote Zone nicht finden konnte. Immer wieder zerbrachen sie in dieser Phase. Ende 1979 gab ich den Versuch, eine monogame Beziehung zu führen, schließlich auf. Damals dachte ich, die Lösung bestünde darin, unabhängig zu sein und mehrere Partnerinnen gleichzeitig zu haben. Ein solches Leben mag glamourös aussehen, sofern man es beibehalten kann, aber mit der Zeit wurde mir klar, dass ich immer herzloser wurde und mich immer mehr von meinen Gefühlen abspaltete. Anfang 1984 brachte ich schließlich den Mut auf, das zu versuchen, worin ich meine einzige Möglichkeit zur Weiterentwicklung sah, da ich wusste, dass ich mich mit Unabhängigkeit und Dissoziation auf den Tod zubewegte.

Also steuerte ich in der festen Beziehung mit meiner jetzigen Frau auf die Ehe zu. Wir entschlossen uns, gemeinsam alles durchzustehen, was geheilt werden musste. Wir durchliefen alle Grundschritte und lernten dabei gewisse Abkürzungen und Prinzipien kennen, deren Existenz uns von Paaren und Einzelpersonen bestätigt wurde, mit denen wir überall auf der Welt zusammenarbeiteten. Aufgrund unserer Kompatibilität hielt die tote Zone viele Lektionen für uns bereit, aber wir schafften es, und dank unserer Erfahrungen konnte ich den Weg aufzeichnen, damit es andere Paare leichter haben würden.

Natürlich kehren wir von Zeit zu Zeit in die tote Zone zurück, genau wie alle anderen Paare, die es bis hierhin geschafft haben. Die tote Zone ist kein Spaß, aber sie ist immer lehrreich.

Übung: Wege durch die tote Zone

Die tote Zone nimmt im Hinblick auf den Stress die zweite, was das Ausgebranntsein angeht, sogar die erste Stelle ein. Sie ist eine Gelegenheit, dich auch erfolgreich mit der Ödipusthematik in deiner Beziehung und deiner Familie auseinanderzusetzen. Hinter allen Schritten dieser Phase steckt Angst, und hinter all dieser Angst verbergen sich eine Gabe und eine neue Ebene der Nähe und des Erfolgs. Deshalb hast du einige gute Möglichkeiten, die tote Zone zu heilen:

- *Sei dir bewusst*, dass du dich in der toten Zone befindest und vor einem ganz besonderen Schritt stehst.

- *Sprich* mit deinem Partner darüber.

- Wenn du dich *für die Beziehung* entscheidest, überspringst du den ganzen Parnass und nicht nur einen »Problemberg« nach dem anderen. Indem du dich mit Haut und Haar deinem Partner schenkst, kann euch das Hunderte von Einzelschritten ersparen.

- Wünsch dir von ganzem Herzen *Wahrheit*, Freiheit und Leichtigkeit.

- Bitte darum, zu erfahren, welche *Angst* sich hinter der Leblosigkeit verbirgt. Sobald du die Angst kennst, lässt du sie los oder übergibst sie dem Himmel.

- Such nach der *Gabe*, die sich hinter der Falle verbirgt. Je besser du erkennst, dass hinter jedem Problem eine Gabe steckt, desto bereitwilliger wirst du deine Probleme aufgeben, die eigentlich Abwehrmechanismen sind, indem du das Gute annimmst, das sie abwehren sollen.

- Finde und kläre die *Wurzel des Problems* mit der intuitiven Methode, indem du folgende Überlegungen anstellst:

  - Wenn du wüsstest, wann dieses Problem seinen Anfang genommen hat, dann war das vermutlich im Alter von …

  - Wenn du wüsstest, wer damals bei dir war, dann war das wahrscheinlich …

- Wenn du wüsstest, welches vergangene Ereignis die aktuelle Leblosigkeit verursacht hat, dann war das vermutlich …

Du hast den Schmerz und die Probleme der Menschen auf dich genommen, die damals an dem Vorfall beteiligt waren. Frag dich nun, welche Seelengabe du mitgebracht hast, um sie zu heilen. Nimm die Gabe an, gib sie an alle Beteiligten weiter und befreie sie sowie dich selbst.

- *Integriere* die Leblosigkeit und die dahinter verborgene Angst. Stell dir einfach vor, wie die beiden Energien miteinander verschmelzen. Verbinde diese Energie nun mit der Gabe, die ihr zugrunde liegt. Das löst die vorhandene Negativität auf, schützt dich vor neuer Negativität, weckt Selbstvertrauen und schafft eine neue Ebene der Ganzheit. Werde ein Experte im Aufspüren von Kompensationen, zum Beispiel übermäßiges Arbeiten, aufopferndes Verhalten oder das Spielen bestimmter Rollen, da Kompensationen wahres Geben nachahmen, aber nur Abwehrmechanismen sind. Wenn du gibst, es sich dabei aber um eine »Verteidigungsmaßnahme« handelt, bleibt die Belohnung aus. Integration heilt dein gespaltenes Bewusstsein, bringt dich zu dir selbst zurück und schenkt dir mehr Mut.

- Entscheide dich für eine Partnerschaft, die auf Gegenseitigkeit und *Gleichberechtigung* beruht. Entscheide dich für den nächsten Schritt.

Schlüsselerkenntnisse

- Eine Möglichkeit, es durch die tote Zone zu schaffen, besteht darin, ein feines Gleichgewicht zwischen deiner Empfänglichkeit für deinen Partner, deine Familie, deine Arbeit und dich selbst zu finden.

- Die tote Zone besteht im Wesentlichen aus fünf Schritten: Rollen, Regeln und Pflichten, der Ödipusfalle, Felsen und Sumpf, Konkurrenzkampf und der Angst vor dem nächsten Schritt.

- Während du die tote Zone heilst, wirst du würdiger und unschuldiger und erlaubst dir deshalb, etwas anzunehmen, die Partnerschaft zwischen euch zu genießen und ein Gleichgewicht zwischen deinen maskulinen und deinen femininen Aspekten zu finden. Alle Bereiche deines Lebens sind voller Leichtigkeit, Freiheit und Erfolg und befinden sich im Fluss.

39

Die Ödipusfalle

In diesem Kapitel werden die Ergebnisse praktischer Forschungen zum Ödipuskomplex präsentiert, und ich zeige, wie das Ego ihn als Verschwörung gegen uns verwendet. Es wird in einfachen Worten erklärt, was die Ödipusfalle ist, woher sie stammt und wie man etwas daran ändert, wenn man ihr Opfer ist.

Stell dir bitte Folgendes vor, um dir die Macht des Ödipuskomplexes klarzumachen: Du schwimmst nachts entspannt im Meer, als plötzlich die ersten Takte der Filmmusik zum »Weißen Hai« erklingen. Der Ödipuskomplex nähert sich wie der weiße Hai von unten und zieht dich hinab in die Tiefe ...

Nachdem ich mich in den späten Achtzigern sechs Jahre lang intensiv mit dem Ödipuskomplex auseinandergesetzt hatte, wurde mir klar, dass es sich dabei um eine Verschwörung handelt. Eine Verschwörung ist eine Falle, die so gut gestellt ist, dass es scheint, als gäbe es keinen Ausweg. Freud dachte, das gesamte Denken kreise um den Ödipuskomplex, da er in alle Bereiche hineinreichte. Doch als ich tiefer im menschlichen Bewusstsein forschte, entdeckte ich, dass er lediglich eine von über fünfzig Verschwörungen ist, die allesamt verhindern sollen, dass wir unsere Lebensaufgabe finden und erfüllen.

Die Wurzel der Ödipusverschwörung

Die Ödipusverschwörung entsteht infolge verlorener Verbundenheit, was auch das Ausmaß des Konkurrenzdenkens innerhalb einer Familie bestimmt.

Wenn die Verbundenheit dahingeht, entsteht ein Gefühl des Mangels, und die Konkurrenz um Liebe und Aufmerksamkeit beginnt. Die Familienmitglieder verfallen in bestimmte Rollen, um die Sippe zu retten. Sex ist ein natürlicher Bestandteil von Liebe, bis uns ebenjene Verbundenheit abhanden kommt, und macht sich daraufhin auf übertriebene Art und Weise bemerkbar. Die sexuellen Impulse nähren Phantasien, werden verdrängt – oder beides. Manchmal werden sie in der Vorstellung auch in inzestuösen Verhältnissen ausgelebt. Diese verdrängt man ebenfalls aufgrund von gesellschaftlichen Tabus hinsichtlich sexueller Beziehungen zwischen Familienmitgliedern. Wenn die Verbundenheit sehr stark zerstört ist, kann es in der Phantasie wie in der Realität zu sexuellem Missbrauch oder Inzest kommen, der Geschlechtstrieb kann verdrängt werden oder eine maßlos übertriebene Bedeutung erhalten.

Die Dynamiken des Ödipuskomplexes

Der Ödipuskomplex ist zum Teil deshalb so tückisch, weil er unterbewusst wirkt. Das unter- ist mit einem unbewussten Muster verknüpft, in dem Gott unser Vater ist. Wir glauben, ihn seiner Gaben beraubt und getötet zu haben, weshalb er wütend auf uns ist. Wir haben uns einen besonders furchterregenden und beängstigenden Feind gemacht.

Im Zuge der Ödipusverschwörung erzählt dir dein Ego, du hättest deine Eltern getötet und ihre Gaben gestohlen, als du dich von ihnen getrennt hast. Der Konkurrenzkampf um den andersgeschlechtlichen und manchmal sogar den gleichgeschlechtlichen Elternteil macht dich zu:

- *einem ödipalen Verlierer*, da du fürchtest, dich der Konkurrenz zu stellen oder gar zu gewinnen, weil du meinst, damit den gleichgeschlechtlichen Elternteil zu töten;

- *einem ödipalen Sieger*. In diesem Fall bist du dem Elternteil des anderen Geschlechts näher als dem gleichgeschlechtlichen. Du hast Erfolg, leidest deswegen aber unter Schuldgefühlen und gestattest dir nicht, die volle Belohnung für deinen Erfolg zu erhalten oder dich daran zu freuen. Du gewinnst den Menschen deiner Träume für dich, hältst aber einen gewissen Abstand zu ihm, was das ödipale Muster fortsetzt.

Des Weiteren wirken die folgenden Dynamiken, die dir in manchen Fällen nicht bewusst sind:

- Du verdrängst *Schatten* wie den »Versager«, den »Dieb«, den »Mörder« und den »Verräter«.

- In einer Beziehung kann der *Konkurrenzkampf unterschiedliche Formen* annehmen: Affären und Ménages à trois, Beziehungslosigkeit, ständiger Streit oder tote Zweisamkeiten.

- Der Konkurrenzkampf führt dazu, dass du *deine Wut und deine Sexualität verdrängst* oder sie auf übertriebene Art und Weise auslebst.

- Er führt ganz besonders dazu, dass du einen gewissen *emotionalen Abstand* zu deinem Partner hältst.

Da die sexuelle Zuneigung zum Elternteil und den Geschwistern des anderen Geschlechts nicht bereinigt wurde, überträgst du diese Gefühle oft auf deinen aktuellen Partner und distanzierst dich dann von ihm, weil dich die Zuneigung zu ihm an die alten, verbotenen Gefühle erinnert. Du ziehst dich von ihm fort, verleugnest deine sexuelle Energie und seine Anziehungskraft auf dich. Du weißt, dass die Ödipusverschwörung am Werk ist, wenn dein Partner plötzlich seine gesamte Attraktivität verliert, wenn du emotional oder sexuell Abscheu oder Ekel ihm gegenüber empfindest. Manchmal sind die äußeren Symptome nicht besonders dramatisch, und es macht sich lediglich eine alles durchdringende Leblosigkeit in eurem Verhältnis zueinander breit. Oder du richtest deine libidinöse Energie auf jemanden außerhalb der Beziehung.

Die Ödipus- ist untrennbar mit der Familienverschwörung verbunden. Gemeinsam sind sie für den Großteil aller Probleme in der toten Zone verantwortlich. Dies sind zwei der wirksamsten und kompliziertesten Verschwörungen, die dem Ego zur Verfügung stehen, um dich davon abzuhalten, eine glückliche Beziehung zu führen. Du musst dich aus diesen Fallen befreien, um das Stadium der Partnerschaft zu erreichen – damit das *Dolce Vita* beginnen kann.

Übung: Die Ödipusverschwörung überwinden

Das Ego möchte um jeden Preis verhindern, dass du das Stadium der Partnerschaft erreichst, denn dann hättest du die entscheidende Lektion gelernt und wüsstest, dass du dich stets auf dein Visavis zubewegen müsstest und jedes Verhalten des anderen, das nicht nach Liebe aussieht, ein Ruf nach ebenjener Liebe ist. Angesichts der Liebe, der Freude und der Kreativität, die so in einer Partnerschaft entstünden, löste sich das Ego dann noch schneller auf.

Der Weg durch die Ödipusverschwörung ist ergo der Weg zur Partnerschaft und durch folgende Schritte charakterisiert:

- Erlange *Bewusstheit* und pflege aufrichtig *Kommunikation*.

- Entscheide dich *für deinen Partner*.

- Wähle die *Gleichberechtigung* und den *nächsten Schritt*, ganz besonders, wenn du in einer Zwickmühle oder Dreiecksbeziehung steckst. Es spielt durchaus eine Rolle, welche Position du in der Ménage à trois einnimmst. Du kannst sie verändern, indem du dich von ganzem Herzen für die Wahrheit und den nächsten Schritt entscheidest. Wenn du das tust, wird sich die Situation klären, ohne dass du äußerlich etwas anders machen müsstest. *Wünsch dir einfach*

*die Wahrheit und den nächsten Schritt und entscheide dich von
ganzem Herzen dafür.* Innerhalb von sieben bis zehn Tagen
wird sich die Situation zur Zufriedenheit aller Beteiligten
regeln. Wenn der andere nicht dein wahrer Partner ist,
wird er gehen, ohne dass schlechte Gefühle bei einem der
Beteiligten zurückbleiben, und er wird den Weg für deinen
wahren Partner frei machen. Wenn du derjenige mit zwei
Partnern bist, wird einer von ihnen die Charakterzüge von
beiden in sich vereinen.

Ich konnte diesen Prozess auch dann beobachten, wenn in
der Dreiecksbeziehung Kinder mit beiden Partnern vorhanden
waren. Eine Lösung schien unerreichbar, doch eine
Woche später ging die eine Partnerin mit ihrem Kind
zu dem Mann und sagte ihm auf eine Weise, die ihn aus
dieser tödlichen Zwickmühle befreite, er solle dahin gehen,
wo er glücklich sei.

- Stell dir vor, in einem »ödipalen Sumpf« festzustecken.
  Bitte deinen Engel oder deinen kreativen Geist, dich aus
  dem Sumpf zu ziehen und auf die nächste Stufe zu heben.
  Du kannst sie auch fragen, ob sie dich durch den ödipalen
  Sumpf nach unten auf die nächste Stufe ziehen mögen.

- Bitte darum, in jene Situation zurückversetzt zu werden,
  als es in deiner Familie zur schwerwiegendsten Trennung
  kam:

  - Wenn du wüsstest, was damals geschehen ist, dann war
    das sehr wahrscheinlich …

  - Wenn du wüsstest, wie alt du seinerzeit warst, dann
    warst du … Jahre alt.

- Wenn du wüsstest, wer an dem Geschehen beteiligt war, dann waren das folgende Personen: ...

Kehr in diese Situation zurück und mach eine Übung, um Verbundenheit herzustellen. Stell dir vor, wie sich das innere Licht aller Beteiligten ausdehnt, bis es jedes Familienmitglied umschließt. Mach diese Übung so oft wie nötig, um den Frieden und die Freude in deiner Familie wiederherzustellen.

Wiederhole die Zurückversetzung noch mindestens fünfmal, um auch jene Situationen zu heilen, die im Augenblick für ambivalente Gefühle gegenüber deinem Partner sorgen und verhindern, dass du dich ganz und gar für ihn entscheidest.

- Praktiziere diese Übung am besten mit deinem Partner. Lass dein inneres Licht mit dem seinen verschmelzen. Tu dies so lange, bis es nur noch ein Licht gibt. Achte nach jeder Verbindungsübung darauf, welche Auswirkungen sie auf deine Gefühle und die Situation hat.

Schlüsselerkenntnisse

- Der Ödipuskomplex ist eine unterbewusste Falle, die in den Familiendynamiken deiner Kindheit wurzelt und sich zu jedem beliebigen Zeitpunkt in deiner Beziehung auftun kann – am häufigsten aber in der toten Zone.
- Du weißt, dass die Ödipusverschwörung am Werk ist, wenn dein Partner plötzlich seine gesamte Anziehungs-

kraft verliert, wenn du emotional oder sexuell Abscheu oder sogar Ekel ihm gegenüber empfindest.

- Die Lösung lautet immer, dich mit Bewusstheit und Kommunikation auf deinen Partner zuzubewegen.

- Wenn du dich für deine Beziehung entscheidest, kannst du die Ödipusverschwörung problemlos verwandeln.

40

Dein Partner als Spiegel

Jetzt wird erläutert, wie dein Partner unter- beziehungsweise unbewusste Elemente deines Geistes reflektiert. Es wird gezeigt, dass die positive Veränderung unseres Selbstkonzepts bemerkenswerte Verbesserungen bei unserem Partner auslösen kann.

Die Welt, die dich umgibt, ist ein Spiegel deines Geistes. So, wie deine nächtlichen Träume ein Abbild deines Denkens und Fühlens sind, repräsentiert dies auch der Tagtraum deiner Wachstunden. *Das macht deinen Partner zu deinem getreuesten Indikator. Er zeigt dir die mehr oder weniger verborgenen Teile deines Geistes.* Dein »Alter Ego« und deine Kinder reflektieren dir sowohl unterbewusste (seit der Empfängnis entstandene) als auch unbewusste (von deinen Ahnen übernommene und von deiner Seele mitgebrachte) Elemente.

Dein Partner wird an deiner Stelle die Anteile ausleben, von denen du dich abgespalten hast. Jedes Mal, wenn Liebe, Vergebung oder Integration eine tiefe Verbundenheit zwischen euch erzeugen, rückt er dir näher.

Übung: Die Welt als Spiegel

Deine Wahrnehmung der Welt ist Ausdruck deiner Überzeugungen und Glaubenssysteme. Überzeugungen sind Selbstkonzepte; das heißt, all deine Wahrnehmungen durchlaufen den Filter deines Selbstbilds und -erlebens, ehe du sie in der Außenwelt entdeckst. Deine Überzeugungen bestimmen, wie dein Dasein sich entwickelt. Frag dich deshalb,

- wie viele von deinen Überzeugungen dein Partner für dich auslebt,
- wie dir diese Annahmen dienen (welchem Zweck),
- wozu sie einen Vorwand liefern,
- in wie vielen »früheren Leben« du wahrscheinlich genauso warst wie dein Partner.

Eine Möglichkeit, dich mittels einer anderen Metapher zu befragen, wäre die folgende:

- Wie viele unbewusste Selbstkonzepte hast du, die aus unbewussten Lebensentwürfen stammen? Vermutlich …
- Was solltest du daraus lernen, dass du so viele »Leben« gelebt oder so viele »Daseinsentwürfe« hast, in denen du deinem Partner ähnelst.

Bezüglich der negativen Überzeugungen, die dein Partner dir widerspiegelt, magst du folgendermaßen vorgehen:

- Du kannst sie aufgeben und dich *für etwas Besseres entscheiden.*

- Du kannst sie auch *dem Himmel übergeben* und abwarten, was du stattdessen bekommst.

Während du immer neue Stadien erreichst, erhältst du Zugang zu weiteren, tiefer verborgenen Überzeugungen, damit du dich von ihnen lösen kannst. Dasselbe geschieht auch auf anderen geistigen Ebenen. Während du dich weiterentwickelst, verschwinden Fallen, die dich bis zu diesem Punkt am Fortschritt gehindert haben. Frag dich:

- Welche Gaben solltest du in jene »früheren Leben« oder Daseinsentwürfe mitbringen, in denen du so lebtest wie dein Partner? Wenn dir klar wird, dass du zusammen mit ihm oder auch allein Muster aus »anderen Leben«, Karma oder Lebensentwürfe besitzt, die für die aktuelle Situation verantwortlich sind, dann frag dich, wie viele von diesen Geschichten es gibt.

- Wie viele davon musst du heilen, um das Muster völlig zu verändern. Vermutlich sind es ...

Nimm, während du die deinen Mustern zugrunde liegenden Lebensentwürfe herausarbeitest, Papier und Stift zur Hand und schreib diese Geschichten auf, so wie sie dir in den Sinn kommen. Du hast dich aus irgendeinem Grund für diese Lebensentwürfe entschieden. Du kannst sie aufgeben, wenn du erkennst, dass sie nicht deinen wahren Wünschen entsprechen.

Die folgende Heilmethode, von der einzelne Elemente schon in den bisherigen Übungen vorgekommen sind, eignet sich hervorragend für die Arbeit mit der Metapher von einer früheren Inkarnation:

- Wenn du wüsstest, in welchem Land du damals gelebt hast, dann wird diese Region heute ... genannt.
- Wenn du wüsstest, ob du ein Mann oder eine Frau warst, warst du vermutlich ...
- Wenn du wüsstest, ob einer der Menschen, die an der aktuellen Situation beteiligt sind, auch in jenem anderen Leben bei dir war, dann war das sehr wahrscheinlich ...
- Wenn du wüsstest, welches vergangene Ereignis sich nun auf dich auswirkt, dann war das wohl ...
- Wenn du wüsstest, was du damals lernen wolltest und wie gut dir das gelungen ist, dann handelt es sich um ...
- Wenn du wüsstest, welche Seelengabe du in jenes Leben hättest mitbringen sollen, dann war das sicher ...

Kehr nun im Geiste in die frühe Kindheit jenes Lebens zurück. Nimm die Seelengabe an und gib sie an alles und jeden in jenem Leben weiter.

Kannst du deine Gaben nun annehmen und jedem Menschen antragen, der eine Rolle in diesen unbewussten Seelengeschichten spielt? Nimm das gute Gefühl, wenn alle aus ihren Fallen befreit sind, mit in die Gegenwart.

Schlüsselerkenntnisse

- Dein Partner ist dein getreuester Spiegel. Er zeigt dir die mehr oder minder verborgenen Teile deines Geistes.

- Mit der in diesem Kapitel beschriebenen Übung kannst du dir die verborgenen Selbstkonzepte bewusst machen und sie überwinden!

41
Sex

Nun soll gezeigt werden, dass Sexualität, die im Grunde eine Form von Kommunikation ist, entweder Liebe oder Bedürftigkeit zum Ausdruck bringen kann. Ersteres stärkt eine Beziehung, Letzteres macht sie zu einem Schlachtfeld.

Darüber hinaus werden in diesem Kapitel die gesellschaftlichen Botschaften sowie die Auswirkungen des Ödipuskomplexes und des Missbrauchs auf das Geschlechtsleben in einer Beziehung untersucht. Ich beschreibe die Stadien der Sexualität und biete Übungen an, mit deren Hilfe wir uns wieder mit der Liebe, der Sexualität und unserem Partner verbinden können.

Sexuelle Unausgeglichenheit in der Beziehung

Sex ist ein wesentlicher Bestandteil einer Liebesbeziehung. Er ist eine Form von Kommunikation, schlägt eine Brücke und kann ein Fundament für die Liebe legen. Fast alle Paare, die zu mir in die Eheberatung kamen, hatten etwas an ihrem

Sexualleben auszusetzen. Einer von beiden Partnern hatte jeweils das Gefühl, nicht genügend Sex zu bekommen.

Die Sinnlichkeit ist nicht nur einer der Bereiche, in denen wir unsere *Liebe* zum Ausdruck bringen, sondern auch einer von jenen, in denen wir unsere *Bedürfnisse* bekunden.

Solange ein Paar das Stadium der gleichberechtigten Partnerschaft nicht erreicht hat, kann Bedürftigkeit abschreckend und uninteressant wirken. Andersherum gilt: Je weniger uns am Sex mit unserem Partner liegt, desto attraktiver sind wir für ihn. Unsere Unabhängigkeit verschafft uns die Kontrolle und weist dem anderen normalerweise die abhängige und somit weniger attraktive Position zu. Wenn du dich in dieser Position befindest, willst du deinen Partner besitzen, weil du glaubst, er habe das, was dir fehlt. Das bringt dich in eine schwierige Lage, denn je mehr dieser sich von seinen Gefühlen abspaltet und je souveräner er ist, desto größer ist auch seine Angst, emotional oder sexuell besessen zu werden – und das setzt eine schwierige Dynamik in Gang.

Alle wichtigen Lebensbereiche wie Sexualität, Geld, Gesundheit, Kindererziehung oder Beruf können sich zu einem chronischen Problem entwickeln. In jeder Beziehung gibt es einen solchen Dauerbrenner, der einem oder beiden Partnern die meisten Schwierigkeiten bereitet. Sex ist einer der »beliebtesten« davon. Wenn sich ein Partner bedürftig fühlt, ist das Geschlechtsleben eine der gängigsten Möglichkeiten, die eigenen Bedürfnisse zu stillen. Verhandeln die Partner über die Erfüllung ihrer Bedürfnisse, kann es zu Machtkämpfen aller Art kommen. Bei einem *reifen Kommunikationsverhalten* und einem entsprechenden Verhalten kann das eine *wunder-*

volle Gelegenheit zur Stärkung der Beziehung sein. Falls es allerdings an Verständnis, Einfühlungsvermögen und Empfänglichkeit für den anderen fehlt, können Gefühle der Angst, des Verlustes, des Ungeliebtseins und der Zurückweisung auftreten. Selbst wenn ihr die höheren Beziehungsstadien erreicht, werdet ihr diese grundlegenden Lektionen wahrscheinlich auf jeder Stufe noch einmal wiederholen müssen.

In Partnerschaften, in denen die Sexualität das chronische Problem darstellt, ist meist einer der beiden teilnahmslos, verletzt, gleichgültig oder desinteressiert. Manchmal verwehrt er sich damit gegen das Gefühl, ausgenutzt zu werden. Zuweilen kann die eigene sexuelle Energie oder diejenige des Partners Missbrauchserinnerungen wecken oder eine andere Form von Leblosigkeit verursachen, die Schuldgefühle mit sich bringt, etwa die Ödipusverschwörung. Je »keuscher« oder gleichgültiger der eine Partner zu sein scheint, desto unmäßiger scheint das libidinöse Interesse des anderen. Das Geschlechtsleben wird zu einem Schlachtfeld, statt eine Spielwiese zu sein. In der Tat versucht das Ego, alles Körperliche taktisch einzusetzen oder dazu zu nutzen, die Kontrolle zu erlangen. Das schließt nicht nur die Sexualität, sondern auch Krankheiten und Verletzungen aller Art ein.

Sexualität und gesellschaftliche Konditionierung

Soweit ich das beurteilen kann, leben auch die sexuell »begabtesten« Leute ihre Sinnlichkeit nur zu etwa dreißig Prozent aus, während »Durchschnittsmenschen« zirka zwanzig und sexuell Verwundete lediglich fünf bis fünfzehn Prozent ihres Geschlechtslebens realisieren. Dadurch geht ein erhebliches Potenzial an Spontaneität, Lebendigkeit, Natürlichkeit und Regeneration verloren.

Wir sehen den Bereich der Sexualität im besten Falle kurzsichtig. Abgesehen von den religiösen Überzeugungen, welche die Sexualität mit Scham und Schuldgefühlen verzerren, wird sie mit ödipalen Bereichen wie Konkurrenzdenken, Übertreibung, Schuld, Angst vor Nähe und Erfolg sowie Verdrängung verknüpft. All das stört unser sinnliches Erleben. Sexuelle Selbstkonzepte verursachen Hemmungen und Scham, statt Inspiration und Natürlichkeit zu schenken. Nur wenn wir einen ruhigen oder leeren Geist haben oder verliebt sind, können wir jenes sinnliche Feuerwerk erleben, das die Erde zum Beben bringt. Für die meisten Menschen ist das – sofern sie nicht Opfer einer sexuellen Verschwörung sind – die einzige Möglichkeit, vollkommen loszulassen. Es ist die Erfahrung, die dem Himmel auf Erden am nächsten kommt. Wenn sich das Bewusstsein weitet, entwickelt sich die Sexualität zu einem Bereich ekstatischer Möglichkeiten.

Leider spalten sich viel zu viele Menschen infolge von gebrochenen Herzen und Beziehungsverletzungen von ihrem Geschlechtsleben ab. Sie haben die Verbindung zwischen ihrem Herzen und ihrem Intimbereich und hinsichtlich der Sexualität sogar zwischen ihrem Kopf und ihrem Herzen gekappt. Das führt dazu, dass sie sich gänzlich von ihrer Libido abschneiden und ein sehr dissoziiertes Geschlechtsleben führen oder sich die größte Mühe geben, wilde oder ausgefallene Orgien zu erleben, um überhaupt etwas fühlen zu können.

Auch die Gesellschaft greift negativ in Sexualität und Beziehungen ein, was von der Ödipusverschwörung noch verstärkt werden kann. Diese Falle kann sich unwillkürlich zwischen einem Mann und einer Frau auftun. Ich nenne es die »Geschichte von der Blume und der Biene«.

Das kleine Bienchen summt glücklich auf der Wiese herum und sammelt den Nektar der Blumen, bis ein bestimmtes Blümchen ein Auge auf es wirft. Dieses Blümchen weiß, dass dieses Bienchen von allen Bienen auf der ganzen Welt ihr kleiner Summer sein soll. Das Blümchen verströmt einen ganz bestimmten Duft, der nur für dieses Bienchen bestimmt ist. Es nimmt einen berauschenden Atemzug der exotischen Essenz und summt geradewegs zu seinem Blümchen. Es ist Liebe auf den ersten Summ, und das Bienchen summt freudig um sein Blümchen herum.

Sie sind recht glücklich miteinander, bis sich die Blume eines Tages – inzwischen sind sie verheiratet – an ihre Blumenausbildung erinnert. Damals hatte man ihr gesagt, dass gute Blumen nicht so offen und großzügig mit ihrem Duft umgingen, und es hält sich zurück. Das Blümchen fängt an, sich zu verschließen. Auch wenn es sich öffnet, geht es viel weniger verschwenderisch mit seinem Duft um. Das arme Bienchen weiß nicht, wie ihm geschieht. Es summt aufgeregt herum, weil es herausfinden und verstehen will, warum auf einmal alles anders ist.

An diesem Punkt gibt es mehrere Möglichkeiten. Das Bienchen lässt das Köpfchen hängen und summt nicht mehr ganz so fröhlich, woraufhin auch das Blümchen das Köpfchen hängen lässt. Oder aber das Bienchen summt noch eine Weile um das Blümchen herum und versucht, ihm eine Reaktion zu entlocken, fliegt aber schließlich davon, um anderswo auf der Wiese nach Nektar zu suchen.

Nun wacht das Blümchen auf und denkt: »O nein! Das kann ich nicht zulassen!« Und es lässt seinen süßen Duft wieder zu seinem Bienchen hinüberwehen. Dieses ist schon weit fort, doch als es den angenehm vertrauten Duft erschnuppert, summt es aufgeregt zu seinem Blümchen zurück und wird freudig von ihm begrüßt.

Aber schon viel zu bald verschließt sich das Blümchen von neuem. Es steckt in der Zwickmühle: Einerseits will es eine gute Blume sein, andererseits will es seinem wahren Bienchen alles geben. Das kann eine Weile so hin und her gehen, bis entweder beide dahinwelken oder das Bienchen auf und davon fliegt, obwohl es lieber geblieben wäre.

Ein viel schöneres Szenario wäre es, wenn beide aufwachten und ihrer Liebe und Nähe höchste Priorität einräumten. In diesem Fall lebten sie glücklich und zufrieden – und mit viel Gesumm –, bis dass der Tod sie schiede.

Die Ödipusverschwörung

Einer der wichtigsten Aspekte unserer Geschlechtlichkeit schlummert im Unterbewusstsein und hat gewaltige Auswirkungen auf die Qualität unseres Sexuallebens. Wie wir bereits gesehen haben, entsteht die Ödipusverschwörung dadurch, dass du Gefühle sexueller Anziehung für deine Eltern oder gar deine Geschwister empfindest, diese niemals geklärt werden und du sie zusammen mit dem entsprechenden gesellschaftlichen Tabu auf deinen gegenwärtigen Partner überträgst.

Das kann die sexuelle Anziehung zerstören und stattdessen Abscheu hervorrufen. Es kann zu Affären, Machtkämpfen, Leblosigkeit oder Beziehungslosigkeit führen.

Wenn du unwissentlich deine Mutter, deinen Vater oder deine Geschwister auf den Partner projizierst, denkst du dir vielleicht Ausreden aus, um Sex zu vermeiden. Bei Männern kann dieses Muster zum »Madonna-Hure-Syndrom« führen, sodass sie ihre Frau mit leidenschaftslosem Respekt behandeln und all die vergnüglichen »schlimmen Sachen« außerhalb der Ehe ausleben. Bei Frauen kann es den Konflikt zwischen der Position der Ehefrau und der Geliebten auslösen. Erstere hat die gesellschaftliche Stellung, Letztere den Spaß.

Die Ödipusverschwörung zerstört das lebendige Interesse am eigenen Partner und überträgt die Anziehung auf Menschen außerhalb der Beziehung.

Sexueller Missbrauch und Inzest

Sexueller Missbrauch kann dazu führen, dass man *ein exzessives Geschlechtsleben führt oder sich ganz davon fernhält.* Wenn dein Partner missbraucht wurde, erklärst du ihm wahrscheinlich irgendwann, dass deine Liebe zu ihm wichtiger ist, als das zu bekommen, was du am liebsten magst – Sex. Ist das der Fall, hast du höchstwahrscheinlich das Seelenversprechen abgelegt, ihn von seiner sexuellen Verschwörung zu befreien.

Unter der Oberfläche des Missbrauchs sind viele verschiedene Dynamiken am Werk. An erster Stelle steht der Versuch, die Familie zu retten, indem man die Rolle des Märtyrers spielt und sich im wahrsten Sinne des Wortes aufopfert. Dieses irrige Unterfangen kann innerhalb oder außerhalb der Sippe stattfinden. Man spielt die Märtyrerrolle, doch ganz gleich, ob man dazu Unfälle, Krankheiten, körperlichen oder sexuellen Missbrauch erleiden oder gar sein Leben geben muss, die Familie kann das wohl nicht retten.

Neben der Opferdynamik entdecke ich unter dem sexuellen Trauma eines Menschen stets auch sexuelle Führungsqualitäten und Frühreife. Der Missbrauch liefert dem Opfer den Vorwand, diese Gaben nicht auszuleben. Das ist angesichts der Prüderie mancher Gesellschaftsformen nicht weiter überraschend. Der sexuelle Missbrauch war eine Lösung des Egos, hinter der man sich verstecken konnte. Das heißt, diese Lösung konnte einem nicht helfen, sein Versprechen und seine Lebensaufgabe zu erfüllen, im Bereich der Sexualität zu lehren, zu heilen und zu führen, da einem diese Aufgabe so überwältigend erschien. Die Lösung des Himmels ist die Gnade. Wenn man sich aber mit seinem Ego identifiziert, wird man zum Opfer.

Ist dein Partner sexuell verwundet, kannst du ihn mit Liebe, Unschuld, Humor und Verspieltheit zurückgewinnen. Du darfst auch nicht vergessen, dass er dein Spiegel ist. Das bedeutet, du hast auf irgendeiner unbewussten Ebene Selbstkonzepte, die sich mit seinem Verhalten decken. Vielleicht hast du sie von einem deiner Vorfahren geerbt, oder sie stammen aus deiner Kindheit. Meist haben sie ihren Ursprung auf der psychischen Ebene in wichtigen Seelengeschichten oder in früheren Leben mit karmischer Bedeutung, in denen du nach ähnlichen Entwürfen lebtest. Du kannst sie loslassen und gegen erfolgreichere und intimere Daseinsentwürfe eintauschen. Wenn du sexuell verletzt wurdest, musst du dich von neuem für dich und dein Geschlechtsleben entscheiden. Wähle eine liebevolle, glückliche und sinnliche Beziehung mit deinem Partner. Tu es jeden Tag. Tu es jede Nacht.

Die Stadien der Sexualität

Im Rahmen einer normalen Entwicklung des Geschlechtslebens durchläuft jeder Erwachsene gewisse Stadien. Im ersten *ist die Sexualität noch neu für dich, was dich mit freudiger Erregung erfüllt.* Diese Phase ist so bedeutend, weil du nun zum ersten Mal mit jemandem intim wirst. Schon deinen Partner nackt und in all seiner Pracht zu sehen, kann für dich eine überwältigende ästhetische und sinnliche Erfahrung sein. Ganz besonders dann, wenn Nacktheit kein natürlicher und akzeptierter Bestandteil deiner Familie oder Kultur ist. Das Verdrängte bricht sich nun mit großer Kraft Bahn.

Wenn dieses Stadium endet, bekommen es die Partner manchmal mit der Angst zu tun und versuchen, es dadurch zu verlängern, dass sie das Gefühl des Verbotenen zurückholen, indem sie sich auf Affären einlassen oder ihr Liebesspiel immer ausgefallener wird.

Das erste Stadium der Sexualität weicht dem zweiten, und die Beziehung entwickelt eine gewisse sexuelle Reife. Jetzt lernt man, *in der Liebe besser auf den anderen einzugehen*. Sex ist nicht nur eine körperliche, sondern auch eine emotionale Liebeserfahrung. Man verbindet sich mit dem Partner da, wo er gerade ist, und knüpft an die emotionale Erfahrung an, welche er soeben macht. Das ist ein Akt wahrer Liebe.

Wenn ihr dieses Stadium hinter euch lasst, tretet ihr in die Phase der *Partnerschaft* ein. Damit könnten in der Sexualität goldene Zeiten anbrechen. Die emotionalen und psychologischen Wunden sind geheilt. Die Sexualität kann neben der Leidenschaft auch spielerische Elemente, tiefe Liebe sowie Humor und Zärtlichkeit enthalten.

Die vierte Stufe ist *das Tantra*. Hier findet die Sexualität auf einer stärker verbundenen Ebene statt. Sie nutzt die Gefühle und den Körper als Medium, geht aber darüber hinaus und dringt zur Quelle der Seele, dem Tor zur Spiritualität vor. Ihr erkennt, dass ihr reines Bewusstsein seid, und verbindet euch auf energetischer Ebene.

Das letzte Stadium ist das des *Mystikers*. Hier suchst du die Verbindung zum geliebten Menschen, um dich für die Erfahrung des geliebten Gottes zu öffnen. Die Sexualität trägt dich zur Zeitlosigkeit und den Feldern des Lichts empor.

Ganz gleich, in welcher sexuellen Phase ihr euch befindet: Ihr solltet wissen, dass ihr stets ein noch höheres Stadium erreichen könnt und es beim Sex nicht nur darum geht, »eine schnelle Nummer zu schieben«, sondern eine *Evolution der Liebe und der Spiritualität zu erleben*.

Es ist zwar wichtig, zu wissen, in welchem sexuellen Stadium ihr euch befindet. Ihr solltet aber auch eure aktuelle Beziehungsphase kennen – Verliebtheit, Machtkampf, tote Zone, Partnerschaft, Führung, Vision oder Meisterschaft –, da das ein ausschlaggebender Faktor für die Qualität eures Liebeslebens ist. *Wenn du dich sexuell und emotional für deinen Partner entscheidest, kann euch das auf die nächste Stufe heben.*

Übung: Ein erfüllendes Sexualleben

- Frag dich, wie viele Verbindungen du zwischen deinem Herzen und deinen Geschlechtsorganen gekappt hast. Und wie viele Verbindungen hast du, was deine Sexualität angeht, zwischen deinem Kopf und deinem Herzen gekappt?
  In welcher Weise wirkt sich das darauf aus, wie du deinen Partner und die Sexualität mit deinem Partner erlebst?
  Unabhängig davon, was dazu geführt hat, dass die Verbindungen gekappt wurden, muss es nicht so bleiben. Wenn du das willst, kannst du mithilfe deines höheren Bewusstseins die Verbindungen wiederherstellen und diese Bereiche mit neuem Leben erfüllen.

- Erinnere dich an deinen größten sexuellen Rückschlag: Wurde dir das Herz gebrochen, war es Schuld oder Scham? Das Gefühl, das du aus diesem Vorfall mitgenommen hast, haben entweder auch alle anderen Beteiligten empfunden, oder es wurde von ihnen in die Situation eingebracht. Statt die sexuelle Wunde eines anderen auf dich zu nehmen, die seinem verletzenden Verhalten zugrunde liegt, kannst du dich fragen, welche *Seelengabe* du mitgebracht hast, um den Schmerz dieses Menschen zu lindern.

Verteile deine Gabe energetisch an alle Beteiligten, bis sie vom Schmerz befreit sind. Stell dir vor, wie sie die Gabe auch mit den Menschen teilen, die ihnen den Schmerz zugefügt haben oder denen sie selbst Schmerzen zugefügt haben, sodass sich die Gabe im ganzen Täter-Opfer-Netz verteilt. Nimm die Ergebnisse des geheilten Vorfalls mit in die Gegenwart.

- Was ist die größte sexuelle Falle,
  - die über die *mütterliche Seite deiner Familie* weitergegeben wird,
  - die über die *väterliche Seite* weitergegeben wird,
  - die über die *mütterliche Seite der Familie deines Partners* weitergegeben wird,
  - die über die *väterliche Seite der Familie deines Partners* weitergegeben wird?

Vertrau bei der Antwort auf deine Intuition.

- Welche Gabe hast du mitgebracht,
  - um die *mütterliche Seite deiner Familie* zu heilen (gib diese Gabe auf energetischer Ebene zuerst an deine Mutter weiter und verteil sie anschließend an die ganze Familie, bis alle Familienmitglieder frei sind),
  - um die *väterliche Seite deiner Familie* zu heilen (gib diese Gabe zuerst an deinen Vater und dann an seine ganze Familie weiter),
  - um die *mütterliche Seite der Familie deines Partners* zu heilen (gib diese Gabe an deinen Partner und durch ihn an die ganze mütterliche Seite seiner Familie weiter) und

- um die *väterliche Seite der Familie deines Partners* zu heilen (gib diese Gabe an deinen Partner und durch ihn an die ganze väterliche Seite seiner Familie weiter)?

- Ganz gleich, welche Art von sexueller Blockade bei dir oder in deiner Beziehung vorliegt: Frag dich stets, welche *Gabe* sich dahinter verbirgt. Nimm diese an, und beseitige so die sexuelle Falle.

- Übergib alle sexuellen Probleme sowie deine Wahrnehmung davon deinem kreativen Geist zur Verwandlung. Achte Tag für Tag auf die Veränderungen.

Schlüsselerkenntnisse

- Sexualität ist eine Form von Kommunikation. Wenn die Sinnlichkeit »funktioniert«, kann sie eine wahrhaft liebevolle Basis für die ganze Beziehung sein.

- Das Geschlechtsleben ist nicht nur einer der Bereiche, in denen wir unsere Liebe zum Ausdruck bringen, sondern wir können hier auch unsere *Bedürfnisse* bekunden. Dadurch kann es zu Problemen kommen.

- Falls dein Partner sexuell verwundet ist, kannst du ihn mit Liebe, Unschuld, Humor und Verspieltheit zurückgewinnen.

- Wenn du die in diesem Kapitel ausgeführten Stadien der Sexualität verstanden hast, kannst du in der gemeinsamen Entwicklung mit deinem Partner immer höhere Stadien erreichen.

42

Konkurrenzdenken

In diesem Kapitel werden die zerstörerischen Auswirkungen des Konkurrenzdenkens auf unsere Beziehungen untersucht. Es führt sowohl zu Machtkämpfen als auch zur Leblosigkeit. Ich stelle Möglichkeiten vor, wie man das Wettbewerbsverhalten überwinden und zu Kooperation und Partnerschaft gelangen kann.

Ein ruinöses Denkmuster

Das Konkurrenzdenken ist der Ruin der Beziehungen. Es ist die Folge unverbundener Familien und wird von einer Generation an die nächste weitergegeben. *Es handelt sich hier um den Ursprung aller Konflikte, und es führt deshalb sowohl zu Machtkämpfen als auch zur Leblosigkeit.*

Man könnte Letztere ebenso gut als den dir angenehmen Abstand zwischen dir und deinem Partner definieren, damit du ihn nicht mit deinem Konkurrenzdenken vertreibst. Auf diese Weise wird der Rückzug, der die Leblosigkeit verursacht, zum Teil der Auseinandersetzung.

Konkurrenzdenken dient ebenso der Abwehr bestimmter Problematiken, denen du dich nicht stellen willst. Du richtest deine gesamte Aufmerksamkeit darauf, zu gewinnen oder zumindest nicht zu verlieren, um deine Albträume unter der »Gewissheit« deiner erklärten Überzeugung zu begraben, dass Gewinnen der einzige Weg zum Erfolg ist. Doch ein Sieg ist nicht immer ein Erfolg, und eine Niederlage ist nicht immer ein Misserfolg, sondern vielmehr eine Lernerfahrung, die weit größere Erfolge möglich macht.

Nähe ist der Schlüssel zum Beziehungserfolg. Sie schenkt Liebe, Verbundenheit, ein Ziel, Leichtigkeit und Freiheit und bringt sogar im Berufsleben entsprechend große Erfolge.

Wenn ein Konkurrenzkampf tobt, muss einer von euch beiden verlieren – entweder du oder dein Partner. Dabei ist es ganz gleich, wer gewinnt, du bekommst in jedem Fall die Quittung dafür. Wenn du obsiegst und dein Partner unterliegt, verliert er durch sein Versagen in einem oder mehreren Bereichen für dich an Attraktivität. Wenn du der Loser bist, wirst du dich sowohl weniger attraktiv als auch weniger schätzenswert fühlen.

Falls es in deiner Ursprungsfamilie an Verbundenheit fehlte oder diese verloren gegangen war, kannst du sie in der aktuellen Beziehung wiederherstellen. Wenn du den Abwehrmechanismus des Konkurrenzdenkens nicht überwindest und dich nicht mit deiner Angst vor der Weiterentwicklung auseinandersetzt, wirst du niemals zur Kooperation und Partnerschaft gelangen, die Interdependenz, Erfolg und Nähe möglich machen und damit sehr viel Zeit sparen.

Übung: Der Weg zur Partnerschaft

Auf dem Weg zur Partnerschaft gilt es, einige Heilprinzipien zu beachten. Doch stell zunächst folgende Überlegungen an und lass die Antworten intuitiv auf dich wirken:

- Wie stark ist dein Konkurrenzdenken auf einer Skala von null bis hundert Prozent ausgeprägt?
- Wenn du wüsstest, welche Auswirkungen dein Konkurrenzdenken auf deinen Partner, deine Kinder, deine Ursprungsfamilie und deine Arbeitskollegen hat, dann sind das zum Beispiel …
- Wenn du wüsstest, wie du ein besserer Partner werden könntest, dann wäre das …
- Wenn du wüsstest, was du tun könntest, um euren Konkurrenzkampf zu beenden, dann wäre das …

Kommen wir nun zu den Heilprinzipien, die dir helfen sollen, das Konkurrenzdenken aufzugeben und dich auf ein partnerschaftliches Verhältnis zuzubewegen:

- Die *Entscheidung für die Beziehung* kann dich auf die nächste Stufe eures Bundes heben.
- Betrachte deinen Partner als Teil deiner selbst. Das führt zur *Gleichberechtigung*, Gegenseitigkeit und zu neuen Berührungsflächen mit ihm.
- Bemüh dich um *Kooperation*. Mach dir klar, dass alle höheren Stufen des Erfolgs und der Nähe auf Zusammenarbeit beruhen. Das Konkurrenzdenken vernebelt nichtinte-

grierte Bereiche, deshalb dauert die tote Zone immer weiter an. Wettbewerbsverhalten verursacht eine Dynamik des Gewinnens und Verlierens. Auch du musst einen Teil der Verluste hinnehmen, um den Prozess am Laufen zu halten. Das Konkurrenzdenken hält dich zudem in einem Gefüge aus Über- und Unterlegenheit gefangen, das viel Zeit kostet und dafür sorgt, dass du dich nur mit dir beschäftigst und dich selbst angreifst. Es verwandelt dein Bemühen, dein Bestes zu geben, in eine Art Kampf. Du versuchst, zu bestätigen, dass du der Bessere von euch beiden bist, statt dich für die Gleichberechtigung zu entscheiden. Wenn du wirklich glaubst, dass du gut bist, brauchst du es nicht zu beweisen.

- Entscheide dich dafür, ein echter Partner zu sein. *Partnerschaft* ist die einzige Möglichkeit, glücklich zu werden. Anderenfalls wirst du das Entzücken über jeden kleinen Sieg mit Hinterhalten, passiver Aggression und Rückzug bezahlen, was eurer Beziehung das Leben raubt. Wenn sie keine Partnerschaft ist, ist sie nur eine Hülle; und du wirst einer Möglichkeit beraubt, Liebe und Wandel zu erfahren. Mach dir klar, dass dir die Bereiche, in denen dein Partner versagt, verraten, wo du gewinnen willst. Tausche Konkurrenzdenken gegen Unterstützung, die es euch beiden erlaubt, zu gewinnen. Wo Gleichberechtigung herrscht, gibt es kein Konkurrenzdenken – sondern nur Partnerschaft.

Schlüsselerkenntnisse

- Konkurrenzdenken ist die Wurzel aller Konflikte und führt deshalb sowohl zu Machtkämpfen als auch zu Leblosigkeit.
- Nähe ist der Schlüssel zum Beziehungserfolg.
- Falls es in deiner Ursprungsfamilie an Verbundenheit fehlte oder die Verbundenheit verloren ging, kannst du sie in der aktuellen Beziehung wiederherstellen.

43

Wertschätzung

In diesem Kapitel untersuchen wir, wie die angemessene Würdigung des Partners Beziehungen wieder in Fluss zu bringen vermag, und sehen uns an, wie wir unsere Lebensgemeinschaft damit verändern können.

Die Anerkennung kann deine Beziehung retten

Am letzten Tag eines meiner Seminare geschah etwas Denkwürdiges. Ich bat die Teilnehmer, einmal aufzuschreiben, was sie an ihren Partnern denn besonders schätzten. Eine Frau war gerade drauf und dran, sich scheiden zu lassen, und ihr fiel nicht eine einzige Eigenschaft ein, die sie an ihrem Mann zu würdigen wusste. Ich unterstützte sie, fragte viele Bereiche ab, in denen sie ein wenig Anerkennung für ihren Mann hätte erübrigen können. Sie jedoch beantwortete all meine Fragen mit einem klaren »Nein«.

Schließlich leuchtete ihr Gesicht auf, als sie sich daran erinnerte, wie gut er für die Familie sorgte und wie hart er für sie arbeitete. Je mehr sie darüber nachdachte, desto glücklicher wurde sie. Zehn kurze Minuten später hatte ihre Wertschätzung all ihre Gefühle für ihren Mann verwandelt. Sie war der Funke, der ihre Liebe zu ihm neu entzündet hatte und es ihr erlaubte, seine Liebe nun deutlicher zu spüren. Alle Seminarteilnehmer hatten Fortschritte gemacht, aber die Anerkennung dieser Frau brachte konkrete Erfolge.

Wertschätzung bringt die Dinge in Fluss. Wenn eure Beziehung festgefahren ist, gibt die gegenseitige Anerkennung den nötigen Anstoß, um die Abwehrmechanismen zu überwinden, die das Problem verursachen. Sobald die Verteidigungsstrategien überwunden sind, haben sie keinen Nutzen mehr und lösen sich auf. Das bringt frischen Wind in die Beziehung und kann sie manchmal sogar retten, wie das soeben angeführte Beispiel sehr deutlich zeigt.

Übung: Den Partner würdigen

- Notier alles, was du an deinem Partner schätzt. Schreib, so schnell du kannst, und halt einfach fest, was dir in den Sinn kommt. Geh die Punkte anschließend nacheinander durch. Lass dir Zeit und denk ein wenig darüber nach. Dabei fallen dir vielleicht noch andere Eigenschaften ein, die du an ihm zu würdigen weißt und für die du dankbar bist.

- Lass eure Beziehung nun Revue passieren und erinnere dich an all die Gelegenheiten, für die dein Partner deine Anerkennung und deine Dankbarkeit verdient. Lass dir ein wenig Zeit und koste diese Erinnerungen aus.

Schlüsselerkenntnisse

- Wenn du nachdenkst, findest du sicher Gründe, derentwegen du deinen Partner schätzen kannst.
- Wertschätzung kann Beziehungen retten.
- Wenn du dich ganz der in diesem Kapitel beschriebenen Übung widmest, wirst du deiner Beziehung möglicherweise neues Leben schenken.

44

Ahnenmuster heilen

Die Therapie von Ahnenmustern führt in meiner Arbeit mit Paaren so manches Mal zum entscheidenden Durchbruch. Zuweilen wird das Trauma eines Vorfahren von einer Generation an die nächste weitergegeben und äußert sich im Lauf der Zeit in einer Vielzahl unterschiedlicher Symptome. Mangelnder Erfolg sowohl im Leben als auch in Beziehungen wird möglicherweise auf eine ähnlich belastende Weise innerhalb der Familie weitergegeben. Ich habe diese Erkenntnis bereits in den siebziger Jahren angewandt, um einige meiner Klienten zu befreien. Manchmal war es tatsächlich der ausschlaggebende Faktor, damit sich die Beziehung verändern und eine neue Stufe des Glücks erreichen konnte.

Übung: So heilst du Ahnenmuster

Im Laufe der Jahre habe ich außer meiner eigenen Methode noch viele andere wirksame Möglichkeiten entdeckt, Ahnenmuster zu heilen, beispielsweise aus dem Bereich des NLP oder der Time-Line-Therapie*. Ich habe auch von einem Geistlichen der englischen Episkopalkirche gehört, der ein Ritual für Ahnen vollzog, die nicht in geweihtem Boden begraben waren. Es hat die Symptome ebenso wirkungsvoll beseitigt. Ich glaube, wenn ein Mensch fest entschlossen ist, findet er den Weg, der für ihn den heilenden Durchbruch bringt, ganz gleich, wie dieser Pfad aussieht.

Hier ist eine Methode, die schon viele tausend Mal überall auf der Welt funktioniert hat: Frag dich,

- welche Falle über die *mütterliche Seite* deiner Familie weitergegeben wird,

- vor wie vielen Generationen diese Entwicklung ihren Anfang genommen hat,

- ob sie mit einem Mann, einer Frau oder mit beiden begann und

- wie dieses Muster entstanden ist.

- Frag dich nun, welche Seelengabe du mitgebracht hast, um dieses Ahnenmuster zu heilen.

- Nimm diese Gabe an. Erfüll deine Mutter mit ihrer Energie. Verteil die Gabe anschließend mithilfe deiner Mutter an all deine Vorfahren bis hin zu den Menschen, mit de-

---

* Die Time-Line-Therapie wurde von Tad James entwickelt. Sie hat ihre Wurzeln unter anderem im neurolinguistischen Programmieren (NLP). Sie geht davon aus, dass jeder Mensch die Welt anders wahrnimmt, und zwar gesiebt durch Filter, die die Wirklichkeit verzerren, verallgemeinern und selektiv löschen. Einer dieser Filter ist die Art und Weise, wie jeder innerlich seine Erinnerungen (»Zeitachse« beziehungsweise englisch *time-line*) speichert.
Vgl. zum Beispiel www.praxis-info.ch/time-line.htm

nen das Problem seinen Ursprung nahm – und bis alle befreit sind.

- Wiederhol diese Übung nun mit der *väterlichen Seite* deiner Familie.

- Wenn du damit fertig bist, machst du die Übung noch einmal mit der mütterlichen Seite der Familie deines Partners oder der väterlichen Seite der Familie deiner Partnerin, da du mit deiner Gabe auch seine oder ihre Angehörigen heilen sollst.

Innerhalb der Familie werden sowohl Gaben als auch Probleme weitergegeben. Im Laufe deiner Entwicklung wirst du erkennen, dass manche Probleme ihre Wurzeln eigentlich in anderen Generationen haben, aber es wird dich ebenso wenig gefangen halten können wie etwas, was vor einer Woche geschehen ist. Und wenn du ein Muster aufrichtig und von ganzem Herzen ändern willst, hat es keinerlei Macht über dich.

Es ist gut, wenn du diese Übung regelmäßig wiederholst. Sie wird dir eine große Hilfe bei der Überwindung der toten Zone und der Heilung ödipaler Probleme sein, da auch diese von unseren Vorfahren an uns weitergegeben werden.

Welche Seelengaben hast du mitgebracht, um deine Ahnen vom Karma oder von Seelenmustern zu befreien? Verteil sie mithilfe deiner Eltern an all deine Vorfahren und befrei sie so von ihren Mustern.

Schlüsselerkenntnisse

- Manchmal wird das Trauma eines Vorfahren von einer Generation an die nächste weitergegeben und äußert sich im Lauf der Zeit in einer Reihe unterschiedlicher Symptome.

- Kehr immer dann zu den Übungen in diesem Kapitel zurück, wenn bei dir oder deinem Partner ein Ahnenmuster auftaucht.

45

Vorhang auf
für die Heilung!

In diesem Kapitel wird eine höchst effektive Heilmethode vorgestellt, die aktuelle Probleme, alte Traumata sowie jene Schwierigkeiten löst, die problematische Muster verursachen.

Übung: Ein Weg der Heilung

Mit der folgend beschriebenen heilenden Übung kann man Probleme lösen und sogar posttraumatischen Stress therapieren, indem man das Bild verändert, das sich von einem alten Trauma im Kopf festgesetzt hat und negative Überzeugungen, Gefühle und Verhaltensweisen erzeugt:

- Stell dir vor, mit den Menschen, die du liebst, in einem Theater zu sitzen. Bitte dein kreatives höheres Bewusstsein um Hilfe. Während du den Vorhang betrachtest, kommt es dir so vor, als werde dein Problem oder das alte Trauma daraufprojiziert. Wenn du bereit bist, öffnet sich der Vorhang.

- Zum Vorschein kommt ein zweiter Vorhang, auf den die nächste Szene projiziert wird. Für gewöhnlich fällt diese etwas angenehmer aus als die letzte, es sei denn, du unterdrückst irgendwelche Gefühle, oder das Problem hat unbewusste Wurzeln. In diesem Fall kannst du noch einige Male den Eindruck haben, dass es immer schlimmer wird.

Diese Übung beseitigt die Bilder, die in deinem Kopf gespeichert sind. Wenn du bereit bist, geht der Vorhang erneut auf:

- Was siehst du nun?
- Wenn das nächste Bild auftaucht, dann nimm es wahr und bitte dein höheres Bewusstsein gleich um die nächste Szene. Sieh und erleb auch diese, aber bitte schnell um den nächsten Vorhang – besonders wenn das Szenario unangenehm ist. Arbeite dich so Bild um Bild vor, bis nur noch ein wunderschönes Licht auf dem Vorhang zu sehen ist.
- Frag dich nun, wie sehr sich das ursprüngliche Problem oder die erste Szene verbessert hat. Gib die Optimierung in Prozent an. Wenn es nur unwesentlich oder gar nicht besser geworden ist, weißt du, dass diese Szene einem heimlichen Zweck dient:
- Wozu könntest du sie benutzen?
- Was erlaubt sie dir zu tun oder zu lassen?
- Wofür liefert sie dir die Entschuldigung?
- Worin kannst du weiter schwelgen?
- Was hast du investiert, dass du dieses Trauma oder Problem behalten musst?

Du kannst diese Übung wiederholen, ganz gleich, wie viel von dem Problem noch übrig ist. Geh dabei von dem Bild aus, das dir von der ursprünglichen Szene im Gedächtnis geblieben ist. Beginn mit diesem Bild – egal, woran du dich erinnerst oder was du siehst. Öffne nun einen Vorhang nach dem anderen, bis eine glückliche Szene oder ein wunderschönes Licht zu sehen ist.

Wiederhole diese Übung so oft, bis von dem Problem oder dem ursprünglichen Trauma nichts mehr übrig ist. Mit dieser einfachen Vorgehensweise kann man in jeder Situation Fortschritte erzielen.

Schlüsselerkenntnisse

- Verwende diese Übung, um dir der vielschichtigen Muster in deinem Kopf bewusst zu werden.
- Wiederhole sie so oft, bis von dem ursprünglichen Trauma nichts mehr übrig ist.

46

Dunkle Geschichten

Jetzt beschäftigen wir uns mit den entscheidenden unbewussten Mustern unserer Lebensentwürfe. Es wird gezeigt, wie sie – Zug um Zug – unsere Erfahrungen bestimmen. Dies offenbart uns Möglichkeiten, wie wir uns unserer eigenen »dunklen« Storys bewusst werden, sie loslassen und uns so befreien und unsere Beziehungen verändern können.

Meine Entdeckung

Ich war gerade mal dreizehn Jahre als Therapeut tätig, als ich mit einer Klientin arbeitete, deren berühmter Therapeut die Behandlung mit der Begründung abgebrochen hatte, sie handle »böswillig«.

Gemeinsam hatten sie alle Herzensbruchmuster aus ihrer Kindheit und ihrem späteren Leben »beseitigt«, und sie war für den Beziehungsneustart bereit. Doch nach zwei Monaten wurde sie auch in ihrer neuen Verbindung zurückgewiesen und erlitt einen Herzensbruch. Dass ihr Therapeut die Behandlung abbrach, machte alles noch viel schlimmer. Nachdem sie so fleißig daran gearbeitet hatten, die Herzensbruch-muster aus ihrer Kindheit und ihrem späteren Leben zu beseitigen, war er der Ansicht, sie müsse geheilt und frei sein. Das war sie auch – bis auf eine Sache: *Sie erzählte sich Geschichten von gebrochenen Herzen, ohne sich dessen bewusst zu sein.*

Gemeinsam brachten wir Dutzende von diesen Plots zum Vorschein, nach denen sie ihr Leben gestaltete. Als wir nach ihrer Motivation suchten, fanden wir heraus, dass sie süchtig nach folgendem Ablauf war:

- Verliebtheit zu Beginn der Beziehungen,
- düsterer Zauber und tragische Romantik am Schluss.

Als ihr klar geworden war, dass sie, wenn sie das Drama aufgäbe, im Austausch dafür *Kreativität* bekäme, konnte sie sich *von den Lebensentwürfen lösen*, die ihr das Herz brachen. Das erlaubte es ihr schließlich, ihre alten Geschichten hinter sich zu lassen und die Freuden der Liebe zu genießen: Sechs Monate nach unserer Sitzung kam mir zu Ohren, dass sie verlobt war und heiraten wollte.

Diese dunklen Geschichten laufen auf unbewussten Ebenen ab und bestimmen dein Dasein. Ihr Überleben hängt davon ab, dass sie im Verborgenen bleiben. Wenn du sie aber im Licht des Bewusstseins betrachtest, wirst du Drehbuchszenen von gebrochenen Herzen, Tragik, Missverständnissen, Märtyrertum, Angst, Rache, Traurigkeit, Schuldgefühlen, Bedürftigkeit, Aufopferung, Unabhängigkeit, Kontrolle, der toten Zone, ödipaler Art und vieles mehr hinter dir lassen können.

Solltest du feststellen, dass derartige Storys dein Dasein bestimmen, dann frag dich, wie viele es sind. Ich weiß inzwischen, dass es nicht genügt, nur eine einzige zu beseitigen, wenn man Dutzende davon hat. Bedenke aber: *Je größer die Falle ist, desto größer ist auch die Seelengabe, die diese Falle abwehren soll.* Dunkle Geschichten verbergen große Seelengaben – für gewöhnlich positive Lebensgeschichten.

Übung: Sich von dunklen Geschichten lösen

- Um dich von alten Mustern zu befreien, die sich auf deine Lebensentwürfe auswirken, frag dich,
  - wie viele verschiedene Typen von dunklen Geschichten deine Beziehung beeinflussen,
  - welche unterschiedlichen Typen von Storys bei dir am Werk sind und
  - wie viele jedes Typs du dir erzählst.
- Wärst du bereit, diese dunklen Geschichten dem Himmel zu übergeben und abzuwarten, was du an ihrer Stelle erhältst?
- Lass sie einfach los und wart ab, welchen Aspekt der Gnade du erfahren oder welche Seelengabe du bekommen wirst.
- Überleg nun, wie es sich auf dein Leben in den nächsten drei, sechs und zwölf Monaten auswirken wird, wenn du diese dunklen Geschichten loslässt und die Seelengabe annimmst.

Schlüsselerkenntnisse

- Jeder Mensch schreibt in seinem Leben Geschichten; und manchmal sind diese Geschichten negativ.

- Die gute Nachricht lautet: Je größer die Falle ist, desto größer ist auch die Seelengabe, die diese Falle abwehren soll.

47

Ich wäre lieber glücklich

In diesem Kapitel untersuchen wir den unterbewussten Wunsch, immer recht haben zu wollen. Dieser Wunsch, die Wirklichkeit zu beherrschen, hat verheerende Auswirkungen auf unsere Fähigkeit, glücklich zu sein.

Bei fast allen, aber im Besonderen bei Beziehungsproblemen, geht es darum, dass man recht haben will. So heißt es denn auch im *Kurs in Wundern*: »Willst du recht haben, oder willst du glücklich sein?«

Das erinnert mich an eine Grabinschrift, die mir immer wieder ins Gedächtnis ruft, wie absurd der Wunsch ist, recht zu haben. Sie lautet: »Ich habe doch gesagt, dass ich krank bin.«

Gewöhnlich ist der Wunsch, recht zu haben, einer der unterbewussten Auslöser für Probleme. Dahinter verbergen sich sowohl Schuldgefühle als auch Angst. Je stärker du glaubst, im Unrecht zu sein, desto richtiger und rechtschaffener versuchst du zu handeln. Du willst beweisen, dass du recht hast, bist aber nicht bereit, zuzuhören oder zu lernen.

Übung: Glücklich sein, statt recht haben zu wollen

- Erinnere dich an alle Probleme, die du je hattest. Mach dir klar: Jedes Mal, wenn du zum Opfer wurdest, wolltest du beweisen, dass du recht hattest – ohne dir dessen bewusst zu sein. Du kannst diese Lebensbereiche prüfen und dich fragen, womit du recht haben willst. Finde mithilfe deiner Intuition Lösungen für die Situationen, in denen du dich selbst zurückhältst.

- Erinnere dich an die drei wichtigsten Traumata deines Lebens. Was wolltest du damit beweisen?

	Trauma	Was du damit beweisen wolltest
1.		
2.		
3.		

- Prüf nun anhand deines aktuellen Beziehungsproblems, womit du gerade recht haben willst. Frag dich anschließend, welche Schuld, welche Scham und welche Angst sich dahinter verbergen.

	Problem	Recht haben wollen	Schuld	Scham	Angst
1.					
2.					
3.					

- Nun kommt die entscheidende Frage: »Willst du recht haben, oder willst du glücklich sein?« Wenn du dich für Ersteres entscheidest, wirst du den bereits eingeschlagenen und wenig erfolgreichen Weg weitergehen. Falls du dich für das Glück entscheidest, kannst du den Wunsch, recht zu haben, loslassen und den Himmel oder deinen kreativen Geist fragen, was du stattdessen bekommen könntest. Wenn du dich zu sehr bemühst, andere zu überzeugen und zu beweisen, dass du recht hast, werden sie dir nur ihrerseits beweisen wollen, wo du unrecht hast. Glaubtest du wirklich an dich, bestünde nicht die Notwendigkeit, irgendetwas zu bestätigen. Doch wenn du um Führung bittest und ehrliche Bereitschaft zeigst, wird dir auch in einer scheinbar ausweglosen Situation ein Weg gezeigt.

- Falls du den Wunsch, recht zu haben, und die dahinter verborgenen Urteile nicht aufgibst, leidest du. Du kannst nicht recht haben und gleichzeitig glücklich sein. Dieser Umstand hat mich dazu veranlasst, ein kleines Gebet für die Momente zu verfassen, in denen meine Wahrnehmung oder meine Erfahrung negativ ist: »Herr, ich hoffe, ich habe in dieser Sache unrecht. Denn wenn ich recht habe, ist die Situation tatsächlich so, wie sie mir erscheint. Falls ich aber unrecht habe, wirst du mir einen besseren Weg weisen.«

- Wenn du das Stadium der Partnerschaft erreichen willst, indem du Machtkampf und Leblosigkeit hinter dir lässt, wirst du deinen Wunsch, recht zu haben, überwinden und die ehrliche Bereitschaft aufbringen müssen, dir einen besseren Weg zeigen zu lassen.

Schlüsselerkenntnisse

- Bei fast allen, besonders bei Beziehungsproblemen geht es darum, dass du recht haben willst.

- Du hast die Wahl: Du kannst entweder recht haben oder glücklich sein. Eine andere Möglichkeit gibt es nicht.

48

Verschwörungen heilen

Eine Verschwörung ist eine Falle, die so gut gestellt ist, dass es aussieht, als gäbe es keinen Ausweg. Das Ego hat eine scheinbar narrensichere Fallgrube ausgehoben. Aber wie es im *Kurs in Wundern* heißt, bedeutet narren- nicht auch »gottsicher«. Mit diesen Stolpersteinen baut sich das Ego auf. Es möchte ablenken, Zeit gewinnen und sich auf deine Kosten stärken. Es will, dass du die Hoffnung aufgibst, wenn es so aussieht, als könntest du dich niemals befreien.

Das Wesen der Verschwörung

Du kannst in Beziehungs-, Sex- oder Krankheitsverschwö- rungen verstrickt sein. Du magst in emotionalen Verschwö- rungen wie Ängsten, Schuldgefühlen, Versagensängsten, ge- brochenem Herzen, Rachegelüsten, Aufopferungsbedürfnis oder Kontrollsucht stecken. Alles, was missbraucht wird, kann sich zu einer Verschwörung entwickeln.

Um dich davon zu befreien, musst du dir *die Verschwörung nur bewusst machen und eine neue Entscheidung treffen.* Verschwörungen helfen dir manchmal dabei, dich zu verstecken, und liefern dir einen Vorwand, dich herauszuhalten, Rache zu nehmen, den Unabhängigen zu spielen oder die Kontrolle an dich zu reißen. Die Verschwörung bietet dir Gelegenheit, bestimmten Vergnügen zu frönen, doch das führt letztlich nur zu weiterem aufopferndem Verhalten. Jede Verschwörung ist ein Versuch, dich um deine Lebensaufgabe zu drücken, und ein Vorwand, um tun zu können, was du willst.

Übung: Verschwörungen überwinden

- Prüf dein Leben auf alte und neue Verschwörungen hin. Was hat dich so sehr beschäftigt, dass es schien, als drehe sich dein ganzes Dasein darum? Wenn du dich in einer tückischen Falle aus der Vergangenheit verfängst, ist das ein sicheres Zeichen für eine Verschwörung.

- Frag dich, in welche Verschwörungen du verwickelt bist und wie viele jedes Typs am Werk sind.

- Verschwörungen zeigen, wo du in dein Ego und die Kontrollmechanismen investiert hast. Du könntest diese Investition abschreiben und dich befreien. Du kannst einfach aufhören, weiter in diese Sache einzuzahlen, deine Wahrnehmung der Situation deinem höheren Bewusstsein übergeben und es bitten, dir einen anderen Weg zu zeigen.

- Prüfe, welchen Lohn du dir von bestimmten Verschwörungen versprochen hast:

  - Hast du ihn bekommen?

- Hat das Ego sein Versprechen eingelöst?
- Hat dich das glücklich gemacht, oder würdest du lieber nochmal von vorn anfangen und alles hinter dir lassen?
- Welche Gaben sollte die Verschwörung verbergen?
- Falls es sich um eine Beziehungsverschwörung handelt: In wie viele Verschwörungen bist du verwickelt und welche Gaben sollen diese Beziehungsverschwörungen verbergen?
- Du könntest diese Gaben jetzt annehmen. Das hilft dir beim Finden einer Möglichkeit, dich zu befreien.

Es ist dein Leben, und du entscheidest, wie du es lebst. Du brauchst die »Sicherheit« einer Beziehungsverschwörung nicht, denn *sie kann dir keine Sicherheit geben*, wie du sehr wohl sehen wirst, wenn du deine Situation betrachtest. Du kannst dich aus diesem Gefängnis befreien, du kannst dich aus einem Gefängnis nach dem anderen befreien, bis du endlich bereit bist, sie allesamt hinter dir zu lassen.

Schlüsselerkenntnisse

- Eine Verschwörung ist eine Falle, die so gut gestellt ist, dass es scheint, als gäbe es keinen Ausweg. Aber keine Falle ist »gottsicher«.
- Verschwörungen machen dich weder glücklich, noch geben sie dir wahre Sicherheit. Wenn du sie dir ins Bewusstsein rufst, hilft dir das, sie loszulassen und zu überwinden.

49

Am Scheideweg

In diesem Kapitel wird eine Dynamik untersucht, die alle Probleme antreibt. Es zeigt, wie wir die verheerenden Auswirkungen falscher Entscheidungen rückgängig machen können, die wir in wichtigen Augenblicken unseres Lebens getroffen haben. Indem wir uns diese Entscheidungen bewusst machen und in die Schlüsselmomente zurückkehren, können wir neue Beschlüsse für unser Leben fassen.

Jedes Problem bedeutet einen Scheideweg

Nach über drei Jahrzehnten Unterbewusstseinsforschung entdeckte ich ebenjenen Zusammenhang: *Jedes Problem zeigt, dass du dich am Scheideweg befindest.* Das Ego versucht, dich auf seinen Pfad zu locken, und bietet dir jeden erdenklichen Anreiz dafür. Das schließt unter anderem folgende Angebote ein: tun zu können, was du willst, oder die Dinge so zu regeln, wie es dir beliebt, die Kontrolle zu haben oder unabhängig zu sein, deine Lebensaufgabe geheimzuhalten und zu umgehen, recht zu haben und viele andere, ähnlich verlockende Dinge.

Das Ego hält seine Versprechen aber nur selten, ja, und nicht einmal dann, wenn du seinen Weg konsequent gehst. Falls das Ego sein Versprechen doch einmal hält, dann macht dich das dennoch nicht glücklich. Es bringt sogar noch größere Probleme mit sich, und dann macht dir das Ego wieder ein Angebot, das dich noch weiter vom Leben wegführt und weiter dazu beiträgt, das Ego selbst aufzubauen.

Auf der anderen Seite bieten dir dein kreativer Geist und der Himmel eine alternative Lösung. Eine, die dir Gaben, Gnade und innigere Verbundenheit schenkt. Dieser Pfad bringt dir stets größere Erfolge, nicht nur in der gegenwärtigen Situation, sondern auch für den Rest deines Lebens.

Ich habe zudem festgestellt, dass alte Traumata einen ähnlichen Scheideweg darstellen, allerdings wurde hier der Weg des Egos bereits gewählt. Dieses erzählt dir, was sei schon ein wenig Schmerz, wenn du dich dafür einer unmöglichen Aufgabe entledigen kannst oder eine Entschuldigung bekommst, um zu tun und zu lassen, was du willst. Derartige Entscheidungen führen Wurzelereignisse herbei, die schmerzliche Muster schaffen.

Wenn du an den ursprünglichen Scheideweg zurückkehrst und die Angebote beider Seiten mithilfe deiner Intuition klar abgrenzt, kannst *du deine Wahl noch einmal treffen* und dich diesmal bewusst für den Weg der Gaben und der Gnade entscheidest. Wenn du die Gaben annimmst und weitergibst, befreist du alle Beteiligten aus ihren Fallen.

Vor kurzem arbeitete ich mit einer Frau, die unheilbar an

Krebs erkrankt war. Wir kehrten in jenen Augenblick zurück, als sie erschöpft und ausgebrannt beschlossen hatte, ihrem Leben ein Ende zu machen. Als ich sie an den Scheideweg zurückbrachte, um herauszufinden, was ihr Ego und ihr höheres Bewusstsein ihr geboten hatten, fiel es ihr leicht, sich für den Weg der Gaben des höheren Bewusstseins zu entscheiden. Ich sagte ihr, sie solle sich selbst bei der Hand nehmen und dem Weg der Wahrheit folgen, bis sie im gegenwärtigen Augenblick angekommen sei. Anschließend arbeitete ich mit ihr an den Dingen, die ihre Erschöpfung und ihr Ausgebranntsein verursacht hatten.

Übung: Die richtige Wahl am Scheideweg

- Denk einmal detailliert über dein aktuelles Beziehungsproblem nach und stell dir die folgenden Fragen:
  - Wann genau hast du dich am Scheideweg befunden und den Weg des Egos gewählt, der zu dem Problem geführt hat?
  - Was hat dir dein Ego geboten, falls du seinen Weg einschlägst?
  - Was geschah, nachdem du dich für den Weg des Egos entschieden hattest?
  - Hat deine Entscheidung dich glücklich gemacht?
- Kehr an den Scheideweg zurück, um herauszufinden, was dein höheres Bewusstsein dir bietet, falls du seinen Weg einschlägst.

- Wie würdest du jetzt entscheiden, da du weißt, was geschieht, wenn du erneut den Weg des Egos wählst?

- Folge dem Weg deines höheren Bewusstseins. Nimm die Gabe des Himmels an. Gib sie energetisch an alle Menschen weiter, die an dieser Situation beteiligt sind. Folge dem Weg deines höheren Bewusstseins bis zum gegenwärtigen Augenblick.

- Kehr nun zu den drei wichtigsten Ereignissen in deinem Leben zurück, die sich negativ auf deine Beziehungen auswirken. Geh an den Scheideweg und triff deine Wahl noch einmal. Was würde dich wirklich glücklich machen?

Schlüsselerkenntnisse

- Indem wir uns an die wichtigen Entscheidungen unseres Lebens erinnern und uns die getroffene Wahl bewusst machen, können wir noch einmal wählen.

- Jedes Problem zeigt, dass du dich an einem Scheideweg befindest. Dein Ego wird dir immer einen Weg weisen, aber auch dein kreativer Geist und der Himmel bieten dir eine Alternative an, die besondere Gaben, Gnade und größere Verbundenheit mit sich bringt.

50
Den Autoritätskonflikt heilen

Dieses Kapitel beschäftigt sich mit dem Autoritätskonflikt, einer der Schlüsseldynamiken aller Probleme, ganz besonders der Schwierigkeiten in Beziehungen. Ich werde die Methode der Zentrierung vorstellen, mit der wir Frieden und Erfolg zurück in unser Leben holen können.

Der Autoritätskonflikt ist eine der Wurzeln aller Probleme. Er hat anfänglich zu Trennung, Angst und dem Aufbau des Egos geführt. Demzufolge ist der Rebell die älteste aller Schattengestalten, die ich bei meiner Arbeit in den Tiefen des Unbewussten entdeckt habe. Der Rebell ist genau wie der Autoritätskonflikt meist sehr gut versteckt und wird stark kompensiert. Doch *immer, wenn du ein Problem hast, spielt dein Autoritätskonflikt mit hinein.* Dieser kann deinen Partner, deine Eltern, deinen Chef, deine Kollegen oder fast jeden beliebigen Menschen betreffen. Autoritätskonflikte sind in Wirklichkeit die Folge einer Auseinandersetzung mit dir selbst, deinem höheren Bewusstsein und Gott.

Gib deinen Autoritätskonflikt auf

Ein Autoritätskonflikt kann verheerende Auswirkungen auf eine Beziehung haben, *weil du darin das Sagen und die Kontrolle haben willst.* Zumindest willst du nicht auf deinen Partner hören, ganz gleich, ob er recht hat oder nicht.

Stattdessen sollte das Bewusstsein von der Abhängigkeit zur Unabhängigkeit und von dort zur Interdependenz sowie von der Partnerschaft zur radikalen Abhängigkeit aufsteigen. Radikale Abhängigkeit heißt, du gibst das letzte Vorrecht des Egos auf – das Recht, zu wählen. Dafür erhältst du eine Führung, die dir immer den Weg weisen wird, der dich und andere glücklich macht – nicht nur jetzt, sondern für alle Zeit.

Im Grunde verzichtest du mit jedem Entwicklungs- und Beziehungsschritt darauf, deinen Kopf durchzusetzen, um Liebe und Nähe zu mehren. Du gibst dein Ego zugunsten von Wahrheit und Liebe auf.

Je mehr du dich von deinem Ego löst, desto mehr löst sich auch dein Partner von seinem Ego, denn der Ruf der Liebe ist unwiderstehlich.

Übung: Autoritätskonflikte aufgeben

- Bist du bereit, dein Ego und seinen Autoritätskonflikt um der Liebe und einer erfolgreicheren Beziehung willen aufzugeben, können dir diese Überlegungen helfen:

  - Wenn du wüsstest, wie alt du warst, als der wesentliche

Teil deines Autoritätskonflikts entstand, dann warst du damals ...

- Vermutlich war seinerzeit ... anwesend.

- Wahrscheinlich geschah dann etwas wie ...

- Versetz dich in diese Situation hinein und bitte deinen kreativen Geist oder dein höheres Bewusstsein, dich und alle Beteiligten in die eigene Mitte zu bringen, an einen Ort des Friedens, der Freude und der Unschuld. *Wie wirkt sich das auf die Szene aus?*

- Bitte nun darum, in eine zweite Mitte gebracht zu werden, wo noch mehr Frieden, Liebe und Überfluss herrschen. Wie wirkt die Szene nun auf dich?

- Lass dir Zeit, aber bitte immer wieder darum, in die nächste Mitte gebracht zu werden, die sowohl höher als auch tiefer ist, bis du dich zusammen mit allen Beteiligten an einem Ort des Lichts, der Liebe und der Freude befindest.

- Wenn die Zentrierung abgeschlossen ist und du tiefen, dauerhaften Frieden empfindest, dann bitte dein höheres Bewusstsein, dich und alle an deinem aktuellen Beziehungsproblem Beteiligten in ihre Mitte zurückzubringen, wo sie noch tiefer entspannen können. Bitte mindestens zehnmal darum, dass du und alle, die an der gegenwärtigen Situation beteiligt sind, in ihre aktuelle Mitte gebracht werden, bis sich die ganze Szene in ein helles Licht verwandelt hat.

Schlüsselerkenntnisse

- Der Autoritätskonflikt ist eine der Schlüsseldynamiken aller (Beziehungs)probleme.

- Ein Autoritätskonflikt kann verheerende Auswirkungen auf eine Beziehung zeitigen, weil du das Sagen und die Kontrolle haben willst.

- Wenn du deinen Autoritätskonflikt aufgibst, wird dein Partner es dir gleichtun – und zwar genau im selben Maße.

Zusammenfassung

Du kennst nun das *Beziehungs-Notfall-Set*. Dieses Buch ist nicht als einmalige Lektüre gedacht, sondern soll dir immer dann helfen, wenn du es brauchst. Du kannst es von Zeit zu Zeit zur Hand nehmen, irgendwo aufschlagen und das zufällig gefundene Kapitel durcharbeiten. Du kannst auch eine Zahl zwischen eins und fünfzig wählen oder sogar fünfzig Zahlen in einen Hut geben und dann eine, zwei oder so viele davon ziehen, wie du deiner Ansicht nach brauchst, um die Kapitel zu ermitteln, die du lesen möchtest.

Deine Beziehung ist ein Juwel von unschätzbarem Wert. Wenn du dich darum bemühst, ist sie der schnellste Weg zu persönlichem und spirituellem Wachstum. Sie verdient dein Engagement. Sie verdient dich. Lerne, an dir und deiner Beziehung zu arbeiten und sie zu verwandeln, und du wirst großzügig dafür belohnt werden.

Viel Glück und viel Liebe! Ich wünsche dir Wunder.

Glossar

Abhängigkeit: Wenn wir abhängig sind, empfinden wir eine so große Bedürftigkeit, dass wir glauben, ein anderer müsse uns helfen oder tragen. Abhängigkeit ist eine der drei wichtigsten Rollen, die wir infolge verlorener Verbundenheit spielen, und eine Egostrategie zur Lösung des Problems verlorener Verbundenheit: Wir geben unsere eigene Macht auf, um die Macht eines anderen Menschen zu nutzen.

Abhängigkeit, radikale: Alle Menschen entwickeln sich auf den Zustand radikaler Abhängigkeit hin. Wir bringen unseren Willen mit dem Willen Gottes zur Deckung. Wir erkennen, dass wir Kinder Gottes sind, folgen unserer Führung und finden die Antwort auf alle Probleme. Wenn wir das tun, empfangen wir die Gaben und die Gnade, die uns glücklich machen. Radikale Abhängigkeit ist der einfache mystische Zustand, in dem wir unseren Kampf mit Gott und das Bedürfnis nach Trennung immer weiter aufgeben. Wir erleben wilde Freude, Kreativität und grenzenlose Liebe.

Ablehnung: Ablehnung ist das Gefühl, zurückgewiesen zu werden und unerwünscht zu sein, was emotionalen Schmerz verursacht.

Ablehnung entsteht aufgrund unseres Widerstands und unserer Weigerung, die Dinge so zu nehmen, wie sie sind. Es gibt eine alte Weisheit: »Ablehnung ist Projektion.« Das heißt, wenn wir uns abgelehnt fühlen, wollen wir etwas nicht annehmen, und dieser Akt des Urteilens und der Ablehnung erzeugt den Schmerz. Falsche Gefühle von Ablehnung entstehen für gewöhnlich, wenn wir etwas haben oder uns etwas nehmen wollen. Falls wir diese Lektion nicht lernen, schlagen wir automatisch den Weg ein, der uns das Herz brechen wird. Das Problem, unter dem wir leiden, wird dadurch verursacht, dass wir etwas nicht akzeptieren wollen – sei es das Verhalten unseres Partners, die Situation oder gar uns selbst. Das erzeugt Widerstand und Schmerz.

Abwehrmechanismen: Abwehrmechanismen sind Strategien, die unser Geist einmal ersonnen hat, um uns zu helfen. Doch dann hat sich das Ego ihrer bemächtigt. Obwohl sie uns eigentlich vor Schmerzen schützen sollen, halten sie uns darin fest, statt sie zu beseitigen, und fordern neue Angriffe geradezu heraus. Ein Abwehrmechanismus kann unser Problem erstens nicht lösen und schafft zweitens noch ein weiteres, das nun ebenfalls gelöst werden muss.

Ahnenmuster: Ein Ahnenmuster ist ein negatives Muster, das innerhalb einer Familie von einer Generation an die nächste weitergegeben wird und aus einem Trauma oder einer schlechten Erfahrung entstanden ist. Es wird von den Eltern an die Kinder tradiert und kann sich in jeder Generation in Form von anderen Symptomen zeigen.

Anerkennung: Anerkennung meint das Interesse und die Wertschätzung, die wir anderen entgegenbringen. Wir schenken ihnen Aufmerksamkeit, bewahren sie in unserem Bewusstsein und erzeugen so einen Entwicklungsfluss. Das Ego hat nichts für Anerkennung oder Wertschätzung übrig – es sei denn, sie dienen seinen heimlichen Zielen. Das macht es uns sehr schwer, andere Menschen zu schätzen oder ihre Anerkennung anzunehmen, da das unser Ego zerstören würde. Wir werden uns nur in dem Maße anerkannt fühlen, in dem wir anderen unsere Anerkennung schenken.

Angst: Wenn wir Angst haben, ziehen wir uns zusammen. Angst ist die Folge von Trennung und Urteilen. Da sie das Ego stärkt und einer seiner Hauptbestandteile ist, erzeugt das Ego noch mehr Angst. Sie entsteht, weil wir uns mit der Zukunft auseinandersetzen, statt in der Gegenwart zu leben. Die von der Angst gestellten Prognosen beruhen auf einer dunklen Vergangenheit. Angst ist eine jener großen Illusionen, die uns Kummer machen. Ihr liegt dieselbe Dynamik zugrunde wie dem Verlust, dem Verlassenwerden und der mangelnden Bereitschaft.

Angst vor dem nächsten Schritt: Wir haben Angst, uns weiterzuentwickeln, weil wir uns minderwertig fühlen und befürchten, dem nächsten Schritt nicht gewachsen zu sein. Das Ausmaß deines Problems zeigt, wie groß der nächste Schritt ist, von dem das Problem dich ablenken will.

Angst vor der Beziehungsaufgabe: Du fürchtest dich vor dem Umfang eurer Beziehungsaufgabe. Ihr habt versprochen, mit eurer Partnerschaft eine Gabe ins Leben zu bringen. Das kann ein Kind oder etwas anderes sein, das von eurer Liebe erschaffen wird.

Angst vor der Lebensaufgabe: Diese Angst kann zu sehr großen Fallen oder Verschwörungen führen. Du bedienst dich ihrer in dem Glauben, deiner Lebensaufgabe nicht gerecht werden zu können. Deine Angst ist eine der Hauptursachen aller großen Probleme.

Angst vor der verbindlichen Entscheidung: Du schließt dich selbst aus, weißt dich nicht zu schätzen und glaubst deshalb, weder du noch andere hätten ständige Aufmerksamkeit verdient. Das macht dich skeptisch, wankelmütig und ängstlich, wenn es um Nähe und Partnerschaft geht. Dein Ego hat dir falsche Vorstellungen eingeflüstert, und du fürchtest nun, deine Freiheit zu verlieren. Die Wahrheit ist, dass du zwar deine Unabhängigkeit verlieren, aber Interdependenz – gegenseitige Abhängigkeit – gewinnen wirst. Dadurch wirst du dich sowohl auf inneren als auch auf äußeren Ebenen aufmerksamer, freier und reicher fühlen.

Angst vor einer bestimmten Gabe: Hinter jedem Problem verbirgt sich eine wunderbare Gabe. Wie groß diese ist, kannst du an der Größe des Problems ablesen, das die Gabe abwehren oder verdrängen soll.

Annehmen: Das Annehmen ist eine weibliche Gabe, die es uns erlaubt, etwas zu halten, zu erfahren und zu schätzen. Es ist ein Akt der Akzeptanz, des Sichverbindens und der Integration, mit dem wir positive Eigenschaften ganz und gar annehmen und negative heilen können. Es ist ein Akt des emotionalen Gebens und Nehmens, der die Tür aufstößt, damit wir lernen, noch mehr zu empfangen. Wenn wir uns ganz und gar verschenken, können wir auch mehr empfangen.

Aufmerksamkeit: siehe »Wunsch nach Aufmerksamkeit«.

Aufopferung: Aufopferung ist eine der großen Rollen, die wir spielen, und beruht auf Gefühlen von Schuld und Unwürdigkeit. Wir versuchen, etwas »wiedergutzumachen«, indem wir uns aufgeben oder »wegwerfen«. Aufopferndes Verhalten ist eine der drei wichtigen Rollen, um Verluste zu kompensieren, führt aber nur zu Verschmelzung und verstärkt das Gefühl des Versagens, das es eigentlich kompensieren soll. Wenn wir uns aufopfern, stellen wir uns entweder über oder unter andere. Fühlen wir uns anderen überlegen, schleppen wir sie oft mit. Fühlen wir uns ihnen unterlegen, opfern wir uns für sie auf, um die Gewissheit anzustreben, dass wir der Beziehung würdig sind. Das Aufopfern ist ein heimliches Konkurrenzverhalten und trägt deshalb die Angst vor dem Erfolg in sich. Es ist weder lohnend noch wirkungsvoll, denn in Wirklichkeit muss sich niemand aufopfern. Was wir mit einem Opfer erreichen, können wir ebenso gut auch ohne bekommen. Sich aufopfern bedeutet, zu geben, ohne zu empfangen. Das macht das Geben unecht und führt zu Gefühlen der Leblosigkeit und des Ausgebranntseins. Jedes Problem ist eine Art Opfer. Wir geben, schließen uns aber sowohl vom Geben als auch vom Nehmen aus.

Autoritätskonflikt: Man könnte den Autoritätskonflikt durchaus als eine der Wurzeln allen Übels bezeichnen. Er ist eine der Dynamiken, die allen Problemen zugrunde liegen. Es handelt sich gewissermaßen um den Wunsch, der eigene Herr zu sein, den eigenen Weg zu gehen und auf niemanden hören zu müssen, der anderer Ansicht ist – ganz gleich, ob der andere nun recht hat oder nicht. Der Autoritätskonflikt ist eine der größten Fallen des menschlichen Geistes und findet sich sogar in den tiefsten Tiefen des Unbewussten. Alle Probleme spiegeln einen Kampf wider, einen Akt der Rebellion, der sich gegen eine Person in einer

Autoritätsposition richtet. Dabei könnte es sich um deinen Partner, deine Eltern oder um Gott handeln. Höchstwahrscheinlich handelt es sich um alle Genannten.

*B*edürfnisse: Wir werden uns unserer Bedürfnisse bewusst, wenn die Verbundenheit verloren gegangen und auf diese Weise ein Mangel entstanden ist. Sobald wir uns unserer Bedürfnisse bewusst werden, fühlen wir uns leer und einsam und versuchen, etwas zu bekommen oder uns etwas zu holen, können es aber nicht wirklich annehmen. Bedürfnisse erzeugen Angst, Anhaften, Minderwertigkeitsgefühle und Unwilligkeit. Diese Gefühle entstehen, wenn wir Trennung oder Verlust erfahren oder verlassen werden. Bedürfnisse erzeugen Illusionen, Probleme und völlig sinnlose Muster. Ein Bedürfnis lässt sich dadurch stillen, dass wir geben oder vergeben, verstehen oder loslassen – oder eine andere Heilmethode anwenden. Bedürfnisse sind eine Kerndynamik aller Probleme.

Bedürftigkeit: Wenn wir bedürftig sind, versuchen wir, andere für die Erfüllung unserer Bedürfnisse verantwortlich zu machen. Wir vertreiben sie mit unserer Gier und unserem mangelnden Selbstwertgefühl. Es gibt einen unbewältigten Verlust.

Besonderes: siehe »Wunsch, etwas Besonderes zu sein«.

Bewusstsein, gespaltenes: Dies ist ein Zustand des Egos. Selbstverurteilungen und Selbstangriffe haben unser Bewusstsein so oft gespalten, dass wir unsere vermeintlichen Wünsche unmöglich kennen können. Ein gespaltenes Bewusstsein verursacht Konflikte, eine der Wurzeln aller Probleme, des Zwiespalts, des Widerstands und der Angst. Mithilfe der Spiritualität können wir unser gespaltenes Bewusstsein heilen, sodass wir schließlich nur noch eines wollen: »Trachtet am ersten nach dem Reich Gottes und nach seiner Gerechtigkeit, so wird euch solches alles zufallen« (Matth. 6, 33).

Bewusstsein, höheres: Wenn wir Zugang zu unserem höheren Bewusstsein haben, erleben wir alles von einer spirituellen Warte aus. In diesem Zustand sind wir nicht nur im Frieden und in unserer Mitte, sondern auch humorvoll, freudig, strahlend, transzendent, sicher, geheilt und ganz. Wenn du die Erfahrung des höheren Bewusstseins gemacht hast, betrachtest und siehst du andere Menschen so, wie du dich selbst siehst. Du kannst kreativ eingreifen und helfen. Du treibst in dem sich entfaltenden Tao und badest in Glückseligkeit. Für gewöhnlich sieht man einem Menschen sein höheres Bewusstsein an, denn offenbar kann er sich sein seliges Lächeln nicht verkneifen.

*C*o-*Abhängigkeit:* Wenn wir unsere natürliche Mitte verlieren, opfern wir uns für andere Familienmitglieder auf, und diese Haltung überträgt sich auch auf unsere Beziehungen. Eine derartige Verschmelzung ist die Folge von verlorener Verbundenheit. Wenn wir co-abhängig sind, sieht es so aus, als kümmerten wir uns um einen anderen. In Wirklichkeit spielen wir eine Rolle, die unsere eigene Angst vor der Weiterentwicklung verbirgt. Wir sind dann keine echte Hilfe. Wenn wir co-abhängig sind, fürchten wir, der vermeintlich Hilfebedürftige könne sich erholen, denn dann müssten auch wir uns verändern.

Dissoziation: Die Dissoziation (wörtlich »Trennung« [von Zusammengehörendem]) ist ein Abwehrmechanismus des Egos und soll uns vor schmerzlichen Gefühlen wie Bedürftigkeit, Leid, Schuld oder Aufopferung bewahren. Sie bewirkt eine Bewusstseinsspaltung, was den Anschein erweckt, als hätten wir alles unter Kontrolle, alles im Griff. Trotzdem spüren wir den Schmerz, den Hunger und die Einsamkeit tief in unserem Inneren. Wir verlieren unsere Fähigkeit, zu fühlen oder zu empfangen, weil Dissoziation sowohl in unserem Inneren als auch in unserem Umfeld Konflikte schafft.

Dreiecksbeziehungen: Diese Beziehungsfalle ist eine Folge der Ödipusverschwörung. Alle drei Beteiligten fürchten die Wahrheit und dass sich das Problem lösen könnte. Wenn wir in jener Falle stecken, bringt das unseren Glauben zum Ausdruck, die gewünschten Eigenschaften könnten nicht allesamt in einer Person vereint sein und wir würden niemals wahre Liebe finden. Die Ödipusverschwörung, die Folge von verlorener Verbundenheit und Schuldgefühlen, ist nur eine der großen Egofallen, die uns von wahrer Liebe und Partnerschaft fernhalten. Wenn wir uns von ganzem Herzen für die Wahrheit und die nächste Lebensstufe entscheiden, kann das die Lösung der Situation herbeiführen, wie unmöglich das auch scheinen mag.

Ego: Das Ego ist das Prinzip der Trennung. Es besteht aus Angst, Schmerz, Schuldgefühlen, dem Wunsch, etwas Besonderes zu sein, Kontrolle und Konkurrenzdenken. Es entsteht aufgrund von Herrschaft und Kontrolle oder Schwäche und Opferhaltung (was lediglich eine heimliche Form von Kontrolle ist). Das Ego ist jener Teil von uns, der das Sagen haben will – und zwar letzten Endes im ganzen Universum. Das Ego hungert nach Aufmerksamkeit und will, dass alles nach seinem Kopf geht. Jeder Mensch braucht ein Ego, um in der Welt funktionieren zu können, deshalb gehört es zu unserem Wachstum dazu, dass wir ein starkes Ego entwickeln. Damit wir uns anschließend in Richtung Partnerschaft und Spiritualität weiterentwickeln können, müssen wir die Angriffe und die Selbstangriffe, die Trennung, die Ungleichbehandlung und den Wunsch heilen, mehr als andere zu besitzen, was das Ego anstrebt. Um überleben zu können, schließt das Ego einen Pakt mit uns – einen Vertrag, der es ihm erlaubt, die Verhandlungen mit der Welt zu führen und unsere Probleme für uns anzugehen. Um auch weiterhin stark zu bleiben, bedient es sich der Verzögerungstaktik, der Ablenkung und diverser Fallen. Sobald das Ego die Kontrolle hat, ist es ihm wichtiger, die eigene Existenz zu sichern, als unseren wahren Bedürfnissen zu dienen. Die vom Ego vorgeschlagenen Lösungen führen nur zu weiteren Problemen. Es kämpft gegen Gott und unser höheres Bewusstsein, obwohl sein Überleben davon abhängt. Das Ego möchte uns davon überzeugen, dass wir unser Körper sind. Es greift uns brutal an, wenn wir versuchen, ihn zu transzendieren. Am Ende wird es sogar versuchen, uns zu töten, weil es meint, wir seien seiner nicht würdig. Das Ego ist der letzte Rebell und möchte uns zur höchsten Autorität und dem alleinigen Urheber unseres Lebens machen.

Eigenverantwortlichkeit: Dieses Prinzip trägt dem Umstand Rechnung, dass jeder Mensch für alles verantwortlich ist, was ihm geschieht. Wenn wir einräumen, dass wir uns auf irgendeiner Ebene (aus welchen Gründen auch immer) für alles entschieden haben, was uns je geschehen ist, gibt uns das die Kraft, die Vergangenheit mit unserem Verständnis zu verwandeln. Wir können das Geschehene verstehen und loslassen, statt in einer Opferhaltung gefangen zu sein, die aus psychologischer Sicht der schwächste Zustand überhaupt ist. Eigenverantwortlichkeit hilft uns, die schmerzliche Illusion von Schuld zu überwinden. Sie hilft uns, zu erkennen, wo wir Fehler gemacht haben, und diese Fehler zu korrigieren. Die Eigenverantwortlichkeit soll uns befreien und uns unsere Kraft zurückgeben.

Emotionale Evolution: Hier handelt es sich um unsere Schritte Richtung Reife, Ganzheit und Liebe. Je größer unsere emotionale Reife, desto erfolgreicher sind wir auch im Leben und in unseren Beziehungen. Jeder emotionale Entwicklungsschritt bringt uns der Integrität, der Integration, der Fähigkeit, zu geben und zu empfangen, der Freude, der Macht und dem Glück näher. Auf dem Weg der emotionalen Evolution gelangen wir zu immer größerer Wahrheit.

Empfangen: Das Empfangen ist der weibliche Aspekt der Liebe. Es ist die Gabe, uns öffnen und das Dargebotene integrieren zu können. Das Empfangen ist untrennbar mit dem Geben verbunden; und je mehr wir empfangen, desto mehr geben wir selbstverständlich auch – und je mehr wir geben, desto offener werden wir für das Empfangen. Die meisten Menschen sind nicht besonders »gut« im Annehmen. Erst wenn unsere maskulinen und unsere femininen Aspekte im Gleichgewicht sind, können wir lernen, zu empfangen.

Entscheidung: Die bewusste Entscheidung ist eine Gabe der Heilung. Wir nutzen den Geist und seine Kraft, um einen Schritt in eine bestimmte Richtung zu machen. Negative Entscheidungen sind Fehler, die wir in dem Versuch begehen, glücklich zu werden. Die bewusste Entscheidung ist die Urkraft des Geistes. Mit ihrer Hilfe können wir alle anderen verlorenen Gaben wiederfinden. Wie wir uns entscheiden, so denken wir. Und wie wir denken, so fühlen wir. Und unsere Gefühle bestimmen unser Handeln und das, was wir erleben. Wir entscheiden uns dafür, unsere Lebensaufgabe entweder zu erfüllen oder von ihr abzurücken – auf das Licht oder auf die Dunkelheit, auf das Leben oder den Tod zuzugehen. Wir können nur zwischen zwei Richtungen wählen: ob wir uns auf die Liebe oder auf die Angst zubewegen wollen.

Entscheidung, verbindliche: Wenn die bewusste Entscheidung ein Berg ist, dann ist die verbindliche Entscheidung ein ganzer Gebirgszug. Wir beschließen, alles zu geben, damit eine Sache ein Erfolg wird. Eine verbindliche Entscheidung kann viel Zeit sparen und dafür sorgen, dass wir eine neue Stufe im Leben erklimmen. Sie bringt eine bisher unbekannte Ebene des Erfolgs und der Nähe mit sich. Je verbindlicher unser Entschluss, desto mehr Leichtigkeit und Freiheit empfinden wir. Eine solche Entscheidung beseitigt Hindernisse und Schwierigkeiten, schafft neue Gelegenheiten und ebnet den Weg.

*F*amilienrollen: Die Hauptrollen »Held, Opfer und Sündenbock« (»der Böse«) beruhen auf Schuldgefühlen, die beiden anderen Rollen »Charmeur, Clown und Maskottchen« sowie »Verlorener, Verwaister und Unsichtbarer« basieren auf Schuld- und Minderwertigkeitsgefühlen. Sie sind eine Form von aufopferndem Verhalten. Du spielst sie, um deine Familie zu retten, die dir wichtiger ist als du selbst.

Familienverschwörung: Dieses Prinzip ist direkt am Entstehen der Beziehungsverschwörung beteiligt. Zusammen mit der Ödipusverschwörung handelt es sich vermutlich um eine der häufigsten Verschwörungen. Sie hält uns in den Rollen des Abhängigen, Unabhängigen oder Aufopfernden fest und hemmt Leben, Erfolg und Beziehungen.

Festhalten: Rückschläge zeigen uns meist, wo wir an jemandem oder etwas festhalten. Das verhindert, dass wir Fortschritte machen, und verursacht insgeheim unsere Probleme.

Führungsqualitäten: Sie werden zum Wohle aller eingesetzt. Eine Führungspersönlichkeit löst Probleme oder bringt die Dinge in Fluss, damit die ganze Gruppe Fortschritte machen kann. Führungskraft ist die Kunst der Einfühlung – die Hilferufe der anderen zu hören. Eine wahrhafte leitende Persönlichkeit ist ein(e) Visionär(in) von unwiderstehlicher Integrität. Solche Menschen haben Glück und Talent und wissen, wie man eine Aufgabe mit dem geringstmöglichen Aufwand erledigt. Sie bringen einen Hauch von Genialität, Intuition, Begabung, Humor, Verspieltheit und Frechheit mit sich. Die Gruppe unterstützt ihren Führer, damit er seinerseits die Vorhaben und das Wohlergehen der Gruppe fördern kann. Eine Führungspersönlichkeit wird die Notwendigkeit, einem anderen in einer bestimmten Situation zu helfen, stets über mögliche Gefühle der Befangenheit oder Selbstangriffe stellen.

Gaben: Ein Teil unserer Lebensaufgabe besteht darin, unsere Gaben aus unseren Anlagen zu entwickeln, um damit das eigene Dasein und »die Welt« besser zu machen. Gaben bringen die Dinge in Fluss. Probleme aller Art lassen sich dadurch lösen, dass man die hinter ihnen verborgene Gabe erkennt und annimmt. Ein Mensch verfügt über die Anlagen zu vielen tausend Gaben, die nur darauf warten, erkannt, angenommen, entwickelt und verfeinert zu werden, indem wir sie mit anderen teilen.

Geben: Das Geben ist einer der Hauptaspekte der Liebe. Wenn wir geben, reichen wir anderen die Hand und teilen mit ihnen, was wir haben und geben können. Das Geben bringt die Dinge in Fluss und ist ein wichtiges Heilprinzip. Wenn wir ein Problem haben, weigern wir uns, etwas zu geben.

Geist: Gott ist reines Bewusstsein oder reiner Geist und hat uns nach seinem Bild erschaffen. Nun, da wir im Schlaf versunken und uns des Einsseins nicht mehr bewusst sind, entspricht unsere Seele der Erfahrung unseres Geistes in der Zeit.

Glück: Glücksgefühle sind ein Nebenprodukt von Liebe und Kreativität. Immer wenn wir uns ganz und gar einem Menschen oder einer Sache widmen, öffnet sich die Tür zum Glück. Darüber hinaus strömt uns das Glück unaufhörlich zu – wir merken es nur nicht, wenn das Ego dazwischenfunkt. Glück ist unser wahrer Seinszustand. Unser tiefstes spirituelles Wesen. Gott, das Glück selbst, hat uns glücklich erschaffen – nur unser Ego hat andere Pläne.

Gnade: Die Gnade ist Gottes Geschenk an uns. Sie ist voller Energie, Heilung und Gefühl und wird uns stets auf die Art und Weise zuteil, wie wir sie gerade brauchen. Gnade ist Energie, Licht und Liebe Gottes. Sie soll uns Kraft geben und uns erleuchten, damit unser Weg leicht wird und voller Entzücken ist. Die Gnade hilft uns, zu erkennen, dass wir Kinder Gottes sind.

Gottes Wille: Gott ist die größte Kraft der Liebe im Universum. Er ist das Prinzip des Einsseins jenseits der Zeit. Er will, dass wir erwachen und zur Verbindung aus Liebe und Freude zurückkehren. Sein Wille deckt sich mit unseren wahren Wünschen – das Beste von allem zu bekommen, was ist.

Götzenbilder: Ein Götzenbild ist ein falscher Gott, von dem wir irrtümlicherweise annehmen, er könne uns retten oder glücklich machen. In der jüdisch-christlichen Welt würden die meisten Menschen nicht im Traum daran denken, das erste Gebot zu brechen. Dennoch hat ein jeder von uns irgendwo in seinem Unterbewusstsein ein Götzenbild versteckt. Diese Bilder verbergen sich hinter unseren Bedürfnissen, unseren Schwelgereien und Süchten. Wenn wir bekommen, was wir vergöttern, führt das nur zu Enttäuschung und Ernüchterung. Daraufhin wenden wir uns entweder einem anderen Götzenbild oder dem Tod zu. Ein Götzenbild ist eine Versuchung, der wir nachgegeben haben. Es ist eine der größten Egofallen und ersetzt den Himmel und Gott durch Dinge, die uns niemals glücklich machen können.

Groll: Jedes Problem ist ein anklagender Finger, mit dem wir auf andere zeigen und sagen: »Wenn du das nicht getan hättest, hätte mich dieses Problem niemals treffen können.« Schuldzuweisungen sind die Wurzel aller Probleme. Groll verursacht Schwierigkeiten, entsteht aber wie Schuldzuweisungen und Urteile aus deinen eigenen Schuldgefühlen, hinter denen sich deine heimliche Angst vor dem Fortschritt verbirgt.

*H*eiliges *Feuer des Schmerzes:* Dieser Schmerz kommt aus dem Unbewussten und wird von einer traumatischen Erfahrung in unserem Leben ausgelöst. In der Psychiatrie wird das als »Primärprozess« bezeichnet. Dieser Schmerz ist so stark, dass er uns in die Knie zwingt. Er lässt sich aber ganz leicht heilen, indem wir trotz allem denen helfen, die unsere Hilfe brauchen. Dadurch kommt es zu einer Neugeburt, und ein frisches Kapitel unseres Lebens beginnt.

Helferrolle: Der Helfer (hier im Sinne des falschen Helfers oder Märtyrers) ist eine der drei wichtigsten Rollen, in die ein Mensch schlüpft, welcher einen Verlust nicht vollständig oder nicht erfolgreich betrauert hat. Er übernimmt die Helferrolle und vermeidet so das Gefühl des Verlusts, oder er kompensiert es, indem er versucht, anderen bei *ihren* Problemen zu helfen. In Wirklichkeit handelt es sich um eine Form von Co-Abhängigkeit, weil der Betreffende heimlich fürchtet, der andere könne sich tatsächlich verändern oder erholen. Wenn es ihm besser ginge, wäre auch der falsche Helfer aufgefordert, sich zu verändern. In dieser Rolle gibst du, wie in allen anderen Rollen auch, kannst aber nichts annehmen. Das erschöpft dich und führt dazu, dass du irgendwann ausbrennst. Du tust das Richtige, aber aus den falschen Gründen.

Herzensbruch: Ein gebrochenes Herz ist ein geplatzter Traum, eine große Enttäuschung. Unser Herz bricht, weil wir das, was ein anderer sagt oder tut, nicht akzeptieren wollen oder gar ablehnen. Wenn wir einen Machtkampf verlieren, »revanchieren« wir uns mit einem gebrochenen Herzen. Dieses wiederum ist eine Möglichkeit, sich mit emotionaler Erpressung zu rächen. Es ist ein Ausdruck frustrierter Bedürfnisse, die man dadurch befriedigen möchte, dass man andere manipuliert oder sich das Gewünschte einfach nimmt. Unser Herz bricht, wenn wir uns in der abhängigen Position befinden und den Menschen verlieren, von dem wir abhängig sind.

*I*ntegration: Die Integration ist eines der wichtigsten Heilprinzipien. Heilung bedeutet stets auch Integration, mit deren Hilfe wir zwei widersprüchliche Teile unseres Geistes zu einem neuen Ganzen verbinden. Das integrierte Ganze befindet sich auf einer höheren Stufe des Friedens, des Selbstvertrauens, der Kommunikation und des Erfolgs. Wir können die widersprüchlichen Teile unseres Geistes, die in unterschiedliche Richtungen davonjagen und jeweils andere Dinge zu schätzen wissen, integrieren und miteinander verschmelzen, um mehr Erfolg, Nähe und Können zu erlangen.

Interdependenz: Interdependenz – gegenseitige Abhängigkeit – beginnt mit der wahren Partnerschaft und entwickelt sich dann zu Freundschaft, Führungskraft, Vision und Meisterschaft weiter. Interdependenz entsteht, wenn wir Abhängigkeit und Unabhängigkeit integrieren. Das erlaubt es uns, die wichtigen unterbewussten Thematiken zu bewältigen und anschließend sogar zu unbewussten oder Seelenthemen überzugehen. Interdependenz ermöglicht es uns, zu genießen und zu empfangen. Sie öffnet unseren Geist für unsere Gaben. Sie bringt unsere maskulinen und femininen Seiten in Balance und sorgt so für Gleichberechtigung in unseren Beziehungen und Erfolg im Privat- und Berufsleben.

Introjektion: Die Psychologie der Vision betrachtet die Introjektion als Abwehrmechanismus. Wir schlucken den emotionalen Schmerz eines Menschen, der uns nahesteht. Die Introjektion ist eine der subtileren und auch verheerenderen Egofallen. Sie ist nur in dem Maße erfolgreich, in dem wir jene besondere, hochentwickelte geistige Fähigkeit besitzen, die es uns erlaubt, die uns einverleibte Angst zu heilen. Das heißt, sie ist nur selten effektiv. Am Ende stehen wir mit einer emotionalen Last und einem Schmerz da, die uns gar nicht gehören. Deshalb kann es vorkommen, dass wir uns einer Heilung oder Therapie unterziehen, um uns vom Schmerz zu befreien, doch bereits wenige Wochen oder Monate später kehrt dieser zurück. Nur wenn wir den emotionalen Schmerz, den wir von unseren Familien, Freunden und geliebten Menschen übernommen haben, restlos loslassen, können wir die Mechanismen der Introjektion unserem höheren Bewusstsein zur kreativen Bewältigung übergeben. Wir müssen es Gott wieder erlauben, seine Arbeit zu tun, damit wir weder die Last unserer Familien noch die der ganzen Welt auf unseren Schultern tragen und in unseren Mägen liegen haben.

Inzest: Wenn Grenzen verwischen und es zur Verschmelzung kommt, können inzestuöse, unangemessene sexuelle Beziehungen zwischen nahen Verwandten entstehen. Für gewöhnlich ist das ein Versuch, die Familie zu retten beziehungsweise zusammenzuhalten, indem man sich opfert, um die sexuellen Bedürfnisse eines anderen zu erfüllen.

Karma: Dieses Problem ist die Folge eines alten Musters, das du aufgrund von Fehlern und lieblosem Verhalten geschaffen hast. Es könnte aus ehemaligen Beziehungen, deiner Kindheit oder einer noch früheren Zeit stammen.

Klagen: Eine Klage ist ein verbaler Wutausbruch. Wir hoffen, dass sich andere Menschen oder die Umwelt daraufhin unseren Wünschen gemäß verändern. Hinter unseren Klagen verbirgt sich unsere Angst vor Veränderungen, welche die Situation tatsächlich zum Besseren wenden könnten. Es ist eine Form von Kontrolle, die altes Leid verbergen soll. Auf der tiefsten Ebene sind alle Klagen solche über uns selbst, also Urteile, die wir über uns gefällt haben. Wenn wir uns beklagen, wollen wir unsere Verantwortung für das Geschehen leugnen, damit es so aussieht, als trüge ein anderer die Schuld. Jedes Problem ist eine Klage über einen anderen Menschen oder eine bestimmte Situation. Wenn das Problem groß genug ist, verrät es uns, wo wir mithilfe eines Wutanfalls unseren Kopf durchsetzen wollen.

Konflikt, innerer: Jeder äußere Konflikt ist die Folge eines inneren. Dieser Konflikt erhält unsere Angst vor dem Fortschritt aufrecht. Ein Teil unseres Geistes glaubt, er könne etwas verlieren oder seine Bedürfnisse würden nicht erfüllt, wenn wir uns weiterentwickeln, wie das ein anderer Teil unseres Geistes will.

Konkurrenzdenken: Wenn die Verbundenheit verloren geht, werden wir unsicher. Wir konkurrieren miteinander, um unsere Unsicherheit zu kompensieren. Wettbewerbsdenken beruht auf Gefühlen des Mangels, auf dem Vergleichen, der Angst vor dem nächsten Schritt und dem Wunsch, diesen Schritt hinauszuzögern. Es baut das Ego, das Prinzip der Trennung, auf. Es ist der Versuch, andere zu beherrschen oder auf unsere Seite zu ziehen, was uns in unseren eigenen Augen zu etwas Besonderem macht. Es ist das völlig unsinnige Unterfangen, Bedürfnisse zu befriedigen, die nur durch Liebe und Verbundenheit erfüllt werden können. Konkurrenzdenken ist die Folge verlorener Verbundenheit und die Wurzel aller Konflikte.

Kontrolle: Jedes Problem ist entweder das Bemühen, einen anderen dazu zu bringen, das zu tun, was du willst, oder der Versuch, dich selbst zu kontrollieren, weil du fürchtest, du könntest außer Rand und Band geraten. Kontrolle ist die Folge von Angst und einem gebrochenen Herzen.

Ein Kurs in Wundern: Dies ist eine Buchreihe, die tiefe psychologische und spirituelle Weisheiten enthält. Sie führt uns mit zeitgemäßen Heilprinzipien in die zeitlose Welt des Einsseins und benutzt ein christliches Modell, um die höchste spirituelle Perspektive aller Religionen und spiritueller Pfade darzustellen.

Lebensaufgabe: Eines der Schlüsselprinzipien der Psychologie der Vision betont, wie wichtig es ist, dass wir unsere Lebensaufgabe erfüllen. Sie ist das Versprechen unserer Seele an die Welt, ihr zu helfen. Sie ist der Grund, weshalb wir auf der Erde sind. Für gewöhnlich ist diese Aufgabe so gewaltig, dass die Menschen ihr Leben lang davor davonlaufen, indem sie Hindernisse und Probleme erzeugen, um sie nicht sehen zu müssen oder sich davor zu verstecken. Schwierigkeiten sind entweder ein Versuch, vor der eigenen Lebensaufgabe davonzulaufen, oder sie erteilen uns die entscheidenden Lektionen, damit wir sie erfüllen können. – *Zweite Definition:* Als Aufgabe werden auch die Pläne des Egos bezeichnet, zum Beispiel dass ein Problem eine bestimmte *Aufgabe* für uns erfüllt. Wenn wir den Begriff auf diese Weise verwenden, spiegelt er die Pläne oder Strategien des Egos wider – die falschen Dynamiken, die allen Problemen zugrunde liegen.

Lebensentwürfe: Das sind jene Drehbücher oder Geschichten, die wir uns ausdenken und nach denen wir dann leben. Wir weisen den anderen Menschen bestimmte Rollen zu und regen uns auf, wenn sie sich nicht daran halten. Wir erkennen nicht, dass wir auf der unter- und der unbewussten Ebene allen Menschen ihre Rollen in der Hoffnung zuteilen, gewisse Dinge zu bekommen (das schließt auch die Rollen ein, die uns frustrieren, da sie sich scheinbar gegen das wenden, was wir uns zu wünschen glauben).

Lebensgeschichten: Das sind unbewusste Daseinsentwürfe, für die wir uns entscheiden und nach denen wir leben. Dunkle Geschichten sind Fehler aufgrund bestimmter Ziele und Pläne des Egos, die stets Leid verursachen. Sie führen uns immer vom Leben weg und hin zum Tod, sie sind Schlüsselmuster, die wir im Hinblick auf chronische Problemsituationen untersuchen sollten. Glückliche Geschichten machen unser Leben dagegen schöner und führen uns in eine positive Richtung.

Liebesbeweis: Manchmal sind wir der irrigen Auffassung, wir könnten mit unserem Leid beweisen, wie sehr wir einen anderen Menschen lieben.

Loslassen: Das heilende Prinzip des Loslassens kann uns in jeder Situation einen Schritt nach vorn bringen. Wenn wir loslassen, ge-

ben wir das Festhalten und die Bedürfnisse auf, die uns zurückhalten. Wir zertrennen das »Band«, das uns an Phantasievorstellungen, Erwartungen und Perfektionismus fesselt und Stress,
Frustration und Enttäuschung verursacht. Wenn wir loslassen,
heilen wir das Anhaften, das allem Schmerz zugrunde liegt, und
stellen damit die Verbundenheit und den Fluss auf allen aufei-
nanderfolgenden Ebenen wieder her. Wichtige Formen des Loslassens sind: die Dinge in Gottes Hände legen, negative Gefühle
übertreiben und durchleben, bis sie völlig ausgebrannt und aufgelöst sind, vergeben und den nächsten Schritt im Leben gehen.
Das kann sogar den größten Schmerz und geplatzte Lebensträu-
me in eine neue Perspektive rücken, die uns nicht mehr zurückhält, sondern uns im Leben unterstützt.

Machtkampf: Machtkämpfe entstehen durch die Projektion innerer Konflikte auf die Außenwelt, sie ergeben sich aus dem Autoritätskonflikt. Wir wollen den anderen besiegen, um die Kontrolle über eine Situation zu erlangen. Alle Machtkämpfe entstehen aus der Angst vor dem nächsten Schritt, und in der Regel
handelt jede der am Machtkampf beteiligten Parteien anders,
aber empfindet genau dasselbe. Ein Machtkampf ist ein Ringen
um die Kontrolle und entsteht im Allgemeinen dadurch, dass
unser Herz früher einmal gebrochen wurde. Jedes Problem ist der
Versuch, einen anderen Menschen zu besiegen. Es ist Teil eines
Machtkampfs, in dem es dir manchmal als Waffe dient.

Märtyrerrolle: Wir treiben unser aufopferndes Verhalten auf die
Spitze, um einen Menschen zu retten, der uns nahesteht. Was wir
durch Selbstaufopferung anstreben, können wir besser durch

Wunder und Gnade erreichen. – Das Muster vom sich aufopfernden Märtyrer entsteht aufgrund bestimmter Rollen. Normalerweise beginnt es in der Ursprungsfamilie, wenn wir uns aufopfern, um die Menschen unseres Umfelds zu retten. Es raubt einer Beziehung ihre Lebendigkeit, verschließt die Schuld- und Versagensgefühle, die in unseren Familien wurzeln, in uns und verursacht Co-Abhängigkeit.

Meisterschaft: Dies ist ein Zustand, in dem wir uns unseres eigenen Seins bewusst sind. Im Stadium der Meisterschaft befinden wir uns ganz in unserer Mitte und leben weder in der Vergangenheit noch in der Zukunft, sondern im Hier und Jetzt. Es gelingt uns, unseren Geist so weit zu leeren, dass wir große Freude, Liebe, Erstaunen, Unschuld und Gnade empfinden, und erkennen, dass wir Kinder Gottes sind. Ein Meister ist ein Kanal der Gnade und der Inspiration, der Himmel und Erde verbindet.

Nehmen: Es ist eine Strategie des Egos, sich Dinge einfach zu nehmen, um die eigenen Bedürfnisse zu stillen. Das Nehmen erzeugt Angst. Außerdem ist es der Stoff, aus dem Ablehnung und gebrochene Herzen gemacht sind. Doch wenn wir uns etwas nehmen, kann das unsere Bedürfnisse nicht stillen – es verstärkt sie sogar noch, weil es unser Selbstwertgefühl in keiner Weise erhöht. Wenn wir nehmen, fühlen wir uns in Wirklichkeit noch schuldiger, was Gefühle der Unwürdigkeit weiter verstärkt. Das Nehmen bildet den Kern von Machtkämpfen und Leblosigkeit, weil wir uns zurückziehen, um zu verhindern, dass andere uns ebenfalls ausnutzen. Wir nehmen, um erfüllt zu sein, und erkennen nicht, dass wahre Erfüllung nur im Geben, Lieben und der

Kreativität zu finden ist. Alle Probleme sind ein Versuch, uns etwas zu holen. Unser Leid, unser Schmerz oder unser Problem kaschieren unser Bemühen, uns aus eigener Bedürftigkeit heraus etwas von anderen zu holen. Dass wir andere ausnutzen, entschuldigen wir mit unserer Armut oder unserem Schmerz, obwohl wir uns deren vielleicht gar nicht bewusst sind, da wir uns meist davon abspalten.

*Ö*dipusverschwörung *(auch Ödipuskomplex):* Diese Falle soll verhindern, dass wir uns weiterentwickeln, unsere Gaben entfalten und unsere Lebensaufgabe erfüllen. Sie wird von Schuldgefühlen, Konkurrenzdenken und mangelnder Verbundenheit in unserer Ursprungsfamilie verursacht und drängt uns zu Affären, Dreiecksbeziehungen, Beziehungslosigkeit, Machtkämpfen oder nimmt uns die Lebendigkeit. Sie unterbindet Nähe und Erfolg. Sie sorgt dafür, dass wir nicht aufgearbeitete sexuelle Gefühle für Familienmitglieder unbewusst auf unseren Partner übertragen, was aufgrund der Tabuisierung der ursprünglichen Gefühle zu Leblosigkeit, Abscheu oder mangelndem sexuellen Interesse führt. Wir ziehen unsere Libido von unserem Partner ab und setzen den Schwerpunkt manchmal außerhalb unserer Beziehung.

Opferrolle: Die Opferrolle ist eine wichtige Strategie des Egos, um uns schwach zu halten. Obwohl es nicht den Anschein hat, ist diese Haltung ein Racheakt. Wir wollen einen anderen besiegen und versuchen auf die falsche Art und Weise, uns vor der Angst zu schützen oder eine Schuld zu sühnen. Wir werden zum Opfer, um die Erlaubnis zu bekommen, etwas zu tun oder zu lassen. Wenn wir zum Opfer werden, ist das sowohl die Folge von Selbstangriffen als auch von Groll gegenüber einem Menschen, der uns wichtig ist. Es ist ein Versuch, festzuhalten, in etwas zu schwelgen, etwas zu beweisen, in irgendeinem Punkt recht zu haben, etwas Besonderes zu sein oder uns gar zu opfern, um einen anderen zu retten. Und das sind nur einige wenige der Ziele, die das Ego mit der Opferhaltung verfolgt. Wenn wir zum Opfer werden, leugnen wir unsere Verantwortung und verbergen die unterbewussten sowie unbewussten Entscheidungen, die dazu geführt haben. Dies ist eine der schwächsten und schmerzlichsten Positionen im Leben. Wenn wir das Bedürfnis, zum Opfer zu werden, vollkommen aufgäben, würden wir Erleuchtung erfahren.

*P*ersönlichkeitsanteile: Unsere Persönlichkeitsanteile entsprechen den Selbstkonzepten, mit deren Hilfe sich das Ego aufbaut. Jeder Persönlichkeitsanteil hat sein eigenes Rezept für das Glück, seine eigene Logik und seine eigene Strategie, wie das Glück zu erlangen sei. Persönlichkeitsanteile sind jene Aspekte unseres Geistes, die uns veranlassen, etwas zu »tun«, um etwas zu erreichen oder zu bekommen. Die vielen tausend Anteile konkurrieren miteinander um die Vormacht. Jeder einzelne von ihnen hemmt unseren Fluss, unsere Inspiration, unsere Intuition und unsere Gaben. Wir haben sie entwickelt, um von anderen akzeptiert zu werden, aber sie haben uns nur zu einem Teil der einsamen Mehrheit gemacht. Sie sind eine Möglichkeit, gemeinsam einsam zu sein. Persönlichkeitsanteile verhindern wie eine Art Zellophanhülle, dass wir etwas empfangen oder die Hilferufe der Menschen in unserem Umfeld hören. Persönlichkeitsanteile können wie Gaben wirken, freilich ohne dass wir die natürliche Belohnung bekämen, die eine echte Gabe bringt. Es gibt auch negative und schwierige Persönlichkeitsanteile. Sie entfernen uns aus dem »Hier und Jetzt«. Sie behaupten, unser Glück läge anderswo und wir müssten uns auf die Suche danach begeben. Unsere Persönlichkeitsanteile sind die ersten Aspekte des Egos, die wir annehmen, und das Letzte, wovon wir uns befreien, ehe wir Erleuchtung erlangen. – Es gibt fünf Hauptpersönlichkeitsanteile: der Abhängige, der Unabhängige, der Aufopfernde, der Schwelgerische und der Rebell. Daraus entwickeln sich die vielen tausend anderen, die sich in unserem Geist tummeln können. Jeder von ihnen entstand durch eine Art von Trennung oder den Verlust von Verbundenheit. Wir können uns leicht von ihnen befreien und damit auch unsere Befangenheit, Selbstquälerei und unsere Selbstangriffe bezüglich bestimmter Probleme ablegen. Dann sind wir ebenso wieder in der Lage, die Hilferufe der Menschen in unserer Umgebung zu hören, was die einzelnen Persönlichkeitsanteile verhindern sollen.

Projektion: Aufgrund unserer Schuldgefühle verurteilen wir einen Teil unseres Geistes als schlecht und spalten ihn ab. Wir verdrängen ihn, verleugnen ihn und nehmen ihn dann irgendwo in der Außenwelt oder bei einem anderen Menschen wahr. Diesen verurteilen wir dann für etwas, dessen wir uns selbst schuldig fühlen.

Psychologie der Vision: Diese therapeutische Richtung zur transpersonalen Heilung baut auf den Erfahrungen von Freud, Jung, Reich, Frankl, Perls und anderen auf. Sie verbindet die Erkenntnisse der wissenschaftlich begründeten Psychologie und Psychotherapie mit Elementen aus der schamanistischen Weltsicht, der eigenen spirituellen Intuition und auch den transformierenden Einsichten des Werks *Ein Kurs in Wundern*.

Rache: Das Problem ist ein Versuch, jemandem alte oder neue Verletzungen heimzuzahlen. Manchmal greifst du den anderen direkt an. Zuweilen attackierst du aber auch dich selbst, um dich an jemandem zu rächen. Rache ist ein Spiel mit Gewinnern und Verlierern, und sie hält dich in einem Teufelskreis fest, in dem dir das Herz immer wieder gebrochen wird.

Recht haben wollen: Wenn du um jeden Preis recht haben willst, wirst du alles, was geschieht, als Beweis für deine Position anführen – selbst wenn du dir damit schadest. Du wirst zu beweisen versuchen, dass das, woran du glaubst und wofür du dich engagierst, wahr ist.

Rollen: Wenn wir eine Rolle spielen, kompensieren wir damit Gefühle der Schuld und des Versagens, die in unserer Ursprungsfamilie entstanden sind. Rollen sorgen dafür, dass wir geben, ohne empfangen zu können. Sie führen dazu, dass wir uns tot und ausgebrannt fühlen. Wenn wir eine Rolle spielen, tun wir das Richtige aus den falschen Gründen. Wenn wir innerhalb unserer Beziehung eine Rolle spielen, ist das, als befände sich eine Rüstung zwischen uns und unserem Partner.

Rückzug: Wir ziehen uns aus dem Leben und von den Menschen in unserem Leben zurück, weil wir uns bestimmten Gefühlen nicht stellen wollen. Das macht alles Weitere schwierig und zu einer Form von aufopferndem Verhalten.

Schatten: Wenn wir das Stadium der Verliebtheit hinter uns lassen, wird unser Partner oft zur Schattengestalt. Diese kann viele Schattenseiten in sich vereinen, bei denen es sich stets um unsere Selbstkonzepte handelt. Wir verurteilen uns, verdrängen das Verurteilte, projizieren es nach außen und lehnen die eigenen Charakterzüge ab, wenn wir sie in anderen wiedererkennen. Vielleicht kompensieren wir diese Selbstkonzepte auch sehr stark. In diesem Fall werden wir leugnen, dass der Schatten irgendetwas mit uns zu tun hat. Ein anderes Mal können wir leicht erkennen, dass wir uns ebenso verhalten wie die Schattengestalt, und wir sehen, dass es sich um unsere eigene Projektion handelt.

Schattenland: Dies ist die erste Stufe des Machtkampfs, auf der wir unsere Schattenseiten gern auf den Partner projizieren und ihn so zu unserem schlimmsten Albtraum machen.

Schmerz, emotionaler: Schmerz ist Widerstand, den wir aufbauen, wenn wir einen Fehler machen. Aufgrund einer von uns getroffenen Entscheidung oder einer negativen Überzeugung hat unser Handeln einen Konflikt heraufbeschworen. Das Ausmaß unseres Schmerzes in einer bestimmten Situation entspricht dem Ausmaß unserer mangelnden Bereitschaft, zu lernen, zu heilen und die Situation anzunehmen, wie sie ist.

Schuld und Schuldgefühle: Schuldgefühle sind die Folge unserer falschen Urteile über uns selbst, mit denen sich das Ego aufbaut und stärkt. Schuldgefühle sollen uns lähmen und unseren Fehlern ein Denkmal setzen. Mit unseren Schuldgefühlen halten wir uns zurück und wehren unsere Angst vor dem Fortschritt ab. Fehler können vergeben und wiedergutgemacht werden, aber Schuldgefühle erklären, mit uns sei etwas nicht in Ordnung und wir verdienten es, bestraft zu werden. Wo Schuldgefühle sind, treten auch Selbstbestrafung und Rückzug auf den Plan. Schuldgefühle trennen uns und sind eine der Schlüsseldynamiken hinter Urteilen, Groll und Aggression. Letztendlich sind sie ein Akt der Rache an anderen und an Gott. Jedes Problem ist ein Versuch, eine Schuld zu begleichen.

Schuldzuweisungen: Schuldzuweisungen sind ein Abwehrmechanismus des Egos, mit dem wir unsere Schuldgefühle verbergen und kompensieren. Mit Schuldzuweisungen endet die Kommunikation, und der Streit beginnt. Wenn wir anderen Vorwürfe machen, übertragen wir lediglich unsere Selbstvorwürfe auf sie. Wir wollen auf diese Weise zwar unsere Schuldgefühle verringern, bewirken im Grunde aber nur, dass wir uns noch schlechter fühlen. Schuldzuweisungen sind das Gegenteil von Verantwortung.

Schwelgerei: Wenn wir in etwas schwelgen, ist das die Folge unserer Bedürftigkeit. Es ist der Versuch, die eigenen Bedürfnisse dadurch zu befriedigen, dass wir uns etwas nehmen oder gönnen. Doch das, was wir uns nehmen, können wir nicht annehmen; und wenn wir es nicht annehmen können, werden wir niemals Befriedigung finden. Geben wir unserer Bedürftigkeit nach, führt das zu Exzessen, und Exzesse bringen uns in Schwierigkeiten und schaden der Gesundheit. – Die Schwelgerei ist eine der fünf Hauptpersönlichkeitsstrukturen (die anderen sind Abhängigkeit, Unabhängigkeit, dunkles Selbstkonzept und falscher Helfer). Im Grunde versucht man auf diese Weise, sich selbst zu helfen. Es ist der Lösungsvorschlag des Egos für den Verlust an Verbundenheit, aber er funktioniert nicht. Wenn wir in etwas schwelgen, hemmen wir unseren Fluss. Wir bekommen Schuldgefühle, die wir dann dadurch kompensieren, dass wir uns aufopfern. Wenn wir ausbrennen, weil wir uns aufopfern, führt uns das geradewegs wieder dazu, dass wir in irgendetwas schwelgen, um neue Kräfte zu schöpfen. Falls wir ständig meinen, uns etwas gönnen zu müssen, treibt uns das in einen Teufelskreis, der in die Sucht und den Tod führen kann. Unser Problem gibt uns die Erlaubnis, bestimmten Vergnügungen zu frönen. Diese Vergnügungen können körperlicher, emotionaler oder sexueller Art sein. Wir verordnen sie uns als Gegenmittel gegen unseren Schmerz und unser aufopferndes Verhalten, aber sie blockieren unsere Fähigkeit, etwas anzunehmen, laugen uns aus und verursachen Schuldgefühle, was einen Teufelskreis aus Aufopferung und Schwelgerei in Gang setzt.

Seele: Die Seele ist der Zustand des Seins – die Verbindung aus Liebe, Licht, Einssein und dem Göttlichen in uns. Sie ist die Ewigkeit.

Selbstangriffe: Mit Selbstangriffen bestrafen wir uns, weil wir uns hassen. Wenn wir uns schuldig fühlen oder wütend auf uns sind, versuchen wir damit, uns zurechtzuweisen. Natürlich muss diese Egostrategie versagen. Selbstangriffe sind wohl eines der größten Probleme unserer Zeit. Sie sind die Ursache für alle Schwierigkeiten und alle Angriffe auf andere. In jeder negativen Situation dienen uns das Problem und der dadurch verursachte Schmerz als eine Art Autoaggression.

Selbstanteile: Das sind die Persönlichkeitsanteile, Selbstkonzepte oder Teile unseres Geistes, die eigene Pläne verfolgen und glauben, sie wüssten, was uns vorwärts bringen und uns glücklich machen kann (siehe auch »Persönlichkeitsanteile«).

Selbstmissbrauch: Hierbei handelt es sich um Selbstangriffe und Selbstquälereien, die durch Minderwertigkeitsgefühle verursacht werden. Letztere bilden das Fundament unserer Persönlichkeitsanteile. Im Grunde sind Probleme eine Form von Selbstmissbrauch aufgrund von Schuldgefühlen.

Spiritualität: Wenn wir das Leben von einer spirituellen Warte aus sehen, führt uns dieser Weg zu Liebe, Glück und Einssein. Der Wunsch nach Wahrheit treibt uns voran, sodass wir immer freudvoller, effektiver, gnadenvoller und unschuldiger werden.

Test: Du willst mit deinem Problem prüfen, ob dein Partner sich richtig verhält.

Todessehnsucht: Die Todessehnsucht ist ein Lösungsvorschlag des Egos für ein aktuelles Problem oder einen Konflikt. Es schlägt uns vor, uns zu entscheiden, indem wir uns nicht entscheiden. Das ist eine Art von Aufgeben und lässt uns nicht erwachen, sondern schläfert uns ein. Todessehnsucht entsteht, weil wir es für einen Ausweg halten, zu sterben; dies ist aber keine Lösung.

Tote Zone: So nennen wir das letzte Stadium der Unabhängigkeit. Hier müssen wir uns den Abwehrmechanismen stellen, mit denen uns das Ego vom Stadium der Partnerschaft fernhalten möchte, in dem sich seine Auflösung beschleunigen würde. In der toten Zone arbeiten wir sehr hart, kommen jedoch nicht von der Stelle, weil wir geben, aber nicht empfangen können. Wir haben das Gefühl, festzustecken, getrieben (in manchen Fällen auch faul), erschöpft und deprimiert zu sein. Manchmal fühlen wir uns wie Betrüger und Versager oder meinen, kein schönes Leben zu haben. Das zeigt, auf welche Weise wir uns zurückgezogen haben, dass wir Rollen spielen, Regeln befolgen und aus Verpflichtungen heraus handeln, nicht aus dem authentischen Wunsch, großzügig zu sein. In der toten Zone stecken wir in der Ödipusverschwörung, im Konkurrenzdenken und der Angst vor den nächsten Schritten fest. – Das lässt sich mithilfe einer verbindlichen Entscheidung für die Beziehung, mit Partnerschaft, wahrer Freundschaft, Führungsqualitäten, Begabungen, Visionen und der Bereitschaft überwinden, uns der Angst vor dem Unbewussten zu stellen. Die tote Zone löst Gefühle emotionaler, sexueller und spiritueller Leblosigkeit aus. Sie zeigt, dass wir die Form über den Inhalt stellen, dass wir uns für die Buchstaben des Gesetzes und nicht für wahre Integrität oder Authentizität entschieden haben. Es ist eine Zeit, die uns Gelegenheit gibt, viele unserer Kompensationen und Verschmelzungen zu heilen, die in unseren Ursprungsfamilien entstanden sind. In der letzten Generation haben die meisten Menschen oder Beziehungen die tote Zone nicht überlebt. Sie ist das Beziehungsstadium unmittelbar vor dem Stadium der Partnerschaft.

Transferenz: Alle Probleme stammen aus der Vergangenheit. Es handelt sich um Lektionen, die wir noch nicht gelernt haben, und alte Traumata, die wir in uns tragen und die in uns weitergären. Wir übertragen ein altes Problem in die Gegenwart. Nun haben wir die Gelegenheit, dieses Problem zu heilen und mitsamt der Wurzel auszureißen. Wenn wir ein Problem oder ein Unkraut an der Wurzel packen, können wir es restlos beseitigen.

Trennung: Die Trennung ist die Wurzel aller Probleme und erzeugt alle zerstörerischen und selbstzerstörerischen Elemente in unserem Leben. Trennung ist das Gegenteil von Liebe. Sie löst Angst, Schuld, Verurteilungen und den Autoritätskonflikt aus. Letzten Endes beruht sie auf der Illusion, die uns »in Schlaf fallen« ließ und dafür sorgte, dass wir das Bewusstsein für den Himmel und das Einssein verloren haben. Alle Probleme sind die Folge von Trennung. Trennung gebiert Probleme, und Probleme wirken wie Keile, welche die Trennung aufrechterhalten. Wo Liebe und Verbundenheit sind, lösen sich Probleme und Getrenntheit von ganz allein auf.

Überzeugungen: Entscheidungen, die wir im Lauf der Zeit oder in dramatischen Situationen treffen, werden zu Überzeugungen. Diese sind eingefrorene Entscheidungen. Es sind statische Gedanken, die unsere Gefühle, unsere Ziele und unser Verhalten beeinflussen. Sie erzeugen unsere Wahrnehmung und führen so unsere Erfahrungen herbei. Überzeugungen sind Werte, in die wir »investiert« haben und die zu sich selbst erfüllenden Prophezeiungen werden – ganz gleich, ob sie positiv oder negativ sind.

Überzeugungen, negative: Schlechte Erlebnisse sind stets die Folge negativer Überzeugungen. Alle unangenehmen Situationen und alle Menschen, die darin verwickelt sind, spiegeln unsere negativen Überzeugungen über uns selbst wider, da alle Überzeugungen Selbstkonzepte sind. Letztere zeigen, wie wir die Welt wahrnehmen und erfahren.

Unabhängigkeit: Unabhängigkeit ist (neben der Abhängigkeit und der Helferrolle) eine der drei wichtigsten Rollen, in die ein Mensch schlüpft, wenn die Verbundenheit verloren gegangen ist. In dieser Rolle nehmen wir Abstand von unserer Bedürftigkeit, unserer Angst, unserem Schmerz, unseren Gefühlen der Zurückweisung und des Herzensbruchs, der Schuld, des Versagens und der Unwürdigkeit. Wir entwickeln ein Kompensationsverhalten, um unangenehme Gefühle abzuwehren und uns vor Schmerzen zu schützen. Doch irgendwann bricht das Gebäude der Ersatzhandlungen zusammen, und dann bleibt uns die Auseinandersetzung mit den ursprünglichen Belangen nicht erspart. Dank unseres Kompensationsverhaltens gelingen uns viele scheinbar gute oder positive Dinge. Dennoch sind wir nicht in der Lage, die natürliche Belohnung dafür zu empfangen, denn wenn wir eine Rolle spielen, können wir nichts annehmen. – Wir durchlaufen das Bewusstseinsstadium der Unabhängigkeit, nachdem wir das Stadium der Abhängigkeit hinter uns gelassen haben. Nun müssen wir jene Wesensanteile integrieren und heilen, die tief in uns verborgen oder abgespalten sind, ehe wir zur Interdependenz aufrücken können, die glücklichere Beziehungen und noch größeren Erfolg möglich macht. Im Stadium der Unabhängigkeit übertreiben wir unsere maskuline Seite, was nicht der Realität entspricht. Das ist unser Lösungsvorschlag für die ebenfalls unwahre und schmerzliche Schwelgerei unserer femininen Seite im Stadium der Abhängigkeit. Erst wenn unsere maskulinen und unsere femininen Seiten ausgeglichen und gleichberechtigt sind, können wir die wahre Nähe und den Erfolg einer echten Partnerschaft genießen. Im Stadium der Unabhängigkeit haben wir uns angewöhnt, zu tun, was wir wollen, und uns nicht von anderen besitzen zu lassen.

Unglücklichsein: Wenn wir unglücklich sind, haben wir uns zurückgezogen, unsere Mitte und unser Selbstempfinden verloren. Wir haben aufgehört, uns zu verschenken, und sind nicht mehr bereit, zu empfangen. Wir erleben einen Verlust, aber statt die Sache loszulassen und Platz für eine Neugeburt auf einer sehr viel besseren Stufe zu machen, bekommen wir einen Wutanfall. Wir sind unglücklich, wenn wir Fehler begangen, etwas Falsches erschaffen haben und auf die Stimme des Egos, nicht auf die Stimme des höheren Bewusstseins hören. Selbst in diesem Augenblick ist Gottes Stimme in uns und flüstert uns die Antwort zu. Wenn wir zuhörten, würden wir sie nicht nur hören, sondern auch die Gnade darin erkennen.

Unschuld: Gott ist Unschuld und hat auch uns als unschuldige Wesen erschaffen. Doch nun sind wir in der Illusion der Zeit gefangen, begehen allesamt Fehler, fühlen uns schuldig und bestrafen uns dafür. Das größte Geschenk, das wir der Welt machen können, ist es, unsere Unschuld zu erkennen. Unschuld verbindet uns, macht uns einfühlsam, bereitwillig, aufnahmebereit, offen, großzügig und empfänglich. Unsere Unschuld und unser Wissen darum verleihen uns unser wahres Empfinden für Werte und für unseren Selbstwert. Wenn wir wüssten, dass wir unschuldig sind, wüssten wir auch, dass wir Kinder Gottes sind, dass wir alles Gute verdienen, sicher, geheilt, ganz und heilig sind. Dann gäbe es keine Probleme, da alle Probleme aus Schuldgefühlen entstehen, die wiederum Groll verursachen. Der unschuldige Gott kann nur unsere Unschuld erfahren. Wenn wir uns schuldig fühlen, projizieren wir unser eigenes Urteil auf Gott. Dadurch verändert sich Gott zwar nicht, aber es führt dazu, dass wir ihn fürchten. Unsere Unschuld ist ein Segen für die Welt und gestattet es uns, die Unschuld auch in den anderen Menschen zu erkennen. Wenn Fehler gemacht werden, versteht der Unschuldige sie als Hilferuf und reagiert mitfühlend. Der Schuldige glaubt an Verurteilung, Bestrafung und Selbstbestrafung.

Urteile: Diese beruhen auf Schuldgefühlen. Wenn wir urteilen, nehmen wir nur den kleinsten gemeinsamen Nenner der Welt wahr. Es ist eine Art Angriff, der uns von den anderen trennt, weil wir damit unsere Überlegenheit beweisen wollen. Das Urteilen ist eine der Ursachen allen Leids. Wenn wir darin feststecken, blicken wir in die Welt hinaus und sehen die Notwendigkeit, zu strafen, statt zu helfen. Unsere Urteile sind eine der Ursachen aller Probleme. Unsere Schuld beeinflusst unsere Wahrnehmung, und deshalb meinen wir, die anderen Menschen seien schlecht und verdienten es, bestraft zu werden. Auf diese Weise trennen wir uns von ihnen und halten uns für überlegen.

*V**erantwortung:* Verantwortung ist die Fähigkeit, zu antworten, die Kunst, für andere empfänglich zu sein. Ein verantwortungsbewusster Mensch hört die Hilferufe in seinem Umfeld und bewegt sich auf diejenigen zu, die seine Unterstützung brauchen. Verantwortungsbewusst zu sein, heißt, vorzutreten und die eigenen Führungsqualitäten in den Dienst größeren Erfolgs, Zusammenhalts und engerer Zusammenarbeit zu stellen. Das Ego versucht, Verantwortung als Last oder Aufopferung darzustellen.

Verbinden: Das Sichverbinden ist eine besondere Heilmethode der Psychologie der Vision. Es ist eine Möglichkeit, uns mit einem anderen Menschen in Liebe zu verbinden, bis wir realisieren, dass Gott uns aus seinen Augen anblickt. Wenn wir uns mit einem anderen verbinden, wenden wir uns ihm auf einer gleichberechtigten und gleichrangigen Ebene zu und sind bereit, uns in ihm zu erkennen. Diese Hinwendung kann entweder durch direkten Blickkontakt oder auf energetischem Wege aus beliebiger

Entfernung geschehen. Wenn wir uns mit einem anderen Menschen verbinden, werden Schmerz, Trennung, Bedürftigkeit, Einsamkeit, Angst und andere negative Gefühle dadurch geheilt, dass wir energetisch durch die Chakren (unsere feinstofflichen Energiezentren) emporgehoben und auf immer höheren Ebenen geheilt werden. Die Energie strömt durch uns nach oben, bis das aktuelle Problem vollkommen beseitigt ist und wir so viel Liebe empfinden, dass wir uns in einem Zustand der Glückseligkeit befinden. Auf diese Weise öffnet uns die Verbindung mit dem anderen das Tor, durch das wir göttliche Liebe in der Verbundenheit mit dem Geist Gottes empfangen können.

Vergebung: Sie ist das grundlegendste aller Heilprinzipien. Sie heilt die Angst und bringt uns Wandlung und Glück. Sie veranlasst uns, zu geben, wodurch wir Rückzug, Schuld, Urteile und Angst überwinden können. Vergebung bringt uns im Leben weiter, hebt uns aus den von unserem Groll verursachten Problemen heraus und auf die nächste Stufe des Erfolgs.

Verliebtheit: das erste Beziehungsstadium. In dieser Phase projizieren wir unser idealisiertes Selbst auf unseren Partner. Er baut uns auf und zieht uns an, denn er scheint all das zu haben, was uns fehlt. Verliebtheit beruht auf Bedürftigkeit und Illusion. Trotzdem kann uns dieses Stadium dienlich sein, da es uns zeigt, welche Möglichkeiten in unserer Beziehung stecken – wie sie sich entwickeln kann, wenn sie geheilt und ganz ist. Dann ist der Zustand von Liebe, Freude und Kreativität nur noch eine Frage der Zeit.

Verlust: Dies ist die Urerfahrung, vom bisherigen Zustand getrennt zu sein. Jede Einbuße bringt Angst, Bedürftigkeit und Einsamkeit mit sich und zerstört die Verbundenheit. Aber es gibt keine Verluste ohne Wahl. Weltliche Rückschritte zeigen uns, dass die Dinge, auf die wir uns verlassen haben, uns nicht stützen konnten – dass eine Neugeburt nötig ist, die uns größere oder wahrhaftigere Erfolge bringt.

Verlustangst: Alle Ängste gehen auf Verlustängste zurück. Du fühlst dich wie gelähmt, kannst keine Fortschritte machen, weil du fürchtest, dabei etwas Wichtiges zu verlieren. Du hast vielleicht den bewussten Wunsch, dich weiterzuentwickeln, aber ein anderer Teil von dir fürchtet, das könnte ihn etwas kosten.

Verschmelzung: Verschmelzung ist ein Zustand, in dem sich unsere Grenzen aufgelöst haben und es zu Co-Abhängigkeit und Förderverhalten gekommen ist. Dieser Zustand wird von einer Generation an die nächste weitergegeben oder entsteht infolge von Familiendynamiken, wenn wir unsere Mitte verlieren. Er führt zu aufopferndem Verhalten und dem Versuch, Gefühle des Versagens zu kompensieren. Es ist eine Form falscher Nähe, die dem Ziel des Egos dient, unsere weitere Entwicklung zu verhindern. Verschmelzung verursacht Bitterkeit, Leblosigkeit und die Unfähigkeit, etwas empfangen zu können. Wir sind mit einem anderen Menschen verschmolzen, statt mit ihm verbunden zu sein. Deshalb klammern wir uns an ihn, leiden mit ihm und entwickeln uns nicht weiter. Das kann ein Mensch aus unserer Vergangenheit oder unserer Gegenwart sein. Manchmal trifft auch beides zu.

Verschwörungen: Verschwörungen sind psychologische Fallen, die so gut gestellt sind, dass es scheint, als gäbe es keinen Ausweg. Diese chronischen Probleme behindern den Zugang zu unseren

Seelengaben und stellen letztlich eine Verschwörung gegen unsere Lebensaufgabe dar. Verschwörungen mögen den Anschein erwecken, »narrensicher« zu sein. Aber »gottsicher« sind sie nicht – und können deshalb geheilt werden.

Verstecken: Die meisten Probleme liefern uns einen Vorwand, um uns zu verstecken, uns klein zu machen und nicht mitmachen zu müssen.

Versuchung: Die Versuchung ist eine Falle des Egos und soll uns noch kurz vor dem Ziel zu Fall bringen. Für gewöhnlich führt uns das Ego mit einem Charakterzug in Versuchung, der sich auf der nächsten Stufe ohnehin verwirklichen würde – wie unglaublich das auch scheinen mag. Das Ego kennt unsere vermeintlichen Bedürfnisse und nutzt dieses Wissen, um uns abzulenken, uns zu bremsen und aufzuhalten. Wir können nur in Versuchung geführt werden, weil wir bedürftig sind und uns schuldig fühlen. Allein das, was uns lockt, kann uns töten. Versuchung ist stets ein Zeichen dafür, dass wir uns erneut für unser Ziel oder unseren Partner entscheiden und unsere Energie in etwas investieren müssen, was unser Leben weiter aufbaut, statt lediglich eine vorübergehende Laune zu befriedigen.

Vision: Eine Vision ist eine Verbindung von Herz und Geist, aufgrund deren wir uns so vollkommen öffnen und so rückhaltlos verschenken, dass sich ein neuer, positiver Weg auftut und uns inspiriert vorwärtsträgt. Eine Vision ist eine kreative Zukunft, die uns einen besseren Weg weist und verhindert, dass sich die Vergangenheit in unserem Leben stets aufs Neue wiederholt. Wir fürchten die Zukunft, weil wir meinen, sie würde genauso aussehen wie die Vergangenheit. Die Hürden, vor denen wir jetzt stehen, sind in Wirklichkeit alte, unerledigte Angelegenheiten sowie die Angst vor der Zukunft. – Eine Vision durchdringt all das, um uns einen besseren Weg zu weisen. Sie zeigt uns den nächsten Schritt unserer Lebensaufgabe und gestattet es uns, Unnötiges loszulassen, damit wir unserem Leben eine ehrlichere Richtung geben können. Eine Vision zu haben, heißt, aus Liebe über den Abgrund zu springen und eine Brücke zu hinterlassen, damit die anderen folgen können. Wenn wir in uns selbst alles wagen und nichts zurückhalten, kann eine neue Vision entstehen.

Vorwand: Jedes Problem ist ein Vorwand. Wir glauben, wegen unseres Problems könne niemand etwas von uns verlangen. Das erlaubt es uns, etwas Bestimmtes zu tun oder zu lassen.

Wahrnehmung: Unsere Wahrnehmung entspricht unserer optischen Erfahrung der Welt. Sie setzt sich aus der Projektion unserer Überzeugungen, Werte und Selbstkonzepte zusammen. Mit anderen Worten, die Welt, die wir sehen und erleben, entspricht dem, was wir über uns selbst glauben. Wenn wir unseren Geist heilen, verändert sich auch die Welt – und die Art und Weise, wie wir sie wahrnehmen.

Wertschätzung: Diese heilende Gabe bringt die Dinge in Fluss. Sie gestattet es uns, die Charakterzüge der Menschen in unserer Umgebung zu erkennen und uns daran zu erfreuen. Mit der Wertschätzung, die wir anderen entgegenbringen, beschenken wir auch uns selbst, da wir dadurch ganz automatisch zu schätzen lernen, was wir haben.

Widerstand: Widerstand ist von Unwilligkeit verursachter Stress. Wir wollen etwas nicht akzeptieren und müssen es deshalb von uns fernhalten. Je größer der Widerstand, desto langsamer entwickeln wir uns weiter; und je größer der Schmerz, desto größer ist das Problem. Widerstand regt sich, wenn etwas geschieht, was von den Plänen unseres Egos abweicht. Widerstand entsteht aufgrund von Angst, die wiederum deswegen aufkommt, weil die verschiedenen Persönlichkeitsanteile unterschiedliche Ziele verfolgen.

Wunder: Wunder sind Gottes Lösung für unsere Probleme und unseren Schmerz. Sie bestehen aus Liebe, sie überwinden die Grenzen von Raum und Zeit und lösen die Muster und das Karma auf, die uns bremsen und behindern. Ein Wunder hilft uns, einen Satz nach vorn zu machen und in ein Stadium größerer Wahrheit einzutreten. Jeder kann Wunder wirken, aber die meisten haben diese Fähigkeit in die hinterste Ecke des Unbewussten verdrängt. Wunder können nicht nur das aktuelle Problem heilen, sondern sind im gesamten menschlichen Bewusstseinsfeld spürbar.

Wunsch, etwas Besonderes zu sein: Der Wunsch, etwas Besonderes zu sein, ist die Antwort des Egos auf unseren Wunsch nach Liebe. Das Ego erschafft das falsche Abbild einer großen Gabe (aufopferndes Verhalten etwa ist eine falsche Form von Liebe), um uns von der echten Gabe abzulenken. Das Ego fürchtet unsere Gaben, denn wenn wir sie mit anderen teilen, entsteht Liebe, die wiederum das Ego auflöst. Wenn wir etwas Besonderes sein wollen, wollen wir so viel – positive oder negative – Aufmerksamkeit wie möglich, denn das nährt und stärkt das Ego. Dieser Wunsch ist eine der größten Beziehungsfallen, er untergräbt nämlich Gleichberechtigung, Erfolg und Nähe. Wenn wir etwas

Besonderes sein wollen, nehmen wir uns wichtiger als unseren Partner oder unsere Beziehung. Wir sorgen dafür, dass sich alles nur um uns dreht. Jedes Problem macht uns irgendwie zu etwas Speziellem.

Wunsch nach Aufmerksamkeit: Oft setzen wir unsere Probleme dafür ein, Aufmerksamkeit zu erheischen. Aufgrund unserer Bedürfnisse, unserer Einsamkeit und unseres Mangels an Liebe benutzen wir bestimmte Situationen dazu, uns Liebe zu holen.

Zentrierung: Dies ist eine Technik der Psychologie der Vision, welche Verbundenheit wiederherstellen und Menschen und Situationen tiefere Erfahrungen von Frieden, Unschuld, Liebe und Gnade bringen kann.

Die Stadien
einer Beziehung

Das Stadium der Verliebtheit

In diesem ersten Beziehungsstadium haben wir uns gerade erst verliebt. Die Unterschiede sind aufregend. Der geliebte Mensch inspiriert, ja berauscht uns.

Das Stadium des Machtkampfs

In der zweiten Beziehungsphase, dem Stadium des Machtkampfs, geht es um die Unterschiede zwischen uns und unserem Partner. Das andere, das wir anfangs aufregend fanden, wird nun zum Gegenstand von Streitigkeiten, bis wir in den betroffenen Bereichen eine Brücke schlagen, die das Beste aus dem eigenen Ansatz und dem Ansatz des Partners in sich vereint.

Die tote Zone

Die tote Zone ist die dritte Beziehungsphase. Nachdem wir im Stadium des Machtkampfs viele Unterschiede bewältigt haben, sind nun Schwierigkeiten, die Verschmelzung und die Aufopferung an der Reihe, die von Familienrollen, der Ödipusverschwörung, Konkurrenzdenken und der Angst vor dem nächsten Schritt herrühren.

In diesem Stadium lernen wir durch die verbindliche Entscheidung für die Beziehung, wer wir sind und wie wir uns selbst und andere wertschätzen können.

Das Stadium der Partnerschaft

Jetzt haben wir uns verbindlich für die Beziehung zu unserem Partner entschieden. Wir selbst, unser Leben und unser Verhältnis zu anderen sind im Gleichgewicht.

Dies ist eine Zeit der Ernte und der Freude. Wir genießen Erfolg und Nähe innerhalb unserer Beziehungen, und das bringt auch unser Leben erfolgreich in Fluss.

Das Stadium der Führerschaft

Im Stadium der Führerschaft übernehmen sowohl wir als auch der geliebte Mensch eine Führungsrolle im Leben, und sogar die Beziehung entwickelt Vorbildfunktion.

Sie inspiriert andere, gibt ihnen Hoffnung und die »Erlaubnis«, ebenfalls glückliche respektive »erfolgreiche« Beziehungen zu führen.

Das Stadium der Vision

In diesem Stadium haben sich beide Partner zu Visionären entwickelt und leisten neue und originelle Beiträge zur »Verbesserung der Welt«. Ihre Beziehung schenkt den Menschen in ihrer Umgebung Kreativität und eine Vision und zeigt ihnen einen besseren Weg.

Wir leben in einer kreativen, liebevollen Beziehung, in der die Beziehung selbst ein Tor zu noch größerer Liebe ist.

Nun haben nicht nur die beiden Partner Meisterschaft erlangt. Auch die Beziehung ist zu einem lebendigen Schatz geworden. Viele Mauern zwischen uns und unserem Partner sind verschwunden, und an ihrer Stelle gibt es nur noch Liebe und *Sein*. Unsere Beziehung bietet uns und den Menschen in unserer Umgebung die Möglichkeit, Freude, Wunder und *Sein* Wirklichkeit werden zu lassen.

Dank

An Kim Gordian für ihre Unterstützung beim Tippen. Was für ein Team!

An Hollie Prior, deren Redigierkünste die Bücher stets besser machen.

An Michael Ebeling, der für dieses Buch ein gutes Zuhause fand.

An Susan Campbell, Autorin des Buchs *The Couple's Journey*, für ihre Vorstellung von den Beziehungsstadien.

An Christopher und J'aime Spezzano, die mir eine ständige Inspiration sind.

An Lency Spezzano für ihre Liebe und Kameradschaft auf dem Lebensweg. Was für eine Partnerin, Freundin und Mitschöpferin!

An den *Kurs in Wundern* für die Führung.

Beziehungen heilen
mit der wirkungsvollen
Fragemethode

Byron Katie ermöglicht
mit ihrem System der
vier Fragen, tief verwur-
zelte Entscheidungen
bezüglich Anerkennung,
Liebe und Wertschät-
zung zu überdenken
und dadurch echte, ver-
trauensvolle Beziehun-
gen aufzubauen.

320 Seiten.
ISBN 978-3-442-21979-7